"走出去"中的人民币国际化

External Strategy in RMB Internationalization

丁剑平 赵晓菊 等编著

上海国际金融中心研究院

中国金融出版社

责任编辑：王效端　王　君
责任校对：张志文
责任印制：陈晓川

图书在版编目（CIP）数据

"走出去"中的人民币国际化（"Zouchuqu" Zhong de Renminbi Guojihua)/
丁剑平，赵晓菊等编著 . —北京：中国金融出版社，2014. 6
ISBN 978 - 7 - 5049 - 7502 - 7

Ⅰ. ①走… Ⅱ. ①丁…②赵… Ⅲ. ①人民币—金融国际化—研究
Ⅳ. ①F822

中国版本图书馆 CIP 数据核字（2014）第 080726 号

出版
发行　中国金融出版社

社址　北京市丰台区益泽路 2 号
市场开发部　（010）63266347，63805472，63439533（传真）
网 上 书 店　http://www.chinafph.com
　　　　　　　（010）63286832，63365686（传真）
读者服务部　（010）66070833，62568380
邮编　100071
经销　新华书店
印刷　保利达印务有限公司
尺寸　169 毫米×239 毫米
印张　17.5
字数　298 千
版次　2014 年 6 月第 1 版
印次　2014 年 6 月第 1 次印刷
定价　39.00 元
ISBN 978 - 7 - 5049 - 7502 - 7/F. 7062
如出现印装错误本社负责调换　联系电话（010）63263947

序一

　　金融危机给人民币的国际化提供了一个机遇。自 2009 年 7 月跨境贸易人民币结算在上海启动后，人民币的国际化进程发展迅速。人民币在对外贸易和投资中的使用度不断上升，根据央行的统计数据，2013 年人民币的跨境结算量达到了 5.16 万亿元，比上年增长了61%。与此同时，央行也在积极为人民币更广泛的跨境使用创造条件。截至 2013 年第三季度，中国人民银行已经与 23 个国家和地区的货币当局签署货币互换协议，总规模达 2.22 万亿元。2014 年 3 月28 日，在习近平主席访欧期间，人民银行和德国联邦银行在法兰克福就建立人民币清算和结算安排签署备忘录。2014 年 3 月 31 日，人民银行与英格兰银行签署了在伦敦建立人民币清算安排的合作备忘录。由此我国在欧洲建立了两个离岸人民币市场中心，一个是在伦敦，一个是在法兰克福。这表明人民币在世界货币体系中的地位日趋重要，甚至有可能成为世界第三大储备货币。

　　但是人民币要实现国际化还是一个相当漫长的过程。人民币的使用还存在一些法律法规的限制，人民币资本项目目前还不可自由兑换。更进一步来讲，目前我国的金融市场不完善，对境内外投融资存在限制。利率尚未市场化，资本不是充分自由流动。金融市场还需要进一步深化发展，减少政府的管制。金融监管和相关法律法规还不健全。人民币国际化需要以健全有效的金融市场体系为基础，所以从宏观上来说，人民币国际化还要有很多金融经济改革的配合。从微观上讲，市场力量是人民币国际化的微观基础。然而我国微观企业主体在国际贸易中的定价权还很弱。金融机构境外服务比较薄弱，金融机构的"走出去"比较缓慢。这使得人民币在国际贸易和投资中所占的比重还较小。

上海国际金融中心研究院的这本《"走出去"中的人民币国际化》关注微观主体与人民币国际化，重点探讨我国金融机构的"走出去"实践，对人民币国际化具有指导意义。首先，本书从国际分工体系的角度来理解货币的国际化，进而从贸易结构和企业定价权来分析制约人民币国际化的因素。贸易结构与我国在国际产业链分工中所处的地位有关；而企业定价权说到底是我国企业的竞争力。所以，人民币国际化进一步发展的关键还是在于经济结构转型，不能依赖廉价劳动力，而是要提高技术创新和企业的竞争力继而提高企业的定价权。随后，本书从跨境人民币贸易结算分析了人民币国际化的特点和不足，并探讨了跨境金融服务。并从为国际贸易提供服务的金融机构的角度做了分析。跨境金融服务受我国金融机构"走出去"的影响，分析金融机构"走出去"的现状和影响因素，不仅与金融机构本身有关，还与我国的金融外汇管理制度、金融市场的发展和外部环境有关。讨论金融机构"走出去"的路径与实践很有意义。商业银行"走出去"应该在金融机构"走出去"中起着重要作用。商业银行的离岸人民币业务是人民币国际化的基础，对人民币国际化具有重要的促进作用。最后，本书从区域角度来谈人民币的国际化。

总体而言，本书从理论和实际出发，着重从微观层面分析人民币国际化的现状，并对人民币国际化的进一步发展提出政策建议。这对宏观的发展战略和微观的实践都具有重要意义。人民币国际化是本世纪上半期国际金融领域最令人兴奋的议题，我希望有更多的学术界和实务界人士来共同探讨这一议题！

中财办国际经济局局长　方星海

序二

　　本书是上海国际金融中心研究院（以下简称研究院）的"启航"大项目——人民币国际化系列研究第一阶段的主要研究成果之一，之所以将人民币国际化作为研究院的重要研究课题，是因为这不仅是中国金融改革的主题之一，而且是上海国际金融中心建设进程中的重要步骤之一。近几年来，伴随着全球金融市场的动荡与发展，亚太金融市场的重要性日趋显现，与此同时，2010 年中国成为世界第二大经济体，但人民币在国际经济金融中的地位和影响力却与其不相匹配。如何将实现人民币国际化与稳步推进上海国际金融中心建设更好地融合，正是上海国际金融中心研究院要研究的重大课题之一。

　　上海国际金融中心研究院是受到上海市教委支持，以上海财经大学为主体，国际和国内高校、研究机构、金融监管部门、金融业界等各方面专家共同参与协同研究的知识服务平台；主动对接国家重大战略、研究解决人民币国际化问题和稳步推进上海国际金融中心建设是研究院的重要任务。如本序开篇所述，本书是上海国际金融中心研究院的"启航"大项目——人民币国际化系列研究第一阶段招标课题的主要研究成果之一，由上海国际金融中心研究院作为牵头机构，丁剑平教授为研究院人民币国际化项目的首席专家，中国社会科学院世界经济研究所、上海金融学会、上海国际集团金融发展研究院、交通银行发展研究部、中国银行国际金融研究所、广西大学中国—东盟研究院等机构的专家作为协同方共同参与、共同完成的。研究院人民币国际化系列研究项目第一阶段的研究成果，由可单独成书的两部分构成。其中第一部分的内容，主要从理论上全面论述了人民币国际化中的各种路径和障碍。该部分的内容，已经刊登在由上海财经大学出版社出版的《2013年中国金融发展报告》中，考虑到版权问题，该部分内容就不再放入本书中。

人民币国际化与中国企业"走出去"是本书的主题，也是中国在世界经济一体化浪潮中要一步一步迈出去的方向。基于学者们在描述日本衰退20年的经验总结中，其中"制造业的巨人，金融业的侏儒"一句话概括了金融领域改革长期滞后于实体经济发展将面临的窘境。一国货币政策的自主权是否控制在自己手中，关系到一国的核心利益。伴随着一国货币的国际化水平的提高，该国在货币政策的独立自主权必然受到冲击或影响，进而不可避免地对该国的核心利益产生正面或负面的影响。

货币和资本的流动，犹如血液将养分输送到经济的各个部位，如果输送不畅就会出现坏死。货币资本在刺激经济中扮演着其他要素所不能替代的作用。随着一国经济的发展，货币发行量增长将是内生的和线性的。根据泰勒法则，中央银行要处理好货币发行量与通货膨胀之间的关系。与通货膨胀相比，通货紧缩的危害更为沉重。日本通货紧缩20年对日本经济造成了沉重的打击，中国经济若发生通货紧缩，对经济稳定发展的打击将比日本更严重。这是由中国经济的规模决定的。在货币供应量保持稳定增长的条件下，就业才能保持稳定，劳动者的劳动积极性和热情才能被唤起。其前提是通货膨胀被抑制在较低的水平。中国改革开放初期，住房体制的改革如海绵一样"吸收"了大量的人民币，但如今房价已经濒于"泡沫"破灭的边缘。若人民币货币供应量还要持续增加，人民币产生"溢出效应"是必然趋势。与此同时，随着中国成为世界第二大经济体，中国企业"走出去"试水者增多，人民币国际化的市场需求不断增强。各条"丝绸之路"方案和中国上海自由贸易试验区对人民币"走出去"等支持措施正在推出，但货币国际化的进程不完全取决于这些措施，还要取决于国际制度和博弈。目前人民币国际化的措施基本上处于初级阶段，大多集中在跨境结算便利方面。这只是国际货币支付功能的一个方面，还没有深入到国际货币的计价功能。因为结算货币是交易双方根据市场的各种因素自行决定的，随着人民币升值和贬值，商家极易改变结算货币。相比而言计价货币其功能很稳定并且具有"惯性"（网络外部性）、当然还有国际储备货币之功能，这是在将来要继续推进的（本书暂且不涉及）。

人民币国际化为我国企业和金融机构"走出去"创造了重大机遇。从全球来看，本币国际化有利于促进对外投资。人民币国际化的稳步推进，不仅会促进我国企业加快"走出去"，同时也为金融机构国际化经营带来重大机遇。就人民币"走出去"的启航而言，多半是"扬"着人民币升值"东风"的"帆"。尤其表现在中国的进口支付上，用人民币结算的权重大幅度增加。与此同时，进口结算对人民币远期汇率预期和中美利率的敏感性比较显著。然而在出口结算上就"逊色"很多，回归结果的显著性大幅度降低。根据2012—2014年的数据，目前人民币跨境结算主要集中在商品贸易上，服务贸易要低许多，在直接投资上也主要是外商用人民币对境内投资，中国企业"走出去"的直接投资比重相对来说很小。企业为何没有动力用人民币对外进行直接投资呢？我们的研究比较了中日两国企业使用本币的情况。共同的问题是"当地货币壁垒"以及"第三国市场货币的约束"。案例表明，日本的跨国企业也没有动力使用日元，因为在海外投资生产的产品的最终消费地多数在美国和欧盟，返回日本消费的很少。为此考虑到外汇兑换风险，日资跨国公司在亚洲基本使用的是美元或欧元。日本东京离岸市场的交易情况是，大量"走出去"的日元返回东京而沉淀下来，由此就再也出不去了。东京离岸市场逐渐成了美元等外币交易的天堂，作为"主人"的日元反而被"边缘化"了。即便日本全面开放了资本项目，把日元用来进行对外证券投资也几乎为零，长期以来没有一点起色。用日本的案例来反思中国人民币，企业"走出去"过程中使用人民币有多难？本书将用大幅篇幅进行描述，这些章节不仅来自金融业而且来自国资企业的经历。

本书主要由上海国际金融中心研究院的招标课题整合构成，由丁剑平、赵晓菊进行删选和统稿而成。其中第一章的内容主要由中国社会科学院世界经济研究所的协同专家完成，何帆、张斌、徐奇渊、杨盼盼等学者从宏观框架上借鉴世界其他国家货币国际化的经验分析了人民币国际化时机是否成熟。第二章由上海金融学会的施琍娅领导的团队完成，他们从监管层的角度分析了跨境人民币金融服务与上海国际金融中心建设之间的关系和思路图。第三章由上海国际集团金融发展研究院和上海国际金融中心研究院协同完成，主要专家有邵亚良、赵晓菊、闻岳春、刘克逸、郑红、魏梦谯、陈建军等。他们研究了基于人民币国际化背景的金融机构"走出去"的路径与案例，提出了构建金融机构"走出去"顶层设计的意见和建议。第四章来自于中国银行和交通银行专家的研究成果。中国银行国际金融研究所研究员李建军主要对商业银行在推进人民币国际化进程中的角色、路径和措施做了研究；交通银行发展研究部连平、丁戊团队重点研究了中国商业银行在离岸和在岸市场上推动本币国际化的操作方法。第五章由范祚军教授领衔的广西大学中国—东盟研究院的团队完成。该研究团队的主要成员为：范祚军、唐文琳、潘永、罗树昭、黄立群、方晶晶、李雄师、阮氏秋河（越南）、周南成（柬埔寨）、谢惠珠（缅甸）、曾丽萍（老挝）。该团队成员中有多名来自于东盟国家的留学生，通过实际调查，获得了大量第一手的资料和数据，在此基础上，对人民币"东盟化"的进展、约束与突破开展了深入的研究。

如前所述，本书是研究院与来自于不同研究机构、上海金融学会、高校、商业银行研究部门的专家们协同研究的成果。在本书付印之际，对参与本项目协同研究的专家，对这些专家所在机构，以及对所有支持本项目研究的机构和个人，表示衷心的感谢和敬意。上海国际金融中心研究院曾于2013年6月在北京举行了评审会，邀请了来自于人民银行货币政策二司、人民银行调查统计司、中财办、国研室等高层权威部门的领导和专家对本项目研究成果进行评审，本项目获得评审专家充分的肯定。专家也提出了很有价值的修改建议，这些修改建议对本项目研究成果的修改完善及下一步的深入研究，都具有重要的指导意义。在此，谨向这些专家致以崇高敬意和诚挚的感谢。

　　由于参与协同研究的机构和专家众多，受时间等原因限制，本书内容未经所有参与人民币国际化第一阶段协同研究的专家审定。欢迎协同专家和阅读本书的学者、专家、读者对本书存在的问题不吝指正、指教。欢迎和期待学术界和实务界专家同仁与我们一道研究探索人民币国际化的理论和实践问题。

丁剑平　赵晓菊
2014 年 5 月

目录

第一章 中国经济转型与企业"走出去"

一、从经济转型和发展的视角看货币国际化

如果需要理解人民币国际化的进程，一个较好的视角是从历史的角度，分析一国货币成为国际货币所需要的时间，从而为人民币国际化提供相应的借鉴。在这里，我们考虑的是进入 20 世纪以来崛起的三种货币：美元、德国马克及日元①。我们试图从实体经济规模和资本市场发展的两个角度分析这些货币的崛起过程。

（一）美元

直到 1913 年，国际货币体系都是以英镑为主导的。Peter Lindert（1969）估算在 1899 年，官方持有的外汇储备中约有三分之二是英镑，法郎和德国马克的占比则不足二分之一，而美元更是默默无闻。但是到 1917 年时，美元就成为主要的国际货币之一。甚至有许多经济学家认为，在那之后不久，美元就取代英镑（Eichengreen，2008；Eichengreen & Flandreau，2008；Subramanian，2011），成为最重要的国际货币。由此可见，美元的崛起是非常迅速的。但是，1913—1917 年的迅速发展，是否意味着一国货币的国际化是一个非常快速、一蹴而就的过程呢？即便是美国的答案，也并非如此。

1. 实体经济规模

如果我们从整体经济规模来看，美国早在 1872 年就已经超过了英国，之后就再未出现过逆转。图 1 - 1 反映了两国之间绝对经济总规模的变化趋势。从图中不难看出，到 1913 年美元开始崛起时，美国 GDP 的水平已经超出英国GDP 近乎一倍。由此可见，一国经济规模在全球占主导地位，并不意味着货

---

① 之所以未讨论欧元，是因为欧元主要承继了德国马克的"优良基因"，并不存在着从籍籍无名到声名鹊起的过程，也不存在逐步国际化的过程。

币立刻就产生主导的影响力。如果仅以美元这一较为局限的样本来看，我们可以有两种解读。第一，美国赶超英国约 40 年之后，美元才从实质意义上开始挑战英镑的地位；第二，美国的经济规模两倍于英国之后，美元才从实质意义上开始挑战英镑的地位。因此，当人们开始从中国的整体规模接近乃至于超过美国的视角分析人民币的时候，是否也考虑到了历史曾传达给我们的基本经验事实？

百万国际元

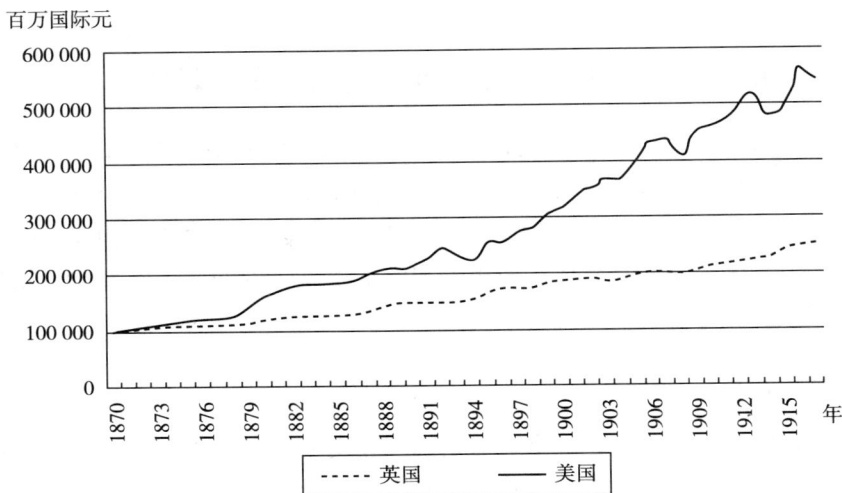

资料来源：Maddison 世界经济千年数据。

图 1-1 英国与美国的实际 GDP 规模

如果从人均 GDP 的视角来看，我们可以看到，美国的人均 GDP 第一次超过英国是在 1901 年，之后出现了持续的反复，即便是在 1913—1917 年美元开始挑战英镑地位的时候，美国和英国之间的人均 GDP 仍然是非常接近的。而美国的人均 GDP 超过英国并且不再出现被英国反超的情况，则已经是在 1939 年了。有趣的是，许多学者都认为，美元正式取代英镑的时间，大约是在 1945 年。由此可见，从美元取代英镑的历史来看，人均 GDP 的反复变动与美元走向国际化进程的漫长历程是更加匹配的（见图 1-2）。

由此，我们可以重新思考人民币挑战美元的问题。有学者（如 Subramanian，2011）对人民币国际化的前景非常乐观，认为中国的经济规模超过美国之后，人民币挑战甚至取代美元，就是指日可待的事情（见图 1-3）。

按照图中的预测，似乎十年之后人民币就可以取得同美元一样的地位，甚

百万国际元

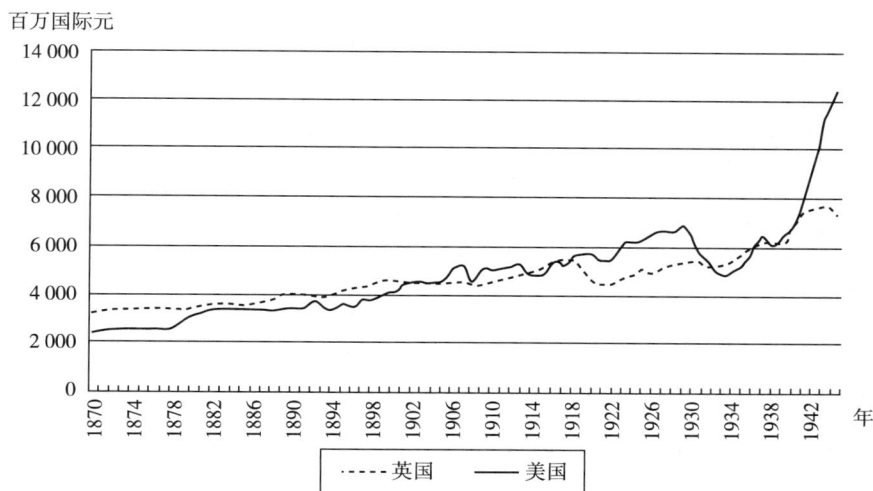

资料来源：Maddison 世界经济千年数据。

图 1 - 2　英国与美国的人均实际 GDP 规模

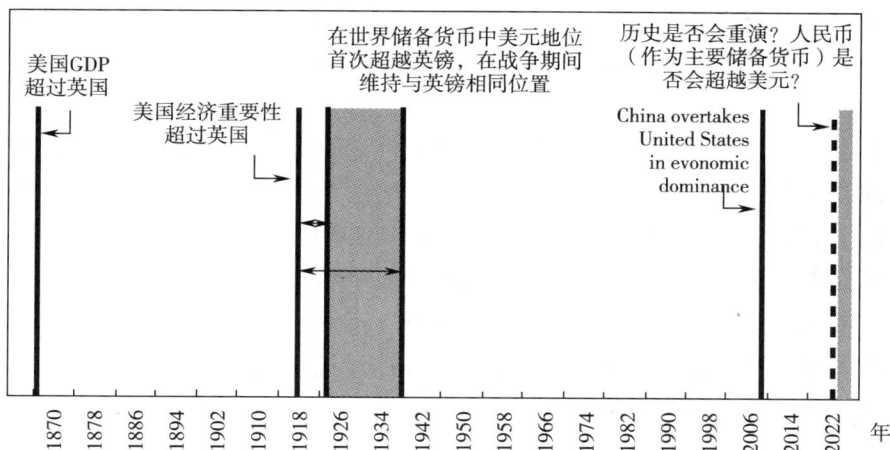

资料来源：Subramanian, 2011。

图 1 - 3　人民币国际化可能的乐观前景

至挑战美元的主导地位了。不过，如果仅从经济增长这个指标来看，中国的 GDP 虽然按照某些口径计算已经超过了美国，但是，似乎还没有谁预测中国的 GDP 能够在何时达到两倍于美国的规模。而从人均 GDP 的角度来看，目前中国人均 GDP 尚不及美国的五分之一（以 PPP 折算），何时赶上并超越美国，也是未知数。

2. 金融市场发展

金融市场的加速发展似乎与美元国际化的时间更加契合。1913 年之前，美国没有中央银行。尽管在金本位制度下，一国并不必须要建立中央银行，但缺少中央银行在实质上制约了美国金融市场的发展和美元国际地位的取得。一方面，中央银行承担着交易清算的功能，缺少中央银行使得许多金融工具无法创设，制约了金融市场的发展；另一方面，中央银行的缺位使得本国经济缺乏一位法定的、稳定的"最后贷款人"，美国金融市场动荡频发，1907 年的金融危机曾使得道琼斯股票指数狂跌近 50%，加之美国当时仍处于国际净债务人的地位，经常账户持续逆差，投资者对美元的信心一直不足，持有美元的意愿并不强烈。

1913 年中央银行的建立同美元开始崛起的时间非常契合，这是因为在这之后，美国金融市场的流动性、稳定性和开放性都有了大幅度的提高。美国金融市场发展的两项举措对推进美元的国际化起到了至关重要的作用：一个举措是借助经常账户由逆差转为顺差的机遇，推行以美元作为计价货币的贸易结算。具体的做法是在主要银行的交易中推行以美元为计价货币的银行承兑汇票，Eichengreen 认为这是促成美元国际化最重要的举措，美元的升值趋势使得人们意愿持有美元，同时实体经济交易又将对于美元的需求固定住，促进了美元的国际化。另一个举措是美国抓住了两次世界大战的机会，美国本土并未受到战火侵袭，在战争期间，美国向英国和其他参战国提供了大量以美元为计价货币的战争借款，这进一步巩固了美元的国际地位。

Frankel（2011）认为，从来没有哪个国家像中国一样将本币国际化作为经济发展战略来宣扬。但是从美国的历史来看，上述举措的产生并非偶然。美国一直追求美元在国际货币体系中更高的地位，而且这些举措一直同国内金融市场的发展相伴相生。

美元的国际化与美国金融市场的深化发展有着重要的关联，这从美联储的建立和美元开始攻城略地的时间相同就可以看得出来。金融市场改革之所以能够在美国得以顺利地推行，与中国不一样的地方在于，在美联储设立之前，美国金融市场就已经发展起来，只是在那个时候很容易出现无序的金融危机和市场动荡，可以说，金融市场的发展是建立在对危机的较高的容忍度上的。也就是说，在设立美联储时，美国人的想法是之前已经够坏了，改革应当能够好些。而中国的情况不同，我们在面临金融市场改革时，之前是准零违约的记录，我们非常害怕金融市场的改革会带来金融危机。由于此前没有相关体验，因此，对于金融危机的容忍度就非常小，进而改革的动力也会相当不足。

而真正给予英镑以致命一击，并最终使得美元取代英镑成为国际第一储备货币的仍然是金本位制度的完全瓦解和布雷顿森林体系的建立。直到 1940 年，国际持有的以英镑计价的资产仍然比美元高两倍。到 1945 年，这一情形则被完全逆转了。英镑在金本位 Ⅱ 时期早早地宣布退出了与黄金之间的可兑换承诺，但美元并没有，这一举措建立起了美元的声誉。从英国提出的凯恩斯方案和美国提出的怀特方案的角力及其最终的结果可以看出，美元从国际化迈向最终的主导地位，除了基本面的因素，相应的政策配合必不可少。

（二）德国马克

如果从历史的走势来看，美元确实在崛起后的很长一段时间内作为毫无争议的最重要的国际货币存在着。这一统治地位在 1977 年达到高峰，那一年各国持有的外汇储备中约有近 80% 是以美元计价的。但是随后，美元的占比就开始大幅度下降。而伴随着这一时期崛起的，则是德国马克和日元。

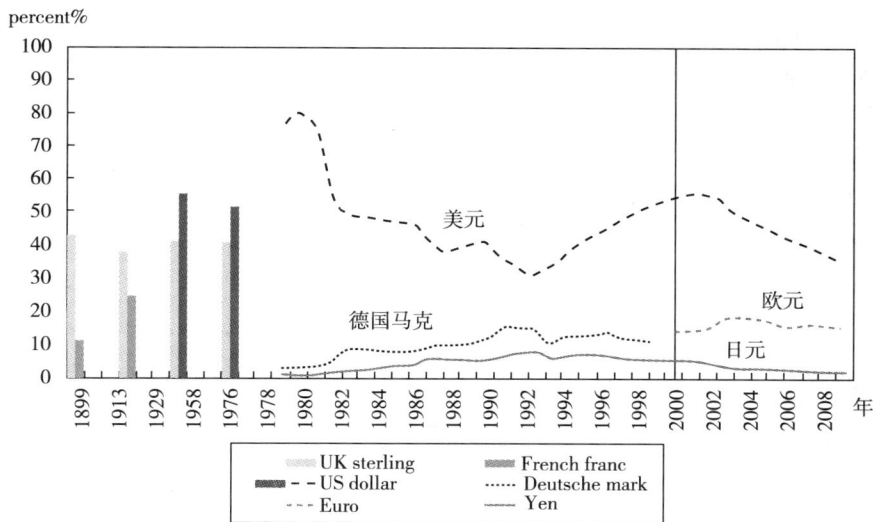

资料来源：Subramanian，2011。

图 1－4　储备货币中各类货币占比结构图

如果说美元的国际化还可以在一定程度上归因为政策所为，那么德国马克的国际化则和政府的政策关系较小，国内对于德国马克的热情也并不高，政府的许多政策甚至与马克国际化的推进相悖。一个最重要的原因是，德国的制造业部门非常强势，在政治和经济政策领域都具备相当大的话语权，货币国际化在短期内将带来德国马克大幅度的升值（如果允许德国马克浮动），强势马克将使得德国制造业部门的竞争力出现大幅度的削弱；货币国际化还意味着境外投资者持有更多的马克资产，这意味着大量资本的流入，推动本国价格水平的上升，这也是本国经济不愿意看到的情况。

但是，我们看到在整个20世纪80年代，德国马克的不断走强都是毋庸置疑的。但是这一走强在很大程度上与政策推动无关，它更主要体现的是德国经济的强势以及德意志银行在维护马克稳定方面的不懈努力，体现着国际投资者的选择。在1989年，德国马克在全球外汇储备份额中的占比接近20%。不过这也是它达到的最高水平了。在这之后，由于经济增速放缓，德国马克的国际化水平开始出现下降。这一点，在美国20世纪90年代后赢得"冷战"重新取得经济发展动力之后变得更加明显。可以说，德国马克是在一定时期内对于美元的替代。但是，当美元重回强势之后，德国马克的国际地位就被削弱了。

从图1-5中，我们也可以更加清晰地看到这一点。德国在二战结束之后和美国之间的GDP规模差距在一定程度上缩小了，但是20世纪90年代之后，

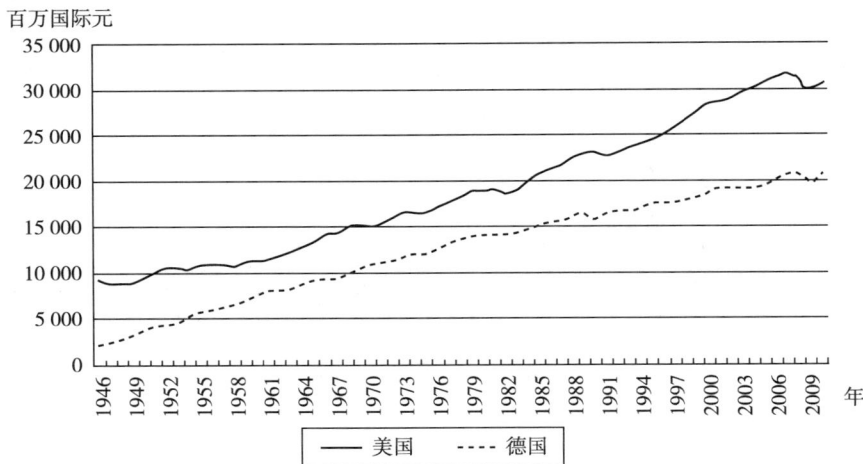

资料来源：Maddison世界经济千年数据。

图1-5 美国与德国的实际GDP规模

这一差距进一步拉大。这也就在一定程度上解释了德国马克在全球市场上的作用为何下降。

德国马克带给我们的启示可以进行两个方面的解读：一方面，一国货币的国际化不值得畏惧，也不需要抗拒，这只是国力渐强的表现，即便是政策有意抑制这一过程，也是难以实现的；另一方面，货币国际化是否需要纳入一国经济政策，这需要决策者的智慧。美国选择了在对外战略中强化美元的地位，而德国马克并没有，因此，在这之后，德国马克的重要性日渐下降了，德国马克的国际地位随着德国经济一同波动。

但是，德国之后的国际化道路是一条异于美国的国际化道路，在20世纪90年代以后，德国马克开始走向了区域货币国际化的道路。《马斯特里赫特条约》在1999年的正式施行，使得德国马克最终为欧元所取代，但是毋庸置疑的是，德国马克在其中的影响是非常深远的。德国无论在欧元区内还是区外都表现出了强势的经济增长和贸易的进一步发展。我们认为，这同样是货币国际化的方式。欧元诞生以后，迅速成为为市场广泛接受的国际储备货币，这同样可以被视为一种成功的国际化战略。不过，当前通过货币区的建立实现"曲线"的国际化也受到了很大的质疑。伴随着欧元区主权债务危机的爆发，投资者们对于欧元的未来充满了疑问，这也在一定程度上表明，通过区域化实现国际化的道路尚未成熟。

（三）日元

日元的国际化一般被认为可以划分为两个阶段。第一个阶段与德国颇为类似。在20世纪70年代和80年代，日本经济出现了突飞猛进的发展，但是此时日元国际化遭到了国内政治力量和企业的反对，其反对的理由与德国如出一辙。日本政府同样担心国际化带来的升值压力将降低本国出口的竞争力，进而阻碍贸易推动的经济增长。从图1-6可以看出，如果从人均GDP的走势来看，在20世纪70年代和80年代，日本经济确实是在向美国经济靠拢的。

但是，日本在金融市场的发展方面是相当欠缺的，日本经常账户项下的可兑换在1964年才得以实现。与此同时，在贸易计价货币方面，日元所占的比例较小，直到20世纪70年代末期，也只有约不到1/4的出口和约2%的进口是以日元定价的。总体而言，日本的金融市场尚未成熟并且是高度管制的。直到1979年以后，日本政府才开始允许国外投资者购买以日元标价的资产。

在第二个阶段，政策性的因素开始影响日元的国际化。只是在一开始的时

百万国际元

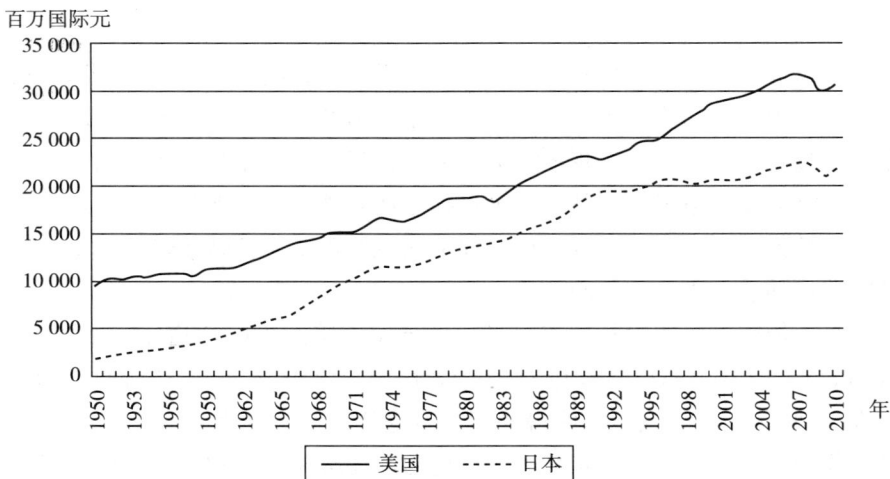

资料来源：Maddison 世界经济千年数据。

图 1-6　美国与德国的实际 GDP 规模

候，政策的变动压力来自外国，美国对日元的国际化施压。1984 年，日本开始允许日元升值。1985 年《广场协议》签订之后，日元开始了持续的升值历程，这一升值趋势一直持续到 1987 年。与此相伴随的是，在 80 年代日元的国际化进程开始加速，这一加速的进程持续到 1991 年。有趣的是，到此时，日本政府才从官方的角度正式开始坚定地推动日元的国际化，以此减少日本在开展国际业务当中的风险，促进国际贸易和投资的发展，并进一提升日本金融中心的地位。然而，如果从外汇储备中日元储备的比重来看，这一努力并未取得成功，在国际化方面日元与美元的距离如同日本经济和美国经济的差距一样，越来越大。

从日本的例子来看，我们可以发现，政府在推动国际化的时候应当发挥重要的作用。但是政府的政策选择时机非常重要，如果选择时机不对，那么推动国际化很可能会适得其反。

（四）国际货币的量变到质变：以美元为例

对于人民币而言，国际化的进程相对于其他国际货币而言，仍然处于初始的阶段。但是既然人民币有成为全球国际货币的意愿，那么研究国际货币从质变到量变的过程，就是颇具前瞻性意义的。

　　事实上，不同的国际货币之间，差异极大，何为量变、何为质变，本身就是较难说清楚的。如果一定要划分，我们认为，国际化的质变不应当是从规模来看，而应该从长期来看对本国发展是否有持续性的好处，否则便不是从量变到"质变"，而是从量变到"变质"了。美元毫无疑问是从量变到质变的样本。从金本位初期的籍籍无名，到布雷顿森林体系巩固其霸权地位，直到现在，美元依旧是全球第一大储备货币，在外汇市场上的交易量同样是第一位的。而与此相比，德国马克和日元的国际化质变似乎并未发生，日元的国际化甚至在一定程度上还妨碍了实体经济的发展，若谈它们的经验，似乎有些牵强。因此，在本章，我们将着重以美元作为研究的样本。

　　许多研究者都认为，从来没有哪一个国家的政府努力推行一国货币的国际化，货币的国际化是伴随着一国经济影响力的扩大自然而然产生的。如果要依据美国的经验对其进行修改，倒不如说是，从来没有哪个国家在推行一国货币的国际化时是一帆风顺的，它势必遭到一大批人的反对。但是，一小部分精英分子会以一种难以察觉的方式将其推行，用非常巧妙的方法找到本币国际化和国家经济强盛的平衡。一国货币的国际化在短期内势必带来升值的预期，影响贸易，危害金融市场的稳定，但是长期的好处诸如便利交易、更为灵活的金融市场、铸币税收益及货币崛起后的政治收益对于一国公民却是享之不尽的财富，这不是一二十年可以实现的。在政策推行的过程中，来自各方的反对更加不可避免。这时，极少数政治精英力量的推动对于一国货币的国际化起到至关重要的作用。

　　美元在国际化的初期和中国颇为相似。正如我们前面所述，早在1872年，美国的总体经济规模就已经超越了英国，但是直到1913年，美元尚未崛起。在这一年，一个全新的机构在美国诞生，那就是美联储。秘密创建美联储的是被称为"六个猎鸭人"（Six Duck Hunters）的政界和商界的精英小团体，这个精英小团体不仅在促成美联储建立进而带动美国金融市场发展上功不可没，他们在力推美元国际化上，同样也是不遗余力的。Broz在其的《美联储起源》一书中就曾写道，"国内金融市场的发展是符合国内利益的，但Warburg实质上是将其与提升美元的国际地位绑定在了一起。"Karmin在《美元史》一书中总结道："他们的最终目的是促成美元的国际化。""六个猎鸭人"的工作并未随着美联储的成立而结束。Benjamin Strong于1914—1928年任纽约联储主席，他在任内不断促成新机构的成立为美元的国际化提供条件。或许他做的最重要的事，就是利用一战的机遇，在欧洲国家遭遇困难之时，向欧洲发放了大量贷款，确立了美国净债权人的地位。而 Frank Vanderlip 作为后来花旗银行的总裁，则在推动美国在海外开设金融分支机构、扩大美元贷款方面发挥了不遗余力的作用。

美国实体经济超过英国很多年，但是美元却没能取得相应的地位，由此可见一国的国际化实质上是相当漫长的过程。一方面，当时全球经济处于金本位初始的黄金时期，世界格局未发生变动，英国仍然是"日不落"帝国，美元未从本质上撼动英镑的地位；另一方面，美国当时的金融发展水平远远落后于英国，纽约与伦敦之间差距甚大，英国仍然是全球经济交响乐的指挥者，美元国际化并不具备充分的金融条件。而这一切发生改变，前者可称为天时，后者则不可不谓是人和。

另外，一国货币国际化并不是一蹴而就的，美元国际化的经历更加充分地说明了这一点。正如我们前文的分析，尽管从 1913 年起，美元就开始挑战英镑的地位，但是到了 20 世纪 30 年代，英镑的地位实质上是有所恢复的。一直到 1940 年，外国投资者所持有的以英镑计价的流动资产规模仍然是以美元计价的流动资产规模的 2 倍。不过到了 1945 年，数据发生了反转。由于英镑较早宣布放弃金本位制，战后美元仍能与黄金进行兑换，但是英镑则不能与黄金兑换，美元本位制在事实上成为金本位制的核心。有研究者认为，如果从外汇储备规模上判断，英镑真正退出历史舞台是在 1954 年。如果以美国 GNP 首次超过英国（1872 年）作为国际化的起点，美元实现国际化实际利用的时间约80 年。从这个速度来看，人民币在国际化的道路上确实不应当操之过急。根据 Krugman 以及其他研究者的观点，一种货币从量变转为质变，成为国际社会普遍接受的货币，并非能够在短期实现，因为人们采纳一种货币并使用会形成惯性（或习惯）。之前人们习惯在国际交易中使用英镑，但是之后由于金本位制度的瓦解，英镑在投资者心目中的地位逐步下降，才被美元所取代。惯性的存在就如同使用语言一样，学会了一种语言（而不论其原因是什么），要接受另外一种语言，需要一定的时间，也需要时代的交替。一国货币国际化在一定程度上和语言的传播是类似的。

二、影响一国货币国际化的因素

（一）货币国际化的影响因素

Cohen（1971）最先将国际货币定义为被货币发行国以外的私人部门和官

方机构广泛使用的货币。之后，Blinder 和 Alan S. （1996）也曾对国际货币的定义作了类似的讨论。目前国际通认的国际化货币应当具备的国际功能标准来自 2006 年 Chinn 和 Frankel 编制的表（见表 1 - 1）。

表 1 - 1 国际化货币的角色

货币功能	官方用途	私人用途
价值储藏	国际储备	私人部门选作金融资产
交易媒介	外汇干预的载体货币	商品贸易和金融交易结算
记账单位	钉住的锚货币	国际贸易和资本交易计价

由此可知，一种货币被称之为国际化货币不仅仅要能够被各国中央银行用于官方储备、作为外汇干预的载体货币以及钉住汇率的锚货币，而且要被广泛地用于为私人提供货币替代、投资计价以及贸易和金融交易。

在影响一国货币国际化的经验研究方面，Chinn 和 Frankel（2007）通过定量的研究分析了 1973—1998 年各国中央银行国际储备主要币种结构的决定因素，结果印证了国际货币发行国的经济规模、通货膨胀率、汇率波动、金融中心大小等是决定主权货币能否成为国际货币的显著变量。其中，Frankel（2011）的研究是这方面研究中最有代表性的作品，在他的文章重点考察了德国马克和日元向国际货币转化的决定因素。他认为一国货币成为国际货币需要满足三个条件：（1）经济规模，这体现为 GDP 总量、贸易总量等。（2）对币值的信心，这体现在长期通胀率、汇率波动性等指标。（3）金融市场的发展，具体体现为金融市场发展的深度、流动性、可靠性以及开放度。其中第一个条件描述实体经济，第三个条件描述金融市场；第二个条件主要与货币政策取向和声誉相关。

Frankel 选择 1973—1998 年作为样本区间，分析了外汇储备中美元、德国马克、日元、英镑、瑞士法郎占比变动的影响因素。之所以选择这一时期作为样本的研究时间，是因为 25 年的数据完整地覆盖了德国马克和日元的崛起过程。选择 1973 年作为分析的起点则是由于日元在此之前并不能称为国际化货币，选择 1998 年作为分析的终点是因为次年德国马克被欧元所取代。具体的指标选取和数据回归结果见表 1 - 2。

表1-2 外汇储备中货币占比的决定因素

被解释变量：货币在储备中占比的 logit 数值，欧盟产生之前（1973—1998 年）		
	估计系数	估计标准差
常数项	-0.65	[0.15]
GDP 比重	2.77	[0.64]
通胀的变动	-2.64	[1.16]
汇率波动	-0.98	[0.57]
外汇交易量比重	0.45	[0.29]
被解释变量的滞后项	0.85	[0.03]
观测数 = 182	调整的 R^2 = 0.97	估计方法：OLS

资料来源：Frankel，2011。

第一个指标 GDP 比重（GDP）是反映一国实体经济增长的指标，这一指标我们在前文的论述中已经反复提及。当一国的经济规模足够大时，投资者才会考虑将该国货币作为可靠的货币进行持有，这是支撑货币国际化的一个基本面的因素。通过回归的结果可以看出，这一指标非常显著，一国经济总体规模的增强有助于本币国际化。

第二个指标通胀的变动（Inflation Differential）反映的是一个国家的通货膨胀水平。这一指标同样可以被视为是反映基本面的指标，它反映了一个国家货币对内币值的稳定性，投资者意愿持有的货币应当具备稳定的币值。回归结果十分显著，通货膨胀越低，币值越稳定，投资者越愿意持有这一货币。

第三个指标汇率波动（Exchange Rate Variability）反映的是汇率波动的规模，这一数值反映的是一国货币对外的稳定程度，但同时也可以反映这一货币的浮动程度（即在金融市场上自由交易的程度）。从回归的结果来看，投资者选择用于外汇储备配置的货币稳定性是一个重要的考虑。

第四项指标外汇交易量比重（FX Turnover Ratio）反映的是金融市场的发展程度。根据前文的讨论，一个完善的、有深度的金融市场是一国货币国际化的重要支撑。在这里，金融市场越发达，从回归的结果来看，确实带来了一国更高程度的国际化，但是这项指标并不显著。

第五项指标被解释变量的滞后项（Lag of Logit of Shares）反映的是该国货币在所有外汇储备中占比的滞后项，这实质上反映了人们在选择国际货币中的习惯养成。就和习得一门语言一样，在很多时候，选择一种国家的货币进行交易在很大程度上是因为惯性使然。这一项回归结果也是十分显著的。

我们不仅关注国家经济规模与投资者对货币的信心，同时也关注各国金融体系的深度和发展情况。Chinn 和 Frankel 采用外汇市场成交量作为衡量一国金融市场深度的指标，利用通胀趋势、贬值趋势、汇率波动性和国际资产头寸作为衡量投资者对货币价值信心的指标。

但是实体经济方面的条件，除了经济总量之外，经济结构、竞争力也是非常重要的。一方面，很多经济总量相对有限的经济体，例如瑞士、新加坡、丹麦、荷兰等的货币在目前或历史的全球外汇市场中占据着或占据过相当重要的地位。另一方面，很多经济总量相对较大的经济体，例如印度、巴西、墨西哥等的货币地位却相对较低。在实体经济总量上，前一类经济体远小于后者；但是从经济结构、竞争力角度来看，后者则远逊于前者。当然，上述两类经济体的金融市场发展程度也是有很大差异的，可能并无法有力地论证经济结构、竞争力对于货币国际地位的重要性。

不过日本学者对日元国际化的研究，可能会有一些启示。在日元国际化初期，通常将日元在贸易结算中的弱势归咎于日元国际金融市场的发展滞后（徐奇渊，2010），这与现阶段人民币跨境结算面临情况的解释很相似。但 20 世纪 80 年代中期以后，日本的金融市场自由化改革并没有使原来的状况有彻底改观。因此，后继者的研究注重以下方面的研究：微观企业的定价行为（Ito，1993）、宏观的贸易结构（Fukuda，1996；Sato，1999）、全球分工网络以及包含前述因素的企业行为（Ito，Sato，Shimizu，2009）。

这一研究促使我们重新思考什么是货币国际化。下述两种不同的定义将导致完全不同的政策含义。第一种是传统定义：货币国际化是一国货币跨出国界，在境外执行价值尺度、交换媒介和储藏价值功能。使用这种定义，则以币值低估为起点，只要开放资本项目，这种货币就能够实现国际化；但是这在中长期来看则是存在较大风险的、不可持续的货币国际化。第二种是从全球分工体系的角度来定义货币国际化。我们的分析将发现，国际货币的背后是这样一种经济系统，其具有良好的制度安排，从而使得市场交易效率与分工程度形成了良性循环。在此基础上造就了国际分工中具有强势地位的国家，而货币国际化就是其分工体系在国际上的进一步扩展。

第二种定义将让我们看到实体经济对国际货币化的具体支撑机制，从而理解货币国际化是一个由内而外的、霸气外溢的过程。我们将通过对比美元国际化的成功和日元国际化过程中的挫折来进一步阐述第二种定义，从而理解一种货币成为国际货币的条件：除了实体经济总量之外，也在很大程度上取决于国际分工体系中的地位。其实经济总量也是国际分工体系中地位的表现之一，但是除此之外，还有该国经济在全球价值链中的位置、企业在国际市场中的竞争力、定价权等微观因素。

（二）从国际分工体系角度定义货币国际化

Hartmann（1998）总结了前人的研究，从货币职能角度界定了货币国际化的表现形式和分类。这种定义易于操作，但局限于表面现象，对应于前文提到的第一种定义。此外，Cohen（1999）的观点更富有启发意义。他认为"货币势力范围"由国家实施的地域影响和市场产生的交易网络影响两者构成。其中：国家这只"看得见的手"所实施的影响，即货币发行和管理的垄断权主要在本国领土发挥作用；而通过市场交易网络这只"无形的手"产生的影响不仅在国内发挥作用，而且是一种货币在本国领土外发生作用的更重要因素。

对一般货币来说，国内货币市场是由单一的最后供给者或者是"最后贷款人"主导的，在此称之为供给主导（Supply – dominated）。一般情况下，由于国家实施的地域影响占主导地位，形成了一个国家一种货币的"威斯特伐利亚模式"。但在多国情况下，若一种货币的市场交易网络影响扩展至境外，对其他国家的经济系统产生重要影响，那么这种货币的国内职能就实现了国际扩展。此时，这种货币成为国际货币（International Currency）。具体的影响机制一般是通过国际分工地位的优势，使其他国家产生对本国商品的需求，进而引致外国居民对本币的需求；这种货币需求的扩大和累积进而提升该货币在国际金融市场的地位，发展成外汇市场的载体货币，甚至成为储备货币。因此，国际货币的流通范围和使用程度，从根本上说是各国在分工优势方面的竞争结果，并不存在单一供给者的主导；所以，国际货币是需求主导的（Demand – dominated），更具有竞争性。

杨格定理（Young，1928）的重要观点之一是：市场的大小决定了分工程度，而同时市场的大小也由分工程度所制约。Yang（1991）采用新兴古典经济学的超边际分析证明了这一观点。因此，前面所述市场交易网络的扩展过程，实质上是被国内分工程度深化所推动的，当然这一分工程度的深化是源于国内市场规模的迅速扩大和交易效率的提高（杨小凯，1999）。所以，从本质上来看，国际货币的背后是这样一种经济系统：其具有良好的制度安排，从而使得市场交易效率与分工程度形成了良性循环。在此基础上造就了国际分工中具有强势地位的国家，而货币国际化就是其分工体系在国际上的进一步扩展。

（三）从国际分工体系角度理解美元国际化的成功

1. 在两次世界大战中崛起的美元

19世纪60年代，美国内战结束后，在政府的推动下国内统一市场逐步形成。同时，货币体系的统一与国内市场的整合相互促进，加之企业生产方式和科技水平的进步，美国的经济实力迅速增强。1870年以后，其实际收入和生产率已超过西欧，并一直保持领先①。这个过程的本质是：基于良好制度安排的市场网络，交易效率与分工程度形成了良性循环，国内市场规模迅速扩大，并促使美国在国际分工体系中的地位迅速上升。两次世界大战中，美国又成为欧洲主要的商品供给方，同时国际货币市场上产生了需求导向的美元持有行为。此时，欧洲经济形成了对美国的依赖，美元在国际交易中的地位更加重要了。

1944年，布雷顿森林体系的确立，为美元达到国际化的最高程度在制度上开辟了道路。战后初期，欧洲经济濒于崩溃，物资极度匮乏，需要的进口量远超支付能力。美国通过"马歇尔计划"，以赠款和贷款形式向欧洲提供援助，美元通过该渠道大量流出。同时，由于对未来欧洲稳定性的怀疑，大量美元在外流通，外国官方机构也购买美元作为国际储备——美元和黄金一样好（as good as gold）。战后20多年里，美元以其自身的优势，通过各种方式在世界每个角落流通，至此，美元作为载体货币的功能和储备货币的功能达到顶峰。

2. 美元国际化过程引起的思考

如上所述，19世纪60年代的内战为美国国内市场整合扫清了道路，加上政府的推动，全国统一市场发展迅速。在此基础上交易效率的提高以及分工程度的深化，使美国很快就在国际分工体系中占有重要地位。以两次世界大战为契机，通过战争中的贸易行为，美国不但进一步提升了国际分工体系中的地位，同时也强化和提高了美元所代表市场交易网络的影响力。及至战后，又通过政治手段（建立"布雷顿森林体系"）和经济援助途径（"马歇尔计划"）

---

① 何帆：《美元国际化的历史及启示》，http：//www. doctor - cafe. com，2004 - 06 - 22。

再度巩固了美元交易网络的势力范围。Grassman 法则①第 3 点内容正是美元交易网络势力稳固之表现。

（四）从国际分工体系角度理解日元国际化的挫折

1. 在升值压力中成长起来的日元

贸易立国的战略推动了 20 世纪 50 年代中期至 70 年代初期日本经济的高速增长，经济总量和生产率迅速上升。在此期间，政府对日元管制也逐渐放松。1964 年日元实现了经常项目下的自由兑换。1965 年开始，日本贸易收支开始出现顺差，且幅度越来越大。同时资本输出也明显增加，并很快成为资本输出国，日元呈现日渐强势之态。但由于布雷顿森林体系下的汇率安排的灵活性较差，因此 360 日元对 1 美元的基准汇率一直维持到 1971 年。此后的两次美元危机中，日元同与德国马克表现坚挺，开始成为公认的硬通货。

1976 年以后，由于日元显著坚挺的缘故，日元的国际化以一种意义深远的方式开始。1980 年，日元实现资本项目下可兑换，加速了日元的国际化进程。之后至 1985 年，日元汇率缓慢升值。如图 1 - 7 所示，该曲线为近几十年来日元的实际有效汇率，拟合的直线反映了日元汇率变动的趋势。显然，1985 年之前的日元汇率水平虽然有升值，但其水平大部分落在直线下方，所以这段时期日元的升值幅度弱于总体趋势。

20 世纪 80 年代中期，日本对外贸易连年出现巨额顺差，同时美国国际收支逆差越来越大，日本逐步取代美国成为世界最大的贷款国和债权国。终于，感到严重威胁的美国，在 1985 年与日、英、法、德等国召开"广场会议"，该会议使美元对日元等主要货币的汇率有秩序地下调。此后，日元开始了长达 10 余年的升值历程。从图 1 - 7 中可以看到，这期间日元汇率水平大都处于趋势线上方，这段时期日元汇率的升值势头明显强于总体趋势。

---

① Grassman 法则是对私人部门的商品贸易中国际货币发挥交换媒介功能的规律性阐述。（1）发达国家和发展中国家的双边贸易中，不论出口商国籍，发达国家货币占据了统治地位。（2）在发达国家内部之间的出口票据中，本币的重要性因出口国在全球贸易中相应的分量而大小不一，经济规模越小则以本币作为载体货币出口的份额就越小。（3）由于初级产品通常为大宗均质商品，在该贸易领域中，"信息传递的经济性"要求采用单一货币，而美元就是事实上的首选货币。其中前两点，是关于选择何种货币来实现载体货币职能从而作为国际货币；第三点是关于选择何种国际货币来充当"信息传递"中的单一货币进而作为世界货币。

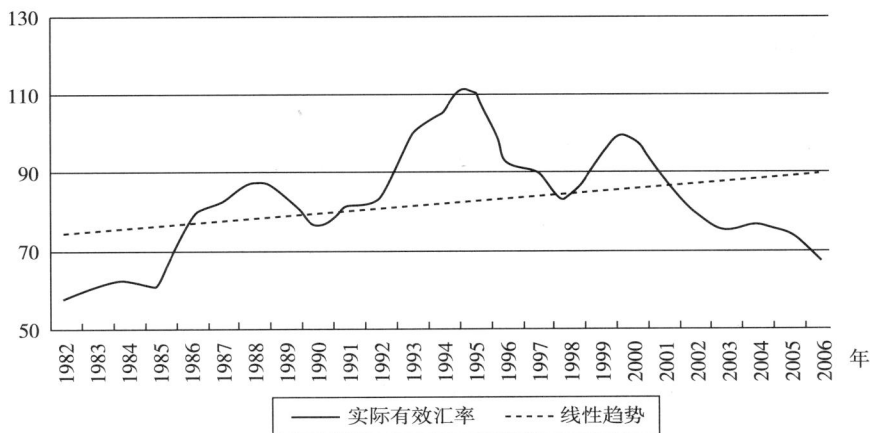

注：实际有效汇率为指数，其中2000年值为100。

资料来源：IMF，IFS各年卷。

图1-7　日元的实际有效汇率及其趋势（1982—2006年）

在这一时期，日本从主观上积极推进本币国际化的进程，具体表现为：

首先，积极地发展以日元计价的金融市场。具体包括：（1）在国外发行日元债券。80年代中期，日本债券市场已发展到能够与欧美债券市场相比较的程度。（2）以日元计价的中长期对外贷款，主要是日本对发展中国家的放贷。但作为负债资产，日元的长期升值趋势意味着债务负担加重；因此，以日元计价的对外贷款数量受到了制约。（3）国际投资者进入日本的股票市场。国际投资者大量投入日本股票市场；同时，日本股票市场也以存款单的形式向世界各地的投资者提供新型股票。

其次，将日元纳入外汇储备，作为储备资产使用。由于日元坚挺，20世纪70年代，以尼日利亚为先，日元开始作为储备资产被其他国家持有。1984年日本采取重要的自由化措施后，日元成为美元、马克之后第三重要的储备货币。

最后，国际贸易中的计价货币。日本政府在进、出口信贷方面采取了措施加强日元的结算功能，其中出口以日元计价的比重，20世纪80年代初为20%，80年代中期达到40%左右。但事实上，该比例与当时欧美主要国家相比仍然较低。更重要的，在进口方面，以日元计价的交易并没有伴随日元的国际化而有任何进展。即使在1985年，日本的进口贸易也只有约3%使用日元结算。这主要归因于日元的长期升值趋势，进口商没有动力使用日元支付，从而使得以日元计价的进口融资难以发展。另外，日本资源贫乏，许多出口企业依赖于初级品的进口①，对于它们来说以美元等外币同时对进、出口贸易计价，可以抵消汇率风险。

2. 日元国际化的特点和启示

综上可知，日元的国际化程度，在资本项目方面的发展要远快于国际贸易方面②。在上述几个方面因素的影响下，日元走出了一条奇异的国际化之路：资本项目的功能方面的发展快于国际贸易方面，价值贮藏功能地位相对强于贸易中的载体货币地位。

由于日元国际化是在长期升值压力下推进的，日本经济为之付出了沉重代价。由于以下原因，日元升值并未对日本外部经济长期失衡起到调整作用：（1）由于汇率风险，出口企业使用以美元为主的外币对进、出口贸易计价，日元升值降低了初级品的日元价格，从而可降低成本。（2）由于日元大幅升值，以及政府对资本与金融项目的放开，日元资金大量流出。20 世纪 70 年代后期以来，日本经常项下两大项目——商品项目和收入项目——的余额情况发生了重要变化：在 80 年代中期之前，收入项目始终接近于零；之后伴随着资本大量外流，其收益开始通过收入项目回流，收入项目顺差快速上升，到近几年已经接近商品项目的顺差（见图 1 – 8）。从 20 世纪 80 年代开始到 90 年代初期，日本通过资本与金融项目流出的资金量堪与美国相比。伴随着日元的长期升值，日本经常项目中的商品顺差虽有波动，但由于收入项目余额的顺差强劲上升，使得经常项目的总体顺差仍然呈现出明显的上升趋势（见图 1 – 9）。

通过日本经常项目顺差余额的构成，可以看到日本经济面临着较为严重的产业"空洞化"（Hollowing Out）现象，这是"日元升值综合症"的一个重要体现。因此，对日元国际化有以下几个结论：（1）日元国际化是在长期升值趋势下发展起来的。（2）日元国际化先天不足：由于大量的初级品资源依赖于进口，而这些产品大都以美元计价③，为了避免汇率风险，日本出口企业只得在进、出口两方面同时使用美元计价。（3）日元国际化的后天失调因素：由于长期升值导致大量资本输出，因此本土出现了产业"空洞化"的趋向。由此，日本经济在国际分工体系中的优势地位有所削弱。

---

① 关于日本进口贸易结构中原材料比重的说明，请见本节后面的分析。
② 对于日元国际化过程的这一特点，在本节后文对日元和美元的国际化比较中有进一步说明。
③ Grassman 法则第三条内容。

10亿美元

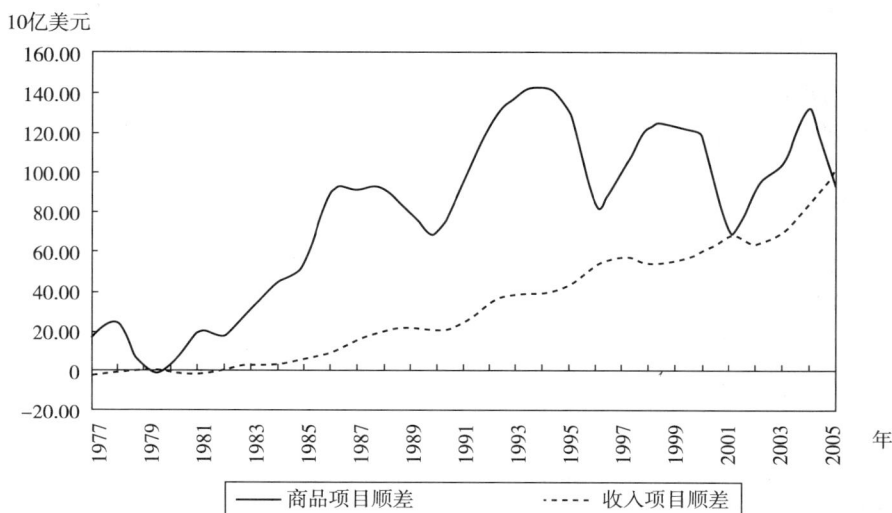

资料来源：IMF，BOP 各年卷。

图1-8 日本经常项目下两大主项的余额变化（1977—2005 年）

10亿美元

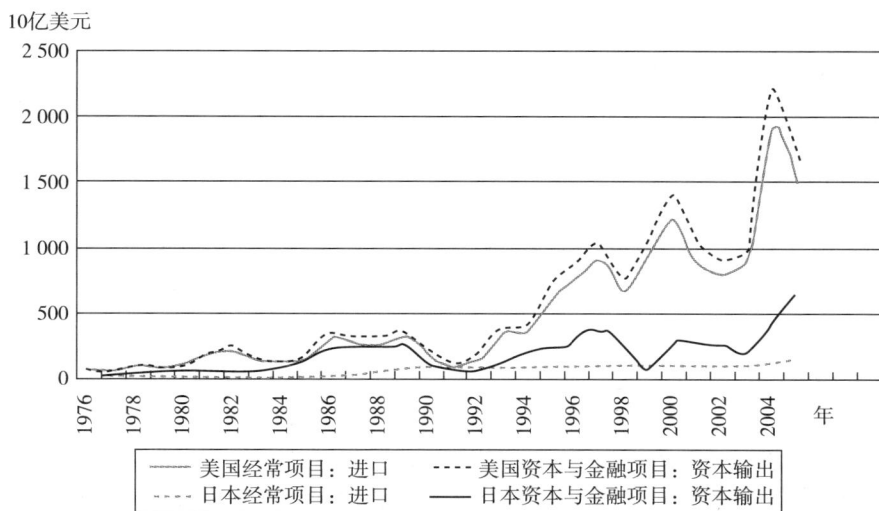

注：①假设美国和日本通过资本与金融项目流出的资本全部使用本币形式，因此其对应的该项目借方发生额全数计为本币流出量。②参考 Cohen（1999），采用 0.225 作为日本经常项目借方发生额使用日元支付的比例，同时结合日本各年经常项目借方发生额粗略估计日元由此途径的流出量；美元的这一流出方式，同样参考 Cohen（1999），采用 0.888 的比例进行估计。

资料来源：IMF，BOP 各年卷。

图1-9 美元和日元流动性的获得途径

上述第一、第二点结论，导致日元更适合发挥价值贮藏功能，而国际贸易中的载体功能却相对缺乏基础。上述第三点使得在短期内，日元国际化通过资本大量输出而迅速推进。但从长期来看，由于日本经济在国际分工体系中地位的相对削弱，因此货币国际化进程必然受阻。

（五）美元和日元国际化的比较

1. 美元和日元国际化过程之共性所在：国际分工体系中的优势地位

在美元和日元的国际化进程中，两种货币背后所依托的经济系统除了具有庞大的经济规模之外，还具有以下两个特征：经济系统本身具有较强的自我完结性——表现为对外贸易依存度较低，经济系统参与国际分工的程度较深——表现为对人均商品和服务进出口数额很高。

世界贸易组织 2006 年公布的《国际贸易统计年鉴》（ITS）表明：2003 年各国商品和服务的进出口占 GDP 比重，美国和日本在世界各国中处于比重最低的类别（比例低于 30% 的分组）；同年，人均商品和服务进出口数额方面，美国和日本的该项人均值又处于最高水平的组别（大于 5 000 美元的分组）。

上述两个特征中，前者说明了美国和日本的经济对外依存度较低，具有较强的自我完结性，因此在国际分工体系中处于强势地位；后者为人均指标，其值较高是源于较高的人均出口额和进口额，这意味着该国进出口商品具有较高附加值，从而该经济体具有较强的出口竞争能力和进口高附加值商品的消费能力。

因此，美元和日元在国际化过程中的共性，即在国际分工体系中的优势地位，可归纳为三点：庞大的经济规模，较强的经济系统自我完结性，产品处于在国际分工链条中的高端并占有优势地位。事实上，若将欧元区国家看做一个整体，则其也具有这三个特点①。

2. 美元和日元国际化之不同：充当国际货币职能的程度和范围

如前所述，完整的国际货币职能包括三项内容：交换媒介职能、记账单位职能和价值储藏职能。显然，美元全面发挥了国际货币的作用。另外，日元的交换媒介职能发挥程度非常弱，但同时，日元的价值储藏功能却占有相对重要的地位（徐奇渊、李婧，2006）。从 20 世纪 80 年代中期以来到现在，日元在

---

① 作为一个粗略的考察，注意到欧洲整体的商品出口对外依存度仅为 27% 左右（2006 年，WTO，ITS），考虑到欧元区国家在经济上具有更为密切的关系，因此欧元区的对应比例会更低。

各国官方外汇储备中的占比一直稳定在第三位①。

3. 日元的国际货币功能结构为何如此特殊

（1）日元和美元获得流动性的途径不同

正如上文的分析所示，交换媒介职能是国际货币的基础功能，货币国际化的演进顺序也是从交换媒介扩展到其他方面。而日元的情况则显得非同寻常，其货币参与交换媒介的能力较弱。但其在外汇市场以及储备货币方面表现相对突出。下面从国际货币的可得性角度对此现象进行分析，并说明日元这种货币国际化模式在分工方面的根源及其对分工体系的反作用。

首先，对于非居民来说，国际货币在其境外的可得性，可以通过两种流渠道实现：一是通过经常项目流出，即通过日本的进口项目支付实现，这里需要注意出口项对本国来说不引起货币支付；二是通过资本与金融项目的货币流出，即主要通过资本输出的途径来实现，具体有对外直接投资、证券投资、国际贷款等渠道。

对美元和日元流动性的获得，可从两个方面进行考察。在美元流动性的获得方面，上述两个途径发挥着几乎同样重要的作用。以 2005 年的情况为例，通过经常项目支付，可提供的美元流动性约为 14 890 亿美元；通过资本与金融项目，可以提供略多一些的流动性。而同年，通过上述两种途径，可以提供日元的流动性分别约为 1 450 亿美元和近 8 000 亿美元。对比两者的流动性获得途径，可以得出以下结论：一是日元的两种流动性获得途径总量规模都远逊于美元；二是日元的流动性获得途径在结构上以第二种途径占绝对优势，通过经常项目提供的流动性只占较小比例。

（2）日元和美元获得流动性的途径为何不同

一方面，由于日元的长期升值趋势，资本与金融项目的大量输出构成了日元流动性获得的主要途径；另一方面，日元通过经常项目提供流动性的数量和比例却都较小，这主要是因为：

进口贸易的结构特点。以 2005 年为例，在经常项目提供流动性的途径中，进口贸易占了三分之二以上，而在进口贸易的主要商品种类中，原料类制成品和工业原料（主要包括矿物性燃料、金属等资源性产品）超过了总量的一半。在 Grassman 法则中已经说明，这类商品通常是用美元计价和支付的。因此，在本国的进口贸易中，使用日元进行交易进而提供日元流动性受到了限制。

---

① 数据来自 IMF 年度报告各期。

1990 年以来的数据说明，日本进口贸易一直维持着类似的结构。

事实上的贸易保护主义。图 1-10 说明了近几十年来日本的进口贸易依存度。事实上，扣除上面的工业原料类进口品，日本的商品进口贸易数量将缩减超过一半①，贸易依存度也会比图中所示缩减一半以上。在此背后隐含着严重的贸易保护主义：一方面官方实行自由贸易政策；另一方面，在民间，不买他国货物的不成文原则得到了广泛支持②。例如：1993 年，日本因冷夏遭受"平成歉收"，当年大米供给缺口达 180 万吨。当时日本政府紧急进口大米 259 万吨，但仍有大量日本国民排长队购买高价的本国大米。因此，这种事实上的贸易保护主义决定了通过经常项目提供日元流动性受到很大局限。

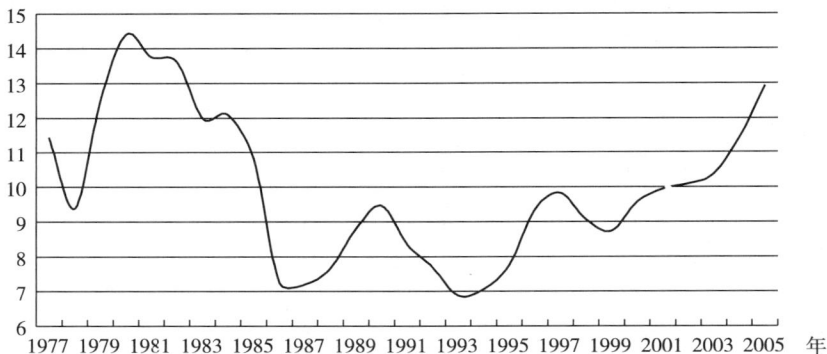

资料来源：IMF，BOP 各年卷。

图 1-10　日本的进口贸易依存度

（六）日元和美元流动性获得途径差异带来的影响

通过经常项目提供本币的流动性，对于一种国际货币来说具有非常重要的意义：首先，铸币收入是国际货币的重要收益，而通过进口等途径在提供本币流动性的同时，也就获得了铸币收入的利益。其次，正如前面所强调的，交换媒介职能，尤其是私人部门贸易的载体货币职能，是国际货币其他职能的基础

①　这里对日本进口贸易商品结构的分析，资料来源为：Statistics Bureau，Director - General for Policy Planning & statistical Research and Training Institute，Ministry of Internal Affairs and Communications，Japan，2005。

②　随着时间的推移，目前这种观念在日本年轻人中有所淡化，但在日本老年人中仍然是非常盛行的。

性功能。一种国际货币，具有较强的交换媒介职能，能够引致货币向其他职能扩展，从而强化其货币地位，在各个领域全面充当国际货币。这一点的实质就在于，通过交换媒介职能，真正将本国的实体经济市场交易网络扩展到国际，从而强化本国的国际分工地位，进而形成良性循环。

美元正是通过经常项目逆差的途径，在获得可观的铸币收入同时，为其他国家提供了美元流动性，并且基于美元广泛发挥作用的交换媒介职能，强化了它的计价货币和贮藏货币职能，并使之在各个领域持续、全面地发挥国际货币的功能。

而日本在战后通过贸易立国的战略，获得了较强的国际分工地位之后，民间主体仍然对进口采取保守的态度，因此其通过进口贸易参与国际分工的途径受到了严重制约，降低了其他国家与日本贸易分工的关联度，限制了日元经济系统的分工地位。这最终也影响了日元作为国际货币的健康成长。

通过经常项目提供本币流动性的规模较小的另一重要影响是：为满足国际货币的流动性需求，日元必然以另外一种途径流出，即通过资本与金融项目输出日元。正是由于日元的国际流动性主要是通过这种途径实现的，其货币国际化的过程中交换媒介功能并没有扮演重要的角色。因此，日元国际化从一开始就是以价值贮藏功能为主的。同时，再加上经常项目持续增长的顺差——源于自发的保护主义和大量输出资本带来的收益回流——由此导致的高额外汇储备，使得日元更加适合充当储备货币的角色。

上述从国际分工体系层面分析了货币国际化现象。国际分工体系和货币国际化进程的互动关系，使得我们对美元和日元的国际化进程特点具有了新的理解。基于这一视角，美元和日元在国际化进程中共性可归结为三点：庞大的经济规模，较强的经济系统自我完结性和在国际分工链条中的高端占有优势地位。

另外，与美元全面充当国际货币的各方面职能相比较，日元的国际职能倾向于价值贮藏方面。日元国际职能的这一特点，决定了日元国际化进程在短期内迅速推进和长期中遭遇挫折的必然性。初级品严重依赖于进口的输入结构和事实上的贸易保护主义，通过国际分工体系的作用，共同决定了日元通过经常项目的输出受到严重限制，因而造成日元的国际流动性主要依赖资本与金融项目，这一点最终导致日元国际化走上一条奇异之路。

三、经济转型呼吁人民币国际化

人民币国际化的时机正在逐步成熟，但就目前而言还存在着诸多复杂因素，需要我们对此持谨慎态度。

（一）国际货币体系改革和国内经济转型都呼唤着人民币国际化

当前国际货币体系所面临的矛盾，从本质上来说和以往是一样的，也是特里芬难题。而特里芬难题所说明的正是关于储备货币供给和需求的矛盾。只不过这次储备货币的需求方是新兴市场经济体，而且他们对储备货币的需求远远超出了发达经济体所能提供的数量。那么怎样协调储备货币的供求失衡矛盾，从而使国际货币体系趋向稳定呢？中国将在这个问题上发挥重要的作用。首先，中国本身就是全球失衡的重要组成部分，同时也是储备货币的最重要需求方。而人民币的国际化，为新兴市场经济体提供了新的储备货币供给，而且也将势必减少中国自身的储备货币需求。因此，人民币国际化不仅对中国自身有利，而且也将有利于协调储备货币的供求矛盾，促进国际货币体系稳定。具体可以将储备货币的供求作为切入点进行分析：

近二十年来，尤其是2000年以来，储备货币的需求迅速上升。如果区分发达经济体、新兴市场经济体来看外汇储备占GDP的比例，可以发现：前者从1990年开始一直稳定在4%左右，而后者的则从1990年的4%上升到20%，总量上则上升了整整60倍。

新兴经济体对储备货币的需求为何增长如此之巨，而且这种需求显然是传统的进口需求等因素解释不了的。这是因为：第一，由于新兴市场经济体不能克服汇率的"浮动恐惧"，因此导致事实上的准固定汇率制度较为普遍。在此背景下，有升值预期的国家为了维持汇率稳定而干预外汇市场，产生了对储备货币的大量需求；而有贬值预期的国家，为了做好准备与投机资本进行较量也产生了对储备货币的大规模需求。第二，新兴市场国家金融体系脆弱，因此仍无法避免资本外逃的风险。尤其是1997年东南亚金融危机之后，这一风险更是令人刻骨铭心，为此他们也对储备货币产生了巨大的需求。第三，新兴经济体经济增长迅速，相应地对储备货币也产生了很大的需求。

一边是迅速放大的需求，另一边就是供给了。但是，作为储备货币的供给方，发达国家面临着特里芬困境。在这个困境中，如果发达国家不能满足新兴市场对储备货币的需求，则国际货币体系将面临流动性不足的问题；而为了满足新兴市场迅速膨胀的储备货币需求，发达国家的币值稳定将面临严峻的问题。实际上，新兴市场国家持有的外汇资产，已经出现了偿付力下降以及价值大幅波动等问题。

为了解决这一问题，有以下几种办法：（1）选择全球性的资本管制，回到 20 世纪 50 年代的情况，各国过着自给自足的生活。在这样的情况下，我们就可以不需要储备货币了。但这样做的成本太高，甚至是一种倒退。（2）扩大储备货币的供给，满足新兴市场经济体的需求。（3）建立一个更好的"资产池"，帮助新兴市场经济体避免国际收支的风险。但是，作为多边行为的"资产池"方案，总会遇到各种麻烦。比如 IMF 的救援机制，就在规模上、政治上有各种条件限制，而且 IMF 自己同时就是救援的提供者和条件制订者。（4）由于各个环节都有可能受阻，受援国很难获得及时、有效的救援。其他区域性的多边框架也都有类似的问题。因此，中国虽然可能通过多边框架来提供储备货币的供给。但作为第（4）种方案，中国的单边行为效果将是最为直接、有效的。

中国正在从以往出口导向、积累外储的模式开始转变，而且人民币国际化也将有助于上述转变。从中国自身来看，这些措施将减少对美元资产的风险暴露；从世界角度来看，发达国家和新兴经济体之间，储备货币供求关系处于一种危险的不对称状态，而人民币国际化也将可能化解这种危险的不对称性。而且中国有条件实现人民币国际化，其在经济规模和前景、财政状况、净债权国地位、币值稳定等方面都具有明显的优势。不过，人民币国际化也面临一些障碍，比如金融市场的自由化、法律体制的健全等。不过，中国已经在这些方面开始作出努力，人民币国际化将有望逐步取得进展。中国的角色，将由储备货币的需求方转变为供给方，这本身就将使储备货币的供求关系趋向更为安全的平衡状态，而这对当前的国际货币体系是一件好事。

（二）国际流动性泛滥和国内实体经济、金融体系仍然存在问题

从外部环境来看，欧债危机尚未结束，全球金融市场依然动荡不安，美欧日等发达经济体的经济增长未来几年内将持续低迷，发达国家中央银行集体实施的零利率与非常规货币政策造成全球范围内流动性泛滥，包括原油与大宗商品在内的资产价格大幅振荡。正如世界银行与国务院发展研究中心于 2012 年发布的《中国 2030》报告所指出的：未来五年是中国经济面临的外部环境最为危险的时期。

从内部环境来看，目前的宏观背景是：中国经济的趋势增长率正在下降，人口老龄化、经济货币化（M_2 与 GDP 比率接近 200%）、产能过剩、资源与环境约束等导致旧的增长模式难以为继，房地产市场成交量下滑可能导致的房地

产投资下滑、地方投融资平台坏账风险凸显以及外需萎缩成为中国经济短期增长的三大风险。更重要的是，中国经济规模大，但在国际分工体系中的地位仍然处于较低端。此外在金融市场上，包括利率与汇率在内的各种要素价格依然存在扭曲。

将外部环境与内部环境结合起来不难判断，最近几年内中国可能面临短期国际资本大进大出的风险。一方面，一旦中国经济增长前景转暗、人民币升值预期出现逆转，或国际金融危机加剧、国际机构投资者重新去杠杆化，则中国可能面临大规模资本流出；另一方面，一旦中国经济完成"软着陆"、人民币升值预期再度增强、股市进入新的牛市，或国际金融危机减缓、国际机构投资者继续杠杆化，则中国可能面临大规模的资本流入。短期国际资本的大进大出将给中国经济造成显著的不利冲击，例如资产价格剧烈变动、增大央行冲销压力或者造成本币贬值预期等。正因为近年来全球短期国际资本流动频繁、波动性与破坏性极大，就连一直以来支持资本自由流动的 IMF 也一反常态，表示资本账户管制应该进入新兴市场国家管理异常资本流动的工具箱，与宏观经济政策、宏观审慎管理等工具一起使用。当其他新兴市场国家都在收紧资本账户管制，而中国却反其道而行之大开资本账户之门，其后果可想而知。在这一背景下推动人民币国际化、加快资本账户开放，无异于"开门揖盗"或"与虎谋皮"，并非明智之策。

综上所述，不论是从外部条件，还是内部条件来看，人民币国际化均存在有利条件和不利条件。尤其从内部条件来看，中国实体经济总量大，但在结构上缺乏竞争力、在国际分工体系中仍处于较低端；金融市场发展方面，作为基准价格的利率、汇率尚存扭曲。这些不利条件对人民币国际化会造成什么影响？在其中某些不利条件下推进人民币国际化，会有什么样的后果？我们应该采取什么样的措施来推动人民币国际化？这是下文要回答的问题。

四、贸易结构、企业定价权制约人民币国际化的发展空间

在货币国际化进程中，对外贸易是最基本的环节。在对外贸易坚实基础上衍生出来的金融交易需求，将使货币国际化向更为广阔的领域衍生。2009 年 7 月人民币跨境结算试点以来，人民币结算金额已超过 3 万亿元人民币，发展可谓迅速。但由于其发生的背景尚存扭曲，例如人民币对美元汇率的持续升值预期，离岸、在岸市场存在利差和汇差等，以及资本项目渠道不畅等因素，因

此，仅仅由目前的进展来推断未来人民币国际化在长期中的潜力，其获得的结果很可能是有偏误的。因此需要回到基本面来观察中国对外贸易的特点，进而对人民币国际化的远景作出评价。从历史轨迹来看亦是如此。日元国际化之初的讨论也主要围绕金融市场开放展开了一系列讨论，但最终日本学者还是将目光转向了贸易领域，甚至对微观的贸易企业行为进行了深入细致的调研（Ito，Sato，Shimizu，2009）。

（一）　中国的贸易结构特点

中国对外贸易结构最突出的特点是：贸易总量巨大、顺差居高。此外还有三个特点需要考虑：（1）外资企业，对贸易额贡献超过50%。（2）庞大的贸易量所涉及的一类是加工贸易品，约占进出口总额50%左右；另一类则是大宗商品，其占进口总额的近40%。（3）从出口贸易的目标市场来看，中国对欧美日经济的依赖程序仍然较高。对人民币国际化进程而言，上述特点某些是有利条件，某些则对人民币国际化的路径给出了约束，但其他特点则将在人民币国际化的长期进程中成为制约因素。

首先，在总体规模方面，中国在2010年成为世界第一大出口国和第二大进口国，贸易总额接近3万亿美元，仅次于美国。这显然是推动人民币成为国际货币的有利因素。

其次，中国2010年贸易顺差超过1 800亿美元，并且到2011年上半年，对外贸易持续多年的顺差的格局也依然没有改变。这意味着，通过贸易渠道将难以实现人民币持续的净输出，作为一种自然的结果，通过资本项目实现净输出将成为人民币国际化的可能路径。当然，在目前进口渠道人民币结算比例远远高于出口的情况下，通过贸易渠道也能够实现人民币的输出；但是在人民币存在长期升值预期的背景下，中国的进口商并不能从人民币结算中获益，除非他们利用离岸和在岸市场进行套利。可见，主要依赖于贸易渠道输出人民币在长期来看难以持续，从而贸易顺差对人民币国际化的路径给出了特定的约束。这一情形与当年日元国际化的经历颇为相似。

在生产者类型方面，如前所述，多年来，外资企业在中国外贸中占比超过50%。在2011年1—9月，进、出口中外资企业贡献分别占比53%、50%。外资企业的经营决策普遍受制于国外母公司，因此缺乏独立性；而国外母公司对货币的汇兑风险较为敏感。因此，与中国企业不同，使用人民币结算对外企并不意味着汇率风险就能够消失，故而外企通常难以接受使用人民币来计价结算。当然，当人民币汇率存在确定性升值预期的背景下，外企对人民币结算可能会有很大的兴趣。但需要注意的是：他们的这种兴趣只是以人民币升值预期为条件的。

再次，从贸易的类型来看，加工贸易品几乎占据对外贸易的半壁江山。以2011年前9个月为例，出口贸易中加工贸易占比高达47%。加工贸易主要分为进料加工和来料加工两种。关于来料加工可以举一个例子，中国的A公司从日本B公司进口了一批原材料，价值95万元；经加工后以105万元再售回给B公司。需要注意的是：这其间贸易发生额为200万元；但实际上，交易双方为了节省成本只是支付差额，即实际跨境结算金额只有10万元。这意味着，即使全部跨境交易均使用人民币结算，其占比也仅有5%。

不过，与来料加工有所不同，从事进料加工的企业，将从国外的C公司进口，然后出口给国外的D公司。但不论是来料加工还是进料加工，其附加值在整个生产过程中的占比之低几乎是常识，例如iPhone4手机在中国加工环节增值不到4%。在这样的情况下，加工贸易企业为了尽量减少汇率风险，要么同时在进口、出口环节使用人民币计价，要么就同时使用同一种外币（通常是美元）进行结算。但是由于在分工体系中的低附加值地位，加工企业往往是被动采用外币结算的。因此，如果考虑加工贸易的特点，则对外贸易中使用人民币的空间与潜力恐怕也要大打折扣。

再者，中国的进口商品贸易结构中，国际大宗商品占比较高。近年来这一比重接近40%。这意味着：其一，由于国际大宗商品均以美元计价、结算，因此进口环节的人民币使用将受到挤压；其二，对出口商而言，由于重要的进口成本均以美元来核算，因此，如果在出口环节使用人民币结算，则将面临更大的汇率风险，或更高的风险管理成本。因此上述两个方面，均直接或间接地限制了进口环节的人民币使用程度。

最后，从市场方向来看，中国外贸对发达经济体的依赖程度，实际上可能仍然较高。在1997年，中国出口贸易的方向，近60%在亚洲内部，对欧洲及北美的依赖性只有35%。而在2011年前9个月，中国出口贸易对两者的依赖分别为47%和40%。可见，从整体数据来看，中国外贸对欧美的依赖程度是上升了，而对亚洲内部却有所下降。在国际贸易中，如果是发达国家与发展中国家进行交易，则通常使用发达国家的货币进行结算。因此，上述贸易方向的格局，对人民币使用也产生了制约的作用。

值得我们注意的是，在亚洲区内的贸易中，甚至日元也没能成为日本出口商的主要计价货币。日本经济学家的调查研究揭示了原因：日本企业在亚洲其他地区的子公司，从日本进口中间品，经加工后出口到美国形成了三角贸易。由于出口商品最终是销往美国市场，因此美元计价占比仍然较高（Ito，Sato，Shimizu，2009）。因此，虽然亚洲区域内贸易比重看起来可能很高，但其对欧美市场的高度依赖性并没有得到根本性的改变。

亚洲开发银行 2008 年的一份研究报告显示：按贸易发生额来计算，亚洲区内的贸易占比高达 51.8%，而对欧美的贸易占比仅为 48.2%。但是，如果不考虑中间品贸易，只考察最终产品，则上述比重将分别调整为 32.5% 和 67.5%。近些年，中国对新兴经济体和发展中国家的投资不断上升，伴随着对这些地区的贸易量也有快速增长。但是，如果这些对外投资，只是简单地将中国对美国的出口转变成为第三国对美国的出口，则这将难以从根本上改变现有的国际分工体系格局，从而也难以改变对欧美市场的根本依赖。

上述基本面中，巨大的贸易总量对人民币国际化的潜力具有加分的作用；而持续的大量的顺差以及对欧美市场的依赖性则对人民币国际化的具体路径产生了限定作用；此外，外资企业在中国对外贸易中占比过半、外贸企业整体缺乏定价权、加工贸易占比近半、进口对大宗商品仍较为依赖，以及整体对欧美市场依赖程度仍然较高，这些因素将对人民币国际化的长期潜力产生不可忽视的制约作用。最后，从实体经济的微观角度来看，上述负面因素最终都与企业的生产方式及其国际竞争力密切相关。目前各个重要的国际货币及其实体经济背后都有一大批跨国公司，它们都具有强大的国际竞争优势。反观中国在世界 500 强榜单上的企业，它们大多依赖于国内的垄断优势及政策保护，因此在国际市场上难言真正的竞争优势。由此可见，人民币的国际化确实任重而道远（见表 1-3）。

表 1-3　　　　　中国贸易结构特点对人民币贸易结算潜力的影响

中国贸易结构的特点	对人民币贸易结算潜力的影响
巨大的贸易总量	正面
持续的大量的顺差以及对欧美市场的依赖性	路径约束
外资企业占比过半、加工贸易占比近半、进口对大宗商品较为依赖（中国外贸企业定价权较弱）	负面

（二）中国贸易企业在国际市场中的定价能力

微观贸易企业在国际市场的定价能力，是决定本币在国际贸易结算中的重要因素。使用本币进行结算的初衷，对于企业来说是为了减少汇兑成本、避免汇率风险。当然，由贸易结算货币的改变所带来的上述财务成本，都将被理性的交易双方所考虑。因此，贸易结算中的货币选择问题，从本质上来讲，就是交易双方定价能力的较量。最终的结算币种选择，必然是有利于定价能力更强者。而定价能力较弱一方，将承担更多的汇兑成本或汇率风险。

假设如果企业缺乏定价权，或定价权较弱，则本国企业在使用何种货币结算方面没有发言权。在本国企业缺乏定价权的情况下，使用本币结算的情况不外乎以下两种：（1）外国企业提出修改合同其他条款，例如改变价格等，以转嫁汇率套期保值的成本。（2）也可能是虽然使用本币结算，但由于人民币存在汇率升值预期，这种情况对于国外出口商是有利的，同时对本国出口商却是不利的。可见，只有中国贸易企业在国际市场上具有较强的定价能力，人民币结算才可能符合其初衷，并获得较大的发展空间。

从目前的情况来看，中国企业在国际贸易中的产品定价权（Pricing Power）较弱。2008年第二季度，人民银行对进出口额前18位的省、市，共计1 121家外贸企业进行的调查结果显示：中国出口企业在产品定价权方面处于弱势。其中，完全没有定价权的企业数量约占10%，定价能力较弱的企业占47.4%，只有剩下约四成的企业具有较强的定价能力。而这四成企业中，又有相当的数量是前面提及的外资企业。

不过已经有了严肃的研究，其结果表明：即使考虑了中国企业较弱的定价能力，但如果人民币实现完全的自由可兑换，则出口渠道的人民币结算比例也将达到20%至30%的水平。这虽然低于日本40%左右的情形，但由于中国的对外贸易数量巨大，因此仍然不失为一个令人憧憬的目标。不过正如本章第三节分析的，如果考虑了加工贸易的因素，则情况并没有这么乐观。

（三）人民币在出口计价、结算中的占比潜力的测算

推进使用人民币进行贸易结算的一个重要出发点，是为了使企业能够避免或减少汇率风险。从这个角度来说，人民币在贸易中的计价功能比结算更为重要①。例如：中国企业将商品出口给美国企业，虽然结算货币是人民币，但如果计价货币是美元，则在人民币升值的背景下，几个月之后的货款结算是有利于美国企业的，中国企业仍然承担了汇率风险。相反，在这个例子中，如果中

---

① 对于这两个功能，人们通常混为一谈。

国出口企业与美国进口商在合同中商定使用人民币计价,即使最后使用美元结算,中国企业也仍然能够避免汇率风险,损失的至多是汇兑手续费的成本。而在一个充分竞争的银行间市场上,汇兑手续费是较低且确定的比例,而汇率风险则要大得多。可见,人民币在贸易计价环节的作用比结算环节更为重要。

而在国际贸易的交易双方中,哪一方拥有较强的定价权,则其在决定计价货币、结算货币方面就更具有主导权。因此,对外贸企业定价权进行研究,将能够揭示人民币在跨境贸易中充当计价、结算货币的潜在空间有多大。

具体地,衡量一国出口企业在国际市场上定价权的方法,就是看汇率变化对出口企业产品定价的影响。例如:在人民币兑换美元汇率为 8:1 的情况下,有一个定价权较弱的中国企业 A,出口到美国的产品定价为 10 美元,或者人民币价格为 80 元。如果人民币汇率升值到 6:1,而企业 A 定价出售 80 美元的话,那么美元的定价将从 10 美元上升到 13.3 美元(80/6 = 13.3)。但是,因为企业 A 的定价权弱,如果美元价格上涨,它将失去美国市场,因此企业 A 考虑将该产品的人民币价格由 80 元下调至 60 元,从而保持 10 美元的售价不变。在这种情况下,人民币兑换美元由 8:1 升值到 6:1(人民币升值 25%),而企业 A 也将产品的本币价格从 80 元人民币下调到 60 元(产品价格下调 25%)。这时候,人民币汇率升值后,企业 A 对产品的人民币价格进行了完全相应的下调。因此我们认为企业 A 在国际市场上是缺乏定价权的,在此背景下,企业 A 在与美国进口商交易时,难以提出对自己有利的计价、结算货币方案。

相反,仍然是上面的例子,如果人民币由 8:1 升值到 6:1(人民币升值 25%),而企业 A 有能力将产品的人民币定价维持在 80 元保持不变,则美元价格就上升至 13.3 美元。这时候,企业 A 在国际市场上就是有较强定价权的。企业 A 也能够在交易中,提出对自己有利的计价、结算方案。

基于上述逻辑,香港金管局的 Cui 等人(2009)考察了人民币在出口结算中的占比潜力,结果显示:如果人民币自由可兑换不成问题,则人民币在出口结算中的占比将达到 20% ~ 30%。与其他经济体的本币结算比例相比,这一比例大大低于美国(90%)、英、德、法等欧洲主要国家(50%),而且甚至也低于日本(35%)。

该项研究没有考虑加工贸易的因素,而加工贸易可能高估了中国出口企业的定价权。在前面的例子中,人民币汇率升值 25%,而企业 A 将人民币价格下调 25%,以保证美元价格不变,两者的完全对应揭示了企业缺乏定价权。

但加工贸易中，这一机制发生作用具有一定特殊性。

例如，在人民币兑换美元汇率为8:1、日元兑换美元汇率为100:1、人民币兑换日元汇率为1:12.5的情况下，中国企业B以10 000日元单价从日本企业进口了产品之后，经过加工后以11 000日元的价格出口到美国（美元价格为110元）。其中，企业B的加工费是1 000日元或80元人民币。然后，人民币兑美元汇率升值到了6:1，日元兑美元汇率升值到了75:1，人民币兑日元汇率仍然为1:12.5。由于企业B作为加工企业，实际上是缺乏定价权的。日本企业为了压缩成本，将企业B的加工费由80元人民币下调至60元。可见，这里的企业B和前面的企业A一样，都是完全没有定价权的。

但是日本企业对这项产品具有较强的定价权，日元升值后产品的日元价格有所下降，但是美元价格仍然从110元上涨到135元（日本企业作了8.3美元的让步）。这时候，最终出口产品对应的人民币价格从880元下降至810元，价格下降了9.2%（远低于人民币汇率25%的升值幅度）。因此，从最终产品的人民币价格变化来看，中国的加工企业B似乎具有较强的国际定价权。但我们知道，其实企业B与前面的企业A同样是没有定价权的。只是由于日本企业的定价权较强，从而使我们误以为参与最后加工环节的企业B具有较强的定价权。

在这种情况下，由于企业B在整个价值链条中的占比较低（不超过10%），为了避免汇率风险，降低汇率的交易手续费，日本企业不会考虑在最终产品的出口环节使用人民币计价，通常只会在美元和日元之间进行选择。因此，尽管企业B看起来具有一定的定价权，但在这种情况下，人民币也难以成为结算货币。

由于加工贸易占到中国对外贸易近一半的比例，上述情况具有一定的普遍性，因此，有必要对中国的加工贸易和一般贸易进行区分，并在此基础上分析中国企业的定价权，然后考察人民币成为计价、结算货币的潜力。我们的计算发现①，1996年至2013年，75%的时间加工贸易的依市定价（PTM）行为弱于一般贸易的情况，也就是说，大部分时间中国加工贸易的出口定价权似乎都强于一般贸易的情况。这与我们前述的分析是完全一致的，而且这并不表明加工贸易中将更有希望使用人民币。恰恰相反，由于前述原因，加工贸易中难以使用人民币作为计价、结算货币。

---

① 具体参见本章附录。

因此，由于加工贸易在全部出口中占比为46%，这意味着，全部出口中只有54%的贸易结算行为可以按照 Cui 等（2009）的方法进行估计。而 Cui 等（2009）的研究，根据中国出口 PTM 系数和其他主要货币的 PTM 系数进行面板回归分析，得出结论认为人民币在出口结算中的比例为20% ~ 30%。而我们知道，占全部出口46%的加工贸易难以使用人民币进行结算；结合附录中对出口企业定价权的研究，20% ~ 30% 的比例将被折算为 11% ~ 16%。

从图 1 - 11 来看，人民币在跨境结算中的占比在 2013 年 2 月已经达到11.3%，这一比例已经进入到我们估计的 11% ~ 16% 的区间。不过目前11.3% 的比例同时包括了进口、出口，是人民币结算占全部贸易的比例。而目前来看进口贸易中人民币结算占比仍明显高于出口，因此出口贸易中人民币结算的比例仍然低于 11%。例如，根据人民银行 2012 年第四季度货币政策报告的数据可以推算，2012 年全年，中国对外贸易结算中人民币占比 8.8%，而其中出口贸易中人民币结算占比为 8.1%，进口占比为 10.4%。此外，如果区分人民币计价和结算功能，则实际上人民币在跨境结算中的作用会稍弱于目前数据的表现。从估算的结果来看，如果缺乏人民币升值预期背景，并且出口企业在定价权方面没有明显的改善，则人民币在跨境结算中的占比上升将开始步入徘徊阶段。

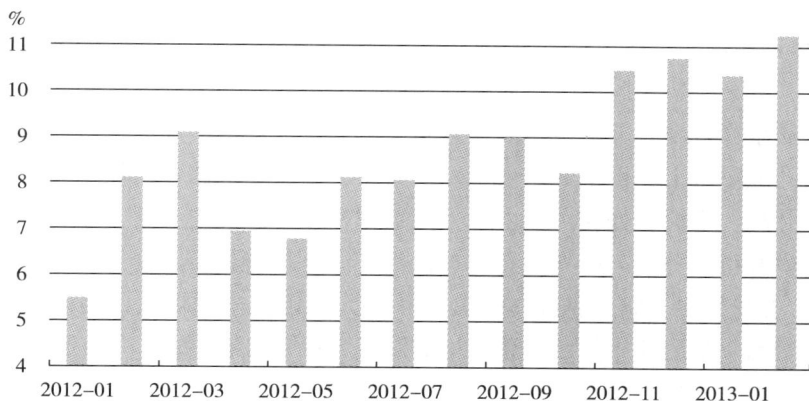

资料来源：根据中国人民银行、中国海关总署数据进行计算得到。

图 1 - 11　人民币在跨境贸易结算中的占比：2012 年 1 月至 2013 年 2 月

五、人民币国际化需要经济进一步转型发展

（一）汇率制度改革应优先于人民币国际化

在人民币汇率市场化之前推进人民币贸易结算和发展人民币离岸市场，会带来大量的无风险套利机会。离岸人民币市场的发展将被货币当局补贴下的套利交易所主导，而且会对在岸人民币市场形成显著冲击。这种局面下，不但人民币国际化的各项初衷难以实现，而且也给货币当局带来了财务损失，这给货币政策操作带来了更多的困难。因此，推进人民币国际化，首先应该推进更加彻底的人民币汇率市场化，改革的次序不能颠倒。

从 2009 年 7 月开展人民币跨境结算试点以来，人民币国际化形成了上海（在岸中心，Onshore Center）—香港（离岸中心，Offshore Center）—伦敦、新加坡等（离岸枢纽，Offshore Hub）的格局。其中香港在整个离岸市场扮演着最为关键的角色，目前人民币国际化的发展在很大程度上是上海—香港的互动。从现有研究来看，对香港人民币市场发展的认识分歧不大，人民币升值预期是香港人民币市场发展的核心支撑能得到普遍认同，市场上存在大量的套利、套汇交易能被普遍认同。

1. 离岸市场发展对内地的影响

人民币贸易结算和人民币离岸市场发展增加了外汇储备规模。人民币贸易结算政策放开和 CNH 市场建立以来的多数时间里，进口人民币贸易结算远大于出口。由于进口人民币结算而减少的内地市场上的外汇需求，远大于出口人民币贸易结算带来的外汇供给减少，外汇市场上净供给增加。货币当局为了维持既定的汇率水平不得不购入更多外汇资产，导致外汇储备增加。对于上述认识没有分歧，争论之处在于：由于采用数据来源和假设的不同，对外汇储备增加的规模有很大分歧。此外还有观点认为，海外投资者借助于人民币贸易结算和 CNH 市场替代了原来通过其他渠道获取人民币资产的做法，因此不能把外汇储备增加全部归咎于人民币贸易结算政策开放和 CNH 市场。

货币当局承担货币投放压力，并蒙受财务损失。如上所述，货币当局被迫购入更多外汇，同时投放更多人民币。但通过提高银行准备金率、发行央行票据等措施，新增加的货币投放可以被收回，因此货币当局虽面临新的货币投放压力，但并不必然会增加基础货币。不过上述机制的存在对货币政策形成了潜

在威胁。张明认为这是对国内货币政策独立性的重大威胁①。张斌强调了货币当局在财务上的损失。由于人民币处于升值趋势，而且人民币负债的收益率可能会高于外汇资产的收益率，货币当局增加外汇资产和人民币负债的做法会带来财务损失②。

资本管制依然有效，但是人民币贸易结算政策放开和香港人民币离岸市场在事实上放松了资本管制。麦考利③、伊藤隆敏④的研究表明，香港离岸市场与境内在岸市场之间的资本并不是完全自由流动的。这表明实际上资本账户的部分管制目前仍然有效。余永定认为尽管资本管制并未失效，但是人民币贸易结算政策放开和香港人民币离岸市场发展为资本流动打开了方便之门，甚至是进一步刺激了短期资本流动，相关的政策是事实上放松资本管制的政策⑤。村濑哲司将这种中国目前的这种安排称为双重汇率制度（Dual Exchange Rates），他认为在人民币升值预期的背景下，在岸和离岸两个汇价差实质是托宾税，即境外资本向境内转移需要支付的成本⑥。但是这种托宾税只是针对境外资本流入境内，对于境内人民币资金的输出反而是一种补贴。因此，这种政策安排隐含了福利的再分配。

上述回顾只能大致反映研究现状，我们看到在多个方面仍存较多争议，化解这些争议需要进一步地厘清事实以及构建更有针对性的分析框架。下文将进一步澄清离岸与在岸两个市场发展的特征事实，并分析两个市场的联动关系。以此为基础，可以更清楚地看到离岸人民币市场发展对于内地市场的影响。

2. 香港人民币离岸市场的发展与交易逻辑

第一阶段：2010 年 8 月—2011 年 8 月

人民币离岸市场主要参与者包括：（1）内地和香港进出口贸易企业。（2）

---

① 张明：《人民币国际化：基于在岸与离岸的两种视角》，中国社会科学院国际金融研究中心，Working Paper，No. 2011W09，2011 – 06 – 29。

② 张斌：《香港离岸人民币市场发展的困惑》，RCIF Policy Brief 2011. 069，2011。

③ Robert McCauley，"Renminbi Internationalization and China's Financial Development Model"，for the Council on Foreign Relations/ China Development Research Foundation Workshop on the Internationalization of the Renminbi，Oct. 31 – Nov 1，2011，Beijing.

④ Takatoshi Ito，"The Internationalization of the RMB：Opportunities and Pitfalls"，for the Council on Foreign Relations/ China Development Research Foundation Workshop on the Internationalization of the Renminbi，Oct. 31 – Nov 1，2011，Beijing.

⑤ 余永定：《应暂停出台人民币国际化新政策》，《第一财经日报》，2011 – 12 – 15。

⑥ Tetsuji Murase，"Hong Kong Renminbi Offshore Market and Risks to Chinese Economy"，Institute for International Monetary Affairs，Newsletter No. 40，2010.

从事人民币业务的境外金融机构。(3) 对冲基金。(4) 一般投资者,比如香港居民,由于其交易并不活跃,影响较小,因此不作单独分析。这里分析2010 年 8 月—2011 年 8 月人民币单边升值预期背景下的市场交易逻辑。

首先,内地和香港的进出口贸易企业使用人民币结算的主要出发点是谋取CNH 与 CNY 市场上的人民币汇率价差。自从 CNH 市场建立以来,大部分时间里香港人民币较内地人民币更贵,进口商使用人民币贸易结算可以获取两个市场的汇价差。加博认为,虽然贸易商的人民币结算具备真实贸易的背景,但由于这种交易的初衷是为找寻汇价差,因此其实质是为满足投机性需求而进行的结算交易①。

通过观察 CNH – CNY 的汇价差与人民币跨境贸易结算的支付②和收款③比例之间的联动关系,可以为上述判断找到证据。CNH – CNY 的汇价差越大,外贸企业使用人民币替代美元进行进口贸易结算的收益越大,人民币跨境贸易结算的支付和收款比例应该越大。2010 年第三季度以来,两个序列的相关系数是 – 0. 87。这表明人民币跨境结算的行为很大程度上是基于套取汇价差的动机。

其次,从事离岸人民币业务的金融机构以银行为主体,人民币业务的主要出发点是获取人民币即期和远期汇差以及人民币和美元利差。人民币升值预期背景下,离岸市场上金融机构的操作方式,是在即期市场借入美元并买入人民币,而在远期市场上卖出人民币并买入美元。例如,在即期市场借入 1 亿美元,1 年期利率 0. 8%,并以 1:6. 4 的价格在 CNH 市场兑换成人民币④;同时购买 1 年期远期美元 1. 008 亿元,以 1:6. 3 价格卖出 1 年期远期人民币。这笔交易为金融机构带来利润 0. 1136 亿元人民币,或等值美元。

金融机构的盈利来自两个方面,一是即期与远期人民币汇价差,二是人民币与美元的利率差。如果众多金融机构都进行类似交易,势必会拉高离岸市场的即期人民币价格,压低远期人民币价格,套利空间消失。而在 CNH 市场上,

---

① Peter Garber, "What Currently Drives CNH Market Equilibrium?", for the Council on Foreign Relations/ China Development Research Foundation Workshop on the Internationalization of the Renminbi, Oct. 31 – Nov 1, 2011, Beijing.

② 主要对应进口付款。

③ 主要对应出口收款。

④ 金融机构能够将借入的美元兑换为人民币,有赖于 CNH 市场的存在,这正是 2010 年 8 月以来才具备的条件。

上述交易在很长时间里能够持续盈利，其关键在于：由于人民币贸易结算存在，内地人民币可以源源不断进入香港，离岸金融机构买入人民币并不会显著拉高即期人民币价格；尽管金融机构卖出远期人民币会压低远期人民币价格，但如果这个价格折算出来的人民币升值幅度低于市场普遍预期未来的人民币汇率水平，还是会吸引大量投资者购买远期人民币。可见，以下三方面因素的共同存在才能使得离岸金融机构的上述套利行为得以持续：其一，人民币贸易结算为香港大量输入人民币；其二，CNH 市场的发展可以让金融机构买到人民币；其三，内地市场大量的外汇市场干预，使得市场持续保持单边的人民币升值预期，金融机构能够以高于即期汇率的价格卖出远期人民币。三者缺一不可。

最后，对冲基金利用高杠杆投机未来的人民币升值。对冲基金是人民币远期非交割市场（NDF）的主要参与者，他们可以利用 10 倍甚至更高的杠杆，买入/卖出远期人民币[1]。通过对冲基金面临的人民币 NDF 远期价格，可以折算出未来人民币升值幅度，但该价格已不能很好地代表市场预期。最近数年中，从 NDF 市场价格折算出人民币远期升值幅度远低于市场普遍预期的人民币升值幅度：对于人民币一年期的升值预期，NDF 市场显示大约为 2%，而共识经济公司（Consensus Economics）显示预期升值幅度约为 4%。为什么会有如此大的差异？

原因在于之前提到的，金融机构在大量卖出远期人民币，即便卖出的远期人民币价格很低，金融机构还是可以获取利差与汇差的双重收益。而较低的远期人民币非交割汇率吸引了对冲基金，如果市场共识性预期的人民币升值幅度远大于 NDF 价格折算的人民币升值幅度，对于对冲基金而言是大好的牟利机会，再加上杠杆的作用，对冲基金获利不菲。以三个月人民币 NDF 市场为例，根据到期日实际的 CNY 人民币即期汇率进行交割，我们发现：对冲基金在人民币 NDF 市场能够获利，而且获利空间在 2010 年下半年以来还有所扩大。

总的来看，香港离岸人民币市场上，外贸企业、金融机构和对冲基金形成了一个复杂的、相互依存的交易链条，各自分食一部分利润；而内地货币当局的外汇市场干预以及由此带来的人民币单边升值预期是上述一系列套利交易得以维系的基础。

---

① HKMA，"Hong Kong: The Premier Offshore Renminbi Business Centre"，http: // www. hkma. gov. hk Sep. 2011.

第二阶段：2011年9月至2012年5月

世事如棋。2011年9月以后，受国际金融市场动荡影响，离岸人民币价格发生逆转，离岸人民币较内地人民币价格更为便宜。从前面的分析可以看到，离岸即期与远期人民币价格是外贸企业、金融机构和对冲基金共同交易的结果。而2011年9月以后，离岸人民币即期与远期人民币价格的分析也应在这个框架之内，区别之处仅在于套利套汇条件完全发生了逆转。具体套利机制是：人民币升值预期逆转→对冲基金远期人民币净需求逆转→金融机构以远期贬值的价格卖出远期人民币（汇差不再得利，反而构成损失），同时美元贷款利息提高（利差收益也在收窄）→金融机构减少即期人民币净头寸，对即期人民币需求下降→CNH市场人民币贬值→进口人民币贸易结算下降，出口人民币贸易结算上升，香港人民币流出。

人民币升值预期逆转是所有变化的逻辑起点。对人民币升值预期逆转主要有以下几个方面的解释：（1）随着欧债危机不断升级、国际金融市场风险规避情绪提高和融资成本上升的影响，大量国际金融机构和跨国企业的资金回流母国。2011年9月至2011年11月，除日元之外的主要亚洲货币对美元都在贬值，人民币汇率也受到这种情绪的影响。（2）欧债危机带来外需不振，国内房地产调控导致内需不振，市场预期货币当局可能会因此停止人民币升值（2008年危机期间有此先例）。（3）海外投资者对中国地方债、银行坏账等问题的担心。尽管这些问题不足以导致中国经济硬着陆，也不会导致金融体系崩溃，但是很多海外投资者容易受到影响。

3. 在岸外汇市场的发展与交易逻辑

第一阶段：2010年8月之前

根据中国外汇交易中心公布的《银行间即期外汇市场会员名单》，在岸即期外汇市场上的直接参与者包括：（1）人民银行。（2）国内金融机构，包括商业银行和政策性金融机构等，一共170多家机构，占即期外汇市场会员名单的约62%。（3）大型国有企业和境外金融机构在中国的分支，其中大型国有企业包括中远、中粮、中石油、中石化等10家企业，占会员总数的4%；境外金融机构在中国的分支包括花旗银行、三井住友银行、法国巴黎银行、德意志银行等近100家机构，占会员总数的34%。上述机构是直接参与做市的外汇市场会员。另外，外贸企业的外汇买卖主要依靠银行代理客户结售汇业务实现。从银行代客结售汇发生的数据分布来看，经常项目占到90%左右的交易量，因此银行代客结售汇的服务对象以外贸企业为主。对于上述参与者的交易行为，可分析如下：

第一，人民银行为了维护目标汇率水平，在外汇市场上净买入外汇，并由此带来外汇储备规模节节攀升。人民币小幅渐进升值远不足以让市场供求恢复平衡，人民银行只有大量单方面购入外汇才能使人民币汇率维持在小幅渐进升值通道上，这就带来了外汇储备的急剧增长。2005年1月—2010年8月，人民银行平均每个月在外汇市场上净购入295亿美元外汇。

第二，一般外贸企业通过国内金融机构代客结售汇业务，在外汇市场上净卖出外汇。在持续的贸易顺差和直接投资顺差格局下，外贸企业的总体外汇需求小于外汇供给，在外汇市场上净卖出外汇。2005年1月—2010年8月，外贸外资企业平均每个月在外汇市场上净卖出外汇299亿美元。

外贸外资企业的购汇与售汇不仅取决于进口和出口，也显著受到人民币升值预期的影响。当人民币升值预期抬高的时候，出口企业通过提前结汇，进口企业通过延迟购汇，还有一些企业通过延迟利润汇回母国或者增加外债、外汇贷款等方式扩张美元负债和人民币资产，以此获取人民币升值收益。数据分析显示：企业结售汇行为与人民币升值预期之间有显著的正相关关系（相关系数为0.64）。

第三，国内金融机构在外汇市场上净买入外汇。除了代客结售汇，国内金融机构还有外汇存贷款、远期外汇交易、外汇自营交易等业务，在外汇市场上买卖外汇。国内金融机构是外汇市场上外汇的净买入方。2005年1月—2010年8月，国内金融机构平均每个月在外汇市场上净买入外汇21亿美元。由于国内金融机构的外汇业务主要是客户驱动型，因此其自身外汇净头寸较小。

第四，大型国有企业和境外金融机构在中国的分支机构在外汇市场上净卖出外汇。大型国有企业和境外金融机构在中国分支机构是外汇市场上外汇的净卖出方。2005年1月—2010年8月，大型国有企业和境外金融机构在中国分支机构平均每个月在外汇市场上净卖出外汇17亿美元。大型国有企业和境外金融机构在中国的分支机构有大量的海外分支机构或者自身就是海外机构的境内分支机构，经营中形成了大量的当期或远期的外汇现金流。从外汇市场交易数据来看，这两类机构的外汇交易非常活跃，上下波动幅度很大，具有短期资本流动性质，对短期内的外汇市场波动有举足轻重的影响。

总体而言，外贸企业所带来的外汇净供给对中长期的外汇市场供求关系有决定性影响，而大型国企和国外金融机构在中国的分支机构、国内金融机构对短期内的外汇市场供求变化具有举足轻重的影响。

第二阶段：2010年9月至2012年5月

人民币贸易结算政策的放开和CNH市场建立为部分在岸市场交易者提供了新的套利机会，也为短期跨境资本流动打开了方便之门，这会显著影响在岸外汇市场的供求。在2011年9月之前的人民币单边升值背景下，使用人民币进行进口贸易结算可以获得在岸与离岸两个市场上的汇价差，进口人民币贸易结算快速上升，出口人民币贸易结算的规模较小，出口人民币贸易结算额度占全部人民币贸易结算的平均比重不超过20%。大量的进口人民币贸易结算减少了在岸市场的外汇需求，增加了在岸市场外汇净供给。在岸市场这部分新增加的外汇净供给，对应的是离岸市场的人民币需求，即境外投资者对人民币的需求。这在事实上给境外投资者提供了持有人民币资产的机会。正如余永定指出的，人民币国际化在事实上放松了资本管制①。

2011年9月以后的在岸外汇市场供求关系的突然逆转再次证明了人民币汇率变动预期对于在岸外汇市场的显著影响。2011年10月的外汇市场与9月相比出现了以下变化：（1）外贸企业的外汇净供给大幅萎缩。2011年9月外贸企业净卖出外汇1 658亿元人民币，10月下降到202亿元人民币②，与9月相比减少了1 456亿元人民币。（2）大型国有企业和境外金融机构在中国的分支由外汇的净供给方突然转变为净需求方，2011年10月净买入外汇450亿元人民币，与9月相比外汇需求净增加1 266亿元人民币。（3）国内金融机构净买入增加。2011年9月净买入79亿元人民币，10月净买入645亿元人民币，与9月相比净买入增加566亿元人民币。9月上述三类机构形成外汇净供给2 394亿元人民币，10月逆转为893亿元人民币。（4）为了维持目标汇率水平，人民银行9月还在外汇市场净买入外汇，10月就转为净卖出外汇，外汇储备也因此出现罕见下降。

驱使各类企业和金融机构急剧调整外币头寸的主要原因是2011年9月以后离岸市场的人民币升值预期突然逆转成为人民币贬值预期。不仅所有基于人民币升值的套利交易难以持续，过去套利交易遗留下来的资产负债表上的币种错配问题也凸现出来，企业和金融机构对外汇头寸的大幅调整在所难免。

4. 汇率形成机制不成熟条件下放松资本管制将招致更大投机资本冲击

人民币贸易结算政策的放开和香港人民币离岸市场的发展为海外投资者持

---

① 余永定：《应暂停出台人民币国际化新政策》，载《第一财经日报》，2011 - 12 - 15。
② 同期的贸易顺差170亿美元，高于1—9月120亿美元的平均水平。

有人民币创造了更加便利的条件。基于我们对香港人民币离岸市场发展的分析以及实证模型检验，都证实自 2010 年 8 月香港人民币离岸市场发展以来大量人民币流到境外，与此对应的是更多的短期资本外资流入中国。海外投资者持有更多的人民币资产可以看做是人民币国际化取得的进步，但是中国是否需要与此相伴的短期资本流入呢？

如果货币当局对内地外汇市场没有持续干预，海外投资者增持人民币也会带来国外资本流入和人民币升值，但流入的规模会因为更高的人民币价格自行削减，而且这个过程当中外汇储备不会增加，不影响货币当局的基础货币投放操作。但目前的情况是货币当局依然对外汇市场持续干预，让人民币处于小幅升值的通道当中。这样的背景下，海外投资者借助人民币贸易结算政策放开和香港人民币离岸市场，可以源源不断地增持人民币资产，套利空间一直存在。与此同时，货币当局为了维持既定的汇率走势，不得不持续买入新增的外汇供给，并因此投放更多的基础货币。随着人民币不断实现的小幅升值，货币当局在买入外汇、投放人民币的过程中不断蒙受财务损失，受补贴的是那些套取离岸市场与在岸市场价差的贸易商，同时获取利差、即期与远期汇率价差的金融机构以及投机人民币升值的投机者。

汇率与资本管制双重管制下，上述人民币国际化进程很大程度上是政策补贴下的人民币升值预期套利结果。货币当局为此付出了大量的财务成本，但由此支撑的人民币国际化进程并不牢靠。正如在 2011 年 9 月以后看到的，一旦海外人民币升值预期逆转或者国际金融市场出现严重动荡，大量资本会将人民币资产转为美元资产，人民币国际化迅速退潮。

正如余永定指出的，人民币贸易结算政策放开和香港人民币离岸市场发展可以看做是放松资本项目管制[①]。在一个尚不能反映市场供求基本面的汇率形成机制下，放松资本管制只会招致更大的投机资本冲击，威胁国内宏观经济稳定。拉美、东南亚等历次金融危机都是鲜活的教训，中国须引以为戒。

（二）利率市场化改革应优先于人民币国际化：日元国际化的教训

本章说明了汇率制度改革应优先于人民币国际化。而另一方面，利率不但是资金要素的基础价格，同时也是汇率形成机制的关键变量。因此，利率市场

---

① 余永定：《应暂停出台人民币国际化新政策》，载《第一财经日报》，2011 - 12 - 15。

化改革本身，更应优先于人民币国际化和资本项目的开放。

相反的做法，将可能给中国宏观经济带来巨大的风险。在20世纪80年代中后期，邻国日本就为此交过了巨额的学费。其主要教训是：导致泡沫经济的直接原因系由于日本中央银行实行了过度宽松的货币政策。但新近的研究显示，实际上当时的日本央行，面对流动性的泛滥，恐怕也是有心无力的。而究其原因，则正是与利率市场自由化、资本项目开放的顺序有关。

早在1968年，日本的经济总量就已经超过德国，成为世界第二大经济体。但其金融市场的改革步伐则一直相对滞后。在1970年代石油危机之后，日本经济增速显著下滑，而民众对社会保障、各种福利的要求却大幅上升，这两者分别导致了财政收入增速的下滑以及财政支出的加速上升。其结果就是财政赤字大幅上升、国债数量激增。刚开始，商业银行非常配合地购买国债，但后来由于国债数量实在太多，银行也开始抱怨，于是政府只好把国债投向市场。这样，在银行利率自由化面临障碍的情况下，债券市场及其利率自由化就首先发展起来了。

但是直到1984年12月16日，前川春雄行长卸任的时候，利率市场化仍然没有取得突破性的进展：存款利率自由化没有任何的松动，同时，银行间市场的短期利率，也主要由日本银行设定。由于这些原因，当时日本银行间市场，并没有形成真正市场化的收益率曲线；而由于两个市场之间存在高度的相关性及替代性，银行存贷款利率的扭曲，也同时影响了国债市场价格的有效发现。

在此背景之下，日本银行的货币政策工具箱中，价格型政策（利率调整）的有效性是相当有限的。而日本人发明的"窗口指导"（Window Guidance），这类数量型政策则被证明有立竿见影之功效，即日本银行利用其在金融体系中的特殊地位和影响力，对商业银行的贷款行为做道义上的劝说，并提供建议。这种做法，可能让中国的金融机构感受到一种似曾相识的亲切。事实上，从20世纪50年代末开始，直到1984年前川春雄行长卸任之时，"窗口指导"在日本的货币政策中一直发挥着重要而且有效的调节作用。

前川之后的继任者是澄田智，他的任期从1984年12月至1989年12月。澄田智上任之后，股票价格、房地产价格加速上涨，日本国民重拾自尊，民族自信心也加速膨胀。不过，澄田智行长并没有失去理性，他努力回顾前面5年给前川当副手的经历，然后重新祭出了"窗口指导"厉害政策，对商业银行进行了道义劝说。但是，泡沫膨胀的势头并没有得到缓解。因为时代不同了，

"窗口指导"确已失效。这时的澄田智好像是一个司机,当他发现汽车正在超速行驶的时候,却惊讶地发现刹车好像出了问题。那么,是什么原因导致了"窗口指导"调节的失效?

关于"刹车"的隐患,要从 1984 年说起。这一年的 4 月,日本废除了远期外汇交易的实际需求原则;更重要的是在 6 月,日本进一步废除了外汇兑换日元的限制,日元基本上成了自由可兑换的货币,这是日元国际化非常重要的一步。但同时也意味着,日元在经常项和资本项下已大为放开了,"窗口指导"的核心即对信贷总量干预的效果已经被打折扣了。

事情还远未结束。1986 年 12 月,日本又在东京开设了日元离岸市场。这一举措,为日本国内企业和机构获得境外的融资,提供了更加便捷的渠道。这时候,"窗口指导"这个"刹车闸"已然被涂上了润滑油。

直到数年之后,澄田智行长才下意识地碰了碰尘封已久的"刹车",而结果则是令他不安的。2010 年 8 月,日本银行副行长西村清彦在一篇文章中这样回忆道:20 世纪 80 年代年后期的事实证明,伴随着金融自由化的一路高歌猛进,"窗口指导"对信贷数量的限制实在是有心无力的。

那么除了"窗口指导",当时是否有其他选项呢?正如前面分析的,利率市场化尚未完成,价格调整类型货币政策效果相对较弱,因此,澄田智的选择主要局限于数量型的调控。可见,在其任职期间,也就是 1984 年末至 1989 年末这段时间,日本中央银行对于信贷总量的紧缩,实际上是缺乏有效政策工具的。历史往往就是以成败论英雄的,澄田最终被冠以"泡沫先生"(Mr. Bubble)的称号。

但澄田并非一事无成,他在任期间力推利率市场化:1985 年 10 月,大额定期存款利率实现自由化,同时债券市场的期货产品开始交易;1988 年 11月,银行间市场的短期利率也实现了市场询价、还价的决定机制;1989 年 6月,小额定期存款利率也开始自由化。1989 年 12 月,当澄田把行长职位转交给三重野康的时候,利率市场化的关键工作已经大体完成,随后银行存、贷款利差也迅速地收窄。到 1994 年 10 月,三重即将卸任的时候,他也完成了活期存款利率的自由化,并宣告利率自由化的最终完成。

显然,这个好消息来得晚了一些。现任日本信金中央金库上席审议役露口洋介认为正确的顺序显然是:利率市场化在前,日元国际化/资本项目放开在后。如果是这样,在数量型货币政策("窗口指导")失效的时候,价格型货币政策(利率政策)就能及时发挥调节作用,从而 80 年代日本的泡沫经济在一定程度上是可以避免的。

往者不可谏，但可以肯定的是：当时日本金融自由化的顺序安排，受到来自国内、外政治、经济等多方面力量的影响，非日本央行一己之动所能为之。因此，日本银行可能承担了过多的指责。不过，作为一项涉及全局利益的改革步骤，货币国际化步伐确实当慎之又慎。同时这也告诉我们：在一个"刹车"还不太好用的情况下，一定要保养好另一个"刹车"——在利率还未实现市场化，货币政策传导难以通过利率这种价格型渠道产生作用、同时较大程度上依赖数量型的信贷政策工具时，我们对货币国际化和资本项目开放都应持谨慎态度。

六、政策建议

从实体经济的微观基础来看，目前中国企业的出口定价权较弱，而国际贸易结构也在诸多方面对人民币跨境结算潜力造成了制约。企业是以盈利为首要目标的，人民币国际化并不是企业的任务。当然，企业以盈利为目标，不断增强自身在国际市场的竞争力，将有利于创造人民币国际化的微观基础。在现有的条件下，从国家的层面来看，可以采取两个方面的政策来支持人民币在跨境贸易中发挥计价和结算功能：

首先，以国家行为直接推动人民币在跨境贸易结算中发挥作用。具体来说：（1）推行中国版的"马歇尔计划"，通过对其他经济体的经济援助和贷款，在输出商品、投资和劳务的同时，也输出人民币。（2）在上海发展大宗商品的期货交易平台，利用中国在国际大宗商品中需求端的巨大影响，提升人民币标价期货产品的国际影响力，将中国对大宗商品依赖性强、不利于人民币国际化的不利因素转化为有利因素。（3）与其他初级产品大国，例如俄罗斯，商讨直接以双边本币（包括人民币）对大宗商品进行计价或结算。

其中，推行中国版的"马歇尔计划"的具体推进举措可以是多样化的：（1）在双边平台上，中国的可选策略之一，是以输出工业园区、经济特区模式为主导的 1＋1 双边合作。经济特区模式适合于经济的较低发展阶段，在一国经济发展缺乏大环境的情况下，先行开辟出一个宽松的、具有制度弹性的小环境，然后以之为中心点辐射、带动周边地区的发展。而"主题园区模式"的针对性更强，适合经济体在更高发展阶段面临的一些特定问题。（2）中国的可选策略之二：通过东道国所在的多边平台进行合作的 1＋N 模式。第一种方式，中国加强与现有地区开发性金融机构的合作。例如，通过加强与非洲开发银行、南部非洲发展银行的合作，实现与南非在开发性金融领域的合作；通过与泛美开发银行的合作，实现与巴西在开发性金融领域的合作。第二种方式，中国推动设立新的区域开发性金融机构。除了现有的中国—非洲发展基金，还可考虑设立中国—拉美发展基金、中国—南亚发展基金等 1＋N 的合作机制。（3）通过建立新的国际多边组织来推动中国与其他经济体的经济、金融合作，例如金砖国家开发银行、上合组织开发银行等等。当然，以这些新建多边平台推动人民币在跨境贸易中的计价、结算作用可能也有一些的阻力和风险，为此可先以香港为据点，根据具体项目一事一议，通过国际银团贷款的形式进行初期尝试，逐渐在此基础上形成稳定的国际银行联合体，并最终打造为人民币"走出去"的一个平台。

其次，国家层面还可以通过其他结构改革措施，为人民币在跨境贸易中发挥作用释放更多的空间。这些措施包括：（1）减少政策扭曲，改善国内市场竞争环境，推动企业在公平竞争的市场环境中快速成长，成长为具有国际竞争力的跨国公司。（2）优化贸易结构，减少对加工贸易的依赖，改变两头在外、附加值少的贸易格局，促进产业结构转型、升级。（3）发展新能源、新技术，减缓对进口初级产品的依赖。（4）推动生产性服务业的发展，提升企业的自主创新能力。

从金融市场的发展角度来看，应把握好金融市场改革的顺序：利率市场化、汇率制度改革优先于人民币国际化和资本项目开放。但是，目前各届对于金融市场改革的顺序仍有较多争论，主要有以下三种不同观点：（1）先实现利率市场化和汇率制度改革，最后开放资本项目。（2）可以同时并举，先进行风险最小的改革，在试错中推进。（3）先开放资本项目，以倒逼其他领域的改革。第一种观点主要来自学术界，例如余永定（2011，2012）等；第二种观点主要来自包括央行在内的政府部门（中国人民银行调查统计司课题组，2012）等，第三种观点则来自市场，例如黄海洲（2010）、马骏（2011）等。

为此我们进行了初步的问卷调查，结果显示：观点主要分歧在于"顺序论"和"同时并举、试错推进"两者之间。研究机构、政府部门分别持有上述两种观点。不过由于政府部门会对改革进程直接施加影响，实践过程中更有可能的选项似乎是：同时并举、试错推进。

但是另一方面，市场机构的分歧显示：国有背景机构的观点更倾向于顺序论，而外资背景的机构更倾向于同时并举做法。这种力量对比，尤其是国有背景机构的观点，也可能对政府的态度产生影响。在研究机构和国有背景机构的共同影响下，政府"同时并举、试错推进"的取向，可能会碰到一些障碍。

事实上，在 2012 年 2 月人民银行调统司的研究报告中，虽然其态度非常鲜明，主张"同时并举、试错推进"，但具体实施方案却在很大程度上仍具有"顺序论"的色彩。这也可以看做是双方面观点的一种折中。

根据人民银行调查统计局的研究报告（2012），资本项目的开放将分为短期、中期、长期三个阶段：短期安排（1~3 年），放松有真实交易背景的直接投资管制；中期安排（3~5 年），放松有真实贸易背景的商业信贷管制；而长期安排（5~10 年），依次审慎开放不动产、股票及债券交易，逐步以价格型管理替代数量型管制。该方案意味着，在 5 年之内，资本项目的开放仍然紧紧围绕真实贸易、投资展开，而证券交易类项目的开放，还要在 5~10 年的长期中实现。另一方面，中国银行业协会发布的《2011 年中国银行家调查报告》显示，有 71.9% 的银行家认为，未来 5 年内是推行利率市场化的时间窗口。将两者进行比较就可以发现，人民银行调统司给出的资本项目开放方案，在事实上仍是符合内、外改革顺序的。余永定（2012）也认为，调统司的这份报告所"提出的资本项目自由化的路线图是审慎的、渐进的"。

由上面的分析可见，虽然对于金融体制改革的顺序存在较大争议，但是各界对于具体推进方案的设想还是较为一致的。之所以会产生上述争议，其中的原因可能是比较微妙的。因此，金融体制改革在实际推进过程中，仍将大致体现为"利率、汇率两率先行，资本项目开放在后"的顺序。当然各个环节并不是在时间上有严格的前后，而会有所交叉。

因此，对于内地金融体制改革方案，各机构在实践上的共识，要远大于认识上的分歧。在政府部门、学术机构、商业银行、证券和基金公司的角力下，内地金融体制改革的顺序将体现为"顺序论"和"同时并举、试错推进"之间的折中，而且在实践上将更多倾向于"顺序论"。考虑到上述背景，与人民币国际化相配合的以下金融改革方案是可行的：发展成熟完善的债券市场、稳步推进双轨利率并轨，在 2015 年完成利率市场化改革；同时，逐步扩大人民币汇率对美元的波动幅度，明确人民银行干预外汇市场的具体规则并逐步减少干预；资本项目开放的安排上，2015 年前后对具有真实投资、贸易背景的资本流动实现完全开放，同时推进人民币跨境结算的发展；2016—2020 年间基本实现资本项目的放开。

第二章 从贸易结算到对外投融资的人民币跨境支付

2009 年 7 月起开始的跨境人民币结算开始从上海、广州、深圳、珠海、东莞 5 个城市先行开展试点工作，开启了人民币国际化之旅。2011 年 8 月，人民银行宣布将跨境贸易人民币结算境内地域范围扩大至全国。随着跨境人民币业务全面展开，跨境人民币结算量的不断增加，迄今为止，跨境结算的贸易总量已超过 3 万亿元人民币，境外人民币存量稳步扩容，离岸人民币市场日趋活跃，并形成了人民币在岸与离岸间的跨境循环机制。本章试从跨境人民币金融服务的设计角度出发来分析人民币国际化路径对上海国际金融中心建设的影响，并提出相关的政策建议。

一、跨境人民币结算与人民币国际化

在国际贸易中充当主要计价计算货币是该币拥有强大国际地位的一个重要特征，也是衡量一国货币国际化程度的重要标志，因此可以说在国际贸易中计价结算职能的发挥是人民币国际化的突破口。从这个角度来看，计价结算职能显得更为重要，因而有必要研究国际贸易双方选择计价结算货币的依据以及决定因素，解决这两个问题有助于探讨如何推动人民币在国际贸易中履行计价结算职能，增强人民币的实力使之与经济大国和贸易大国相匹配。

（一）人民币跨境结算的定义

1. 人民币跨境结算含义

跨境贸易人民币结算是指在进出口贸易的商业活动中，贸易双方企业商定以人民币对贸易货物标价、报关、结算。人民币作为一种货币的基本职能向境外延伸的过程，主要指计价和结算两种职能。在国际贸易中，对大多数企业而言，计价货币的选择和结算货币是一致的。一般企业选择的计价形式分为三种：出口国货币计价（Producer's Currency Pricing，PCP）、进口国货币计价（Local Currency Pricing，LCP）和第三国货币计价——工具货币计价（Vehicle Currency Pricing，VCP）。

2. 人民币跨境结算的方式

目前，人民币跨境结算主要是通过以下四种合作方式进行：第一种，双边贸易本币结算，这主要是中国与一些发展国家之间，例如中俄签署的双边本币结算协议；第二种，双边本币互换协议，目前我国已经与新加坡、中国香港、新西兰、澳大利亚等国家和地区签订了双边本币互换协议；第三种，边境贸易本币结算，这主要是在边境活动的时候用采用人民币结算，中国已经与一些东亚邻国如蒙古等国采取这样的交易措施；第四种，与国际组织如国际货币基金组织、亚洲开发银行等，在人民币参股的情况下，实行人民币交易。这四种方式为人民币跨境结算的进一步发展提供了很好的发展途径。

（二）人民币计价结算功能是通往货币国际化的第一步

1997 年的亚洲金融危机和 2008 年美国次贷危机两次金融危机，见证了我国人民币世界地位的提升，从而加速了人民币国际化的演进历程。

1. 人民币现钞的跨境流通。中国的经济持续快速的增长，使得人民币开始在周边的地区开始流通，也逐渐被市场所认可，所以最早期的人民币的国际化是人民币现钞的这种跨境流通。

2. 完善人民币汇率形成机制的改革为人民币境外流通扫清道路。2005 年中国人民银行出台完善人民币汇率形成机制的改革方案。核心内容大致有三条：第一，我国的汇率将来不再盯住单一的一种货币，而是参照"一篮子"货币，同时根据市场供求关系进行浮动；第二，实行浮动汇率，浮动的区间也是合理的；第三，我国做了一个初始的汇率水平的调整是 2%。这些措施都为人民币境外流通扫清了道路。

3. 开展与东盟等国家的人民币互换业务。2008 年，由美国次贷危机引发的一场华尔街金融风暴席卷全球，世界经济陷入低谷。在主要国际货币发行国都遭受危机以后，人民币因为自身的稳定成为关注的焦点。人民银行先后与韩国、中国香港、白俄罗斯等国家和地区的央行及货币当局签署了一系列的货币互换协议。一种货币的国际化须经历三个阶段：贸易结算、金融交易计价、成为储备货币，而货币互换不过是人民币"走出去"的第一步。

4. 上海将建成国际金融中心。2009 年国务院审议并原则通过关于推进上海加快发展现代服务业和先进制造业、建设国际金融中心和国际航运中心的意见，提出到 2020 年，将上海基本建成与中国经济实力和人民币国际地位相适应的国际金融中心，要把人民币定值的债券市场及金融市场发展起来。

（三）国际贸易中的人民币结算是人民币国际化的必要条件

国际贸易中货币结算问题一直是贸易伙伴最关心问题。自美元确立国际货币地位以来，贸易伙伴国大多选择美元结算，除美国以外对国际贸易国双方来说，都称为国际贸易外汇结算。而我国对外贸易一直以来大都用美元结算。在与美欧等主要贸易伙伴以外的国家和地区进行的货物贸易中，超过 90% 的结算采用第三方货币。这意味着对贸易双方来说，存在着本币兑换为第三方货币再进行结算的二次兑换成本问题。

但是，由于美国经济危机以后，一方面随着后国际金融危机造成的美元结算货币汇率波动幅度的加大，另一方面我国国际收支顺差跃居世界第一，促成人民币世界地位大大提升，贸易伙伴国在与我国的贸易往来纷纷接收人民币作为结算货币。顺应时代发展，我国及时出台了跨境贸易人民币结算试点方案。2009 年，我国跨境贸易人民币结算试点正式启动，并在有效监管的基础上推进跨境投融资的便利化。允许我国企业以汇率相对稳定的人民币进行跨境贸易结算，不仅有利于企业规避汇率风险，也有利于贸易双方锁定交易成本，降低因采用第三方货币结算带来的二次汇兑成本，从而在互利互惠的基础上，促进我国与世界各国和地区的贸易发展。

事实上，近年来人民币支付结算环境的不断改善和结算效率的不断提高，也为跨境贸易人民币结算创造了良好的外部条件，使得国际贸易中的人民币结算占国际贸易中外汇结算的比重越来越大。就人民币境外流通的现状考察，过去人民币仅在边境地区流通。但进入 21 世纪以来，人民币国际流通范围已经在部分发达国家的部分地区流通和兑换。随我国经济实力的加强，经济发展的速度加快，人民币流通的范围越来越广、流通数额越来越大。

（四）完善国际贸易中人民币结算制度推进人民币国际化

从长远来看，推动跨境贸易人民币结算进一步发展，还有很长的路要走。首先是市场还需进一步培育，其次是相关配套措施还需进一步完善，更重要的是要在如何保持中国的经济增长的可持续性等方面下工夫。

1. 收窄人民币的波动幅度

为维护人民币不贬值的国际信誉，我国外汇政策实施收窄人民币的波动幅度措施，使得人民币进一步得到周边各国的认同，形成区域内的"良币"形象。同时，保持我国经济高速稳定增长支撑下的人民币的强势，进一步增强人民币在世界范围内的信誉，从而赢得世界市场的信赖和需要。一旦人民币开放以后我们的市场波动程度会与日俱增，像利率、汇率等相关产品的需求会增大，金融风险越加增大，银行一方面要管理好自身的风险，另一方面还要帮客户管理好风险。首先，保障政府外汇政策维稳；其次，灵活运用外汇政策手段工具；最后，在帮助企业选择和疏通人民币境外的投资渠道，理顺境外人民币的投资回流机制等方面下工夫。

2. 完善跨境贸易人民币结算的金融服务

随着人民币"走出去"步伐的加快，海外中资企业将成为推动当地人民币业务的主体，需要海外中资银行为中国企业以及境外企业的跨境贸易人民币结算提供更为完善的金融服务。同时，随着试点范围的扩大，要做好相关配套措施的完善工作，从而扩大跨境贸易人民币结算业务。要加快建设以香港为中心的人民币离岸金融市场，积极推动跨境贸易人民币结算。政府也明确提出，积极扩大跨境贸易人民币结算试点，加紧推动跨境贸易人民币结算试点，完善相关配套措施，分散"走出去"企业的汇率风险，提高海外金融服务能力；进一步扩大跨境贸易人民币结算试点范围，增加试点企业数量；在全国范围内全面开展跨境贸易人民币结算，并在有效监管的基础上稳步推进跨境投融资的便利化。分析人士认为，在外需普遍不旺的经济背景下，境内出口企业很难拥有结算币种的选择权；同时，外商持有的人民币规模较小，也限制了人民币结算业务的展开。相信只要各方面共同努力，及时出台相关政策的实施细则，跨境贸易人民币结算业务必将稳步推进。

3. 保持中国的经济增长的可持续性

人民币国际化趋势是市场选择的结果，而不是政府力量推动的结果。从亚洲来看，随着中国的崛起，在一个市场中，一种货币作为价值尺度将大大减少贸易和资本流动中的交易成本，为该地区创造更多的贸易机会，扩大交易的规模、提高效率和国家福利。中国与亚洲经济一体化程度的提高将扩大亚洲市场的规模，并产生对共同价值标准的需求。人民币地位的提升将是一个必然结果，亚洲出现人民币替代其他货币的现象也将成为可能。从我国整体考察，中国大国经济特点的形成和国际化程度的提高，增强了国际经济交易参与者和普通公众对人民币的信心，从而增加了对人民币的需求。如果中国的经济增长是可持续的，普遍接受性也会大大提高，人民币将必然会成为国际通货。

（五）跨境贸易结算推动人民币国际化的难点

1. 实物商品对人民币价值的支撑还不够充分。从贸易的角度看，人民币和其他币种相比能够走向国际化其中一个比较大的优势就是人民币具有大规模的实物商品，这就可以作为价值基础，但是目前我们国家还没有实现用人民币标价的商品价格的相对稳定。从商品的出口价格来看，中国目前还算不上是制造业强国，而且出口商品的议价能力还是比较弱的。就中国出口的几个比较典型的商品来看，其中除了机电产品的价格在保持一定的增长，其他的基本都有所下降，这就反映出我国大部分的出口行业依旧没有什么定价话语权，很难将汇率升值带来的影响进行有效地转嫁。

2. 跨境贸易人民币结算收支存在不平衡。人民银行发布的相关报告显示，跨境贸易人民币的收付比与原先相比已经有了较大的提高，从 2010 年的 1：5.5 上升为 2011 年的 1：1.7。但一些原因导致结算比例比较大的情况也并没有完全消失，这也就使得我国的外汇储备明显增多了。尽管这种不平衡的现象对加速海外人民币的积累有着有利的影响，但是在一定程度上反映出当前存在的一些问题，比方说出口的企业缺乏定价货币的选择主动权以及境外人民币分布不均衡等。

3. 人民币在大宗商品价权上总体较为被动。目前我国在国际市场上有一定的地位，但是我国人民币交易市场发展是比较晚的，相比欧美的交易，我国在交易规模以及市场的深度和广度上都明显处于劣势。所以在争夺大宗商品定价权的时候，我国就处于比较被动的地位，只能一味地接受。我国与欧美的金融机构在大宗商品的贸易和融资规模上相比，管理的技术和相关的经验明显不足，也就使得人民币的吸引力有所减弱，而人民币的价值衡量尺度的职能就得不到充分的体现。

二、跨境人民币结算需求与供给分析

无论跨境贸易人民币结算还是人民币国际化都要遵循"政府主导，市场运作"的基本方针，人民币跨境业务的发展既离不开政府政策的推动和支持，也离不开市场的需求和供给。本节主要从微观角度分析当前市场主体对人民币跨境结算业务的需求和供给状况。

（一）跨境人民币发展现状

1. 结算金额迅速膨胀

根据2013年中国人民银行的货币政策报告统计，截至2013年第三季度，银行累计办理跨境贸易人民币结算业务1.1万亿元，同比增长37.5%。其中，货物贸易结算金额0.7万亿元，服务贸易及其他经常项目结算金额0.4万亿元。跨境贸易人民币结算实收4 400.7亿元，实付6 562.1亿元，收付比为1：1.5。直接投资方面，第三季度银行累计办理人民币跨境直接投资结算金额1 376.6亿元，其中，人民币对外直接投资结算金额298.1亿元，外商直接投资结算金额1078.5亿元。经国务院批准，2013年10月9日，中国人民银行与欧洲中央银行签署了规模为3 500亿元人民币/450亿欧元的中欧双边本币互换协议。与欧洲中央银行建立双边本币互换安排，可为欧元区人民币市场的进一步发展提供流动性支持，促进人民币在境外市场的使用，也有利于贸易和投资的便利化。

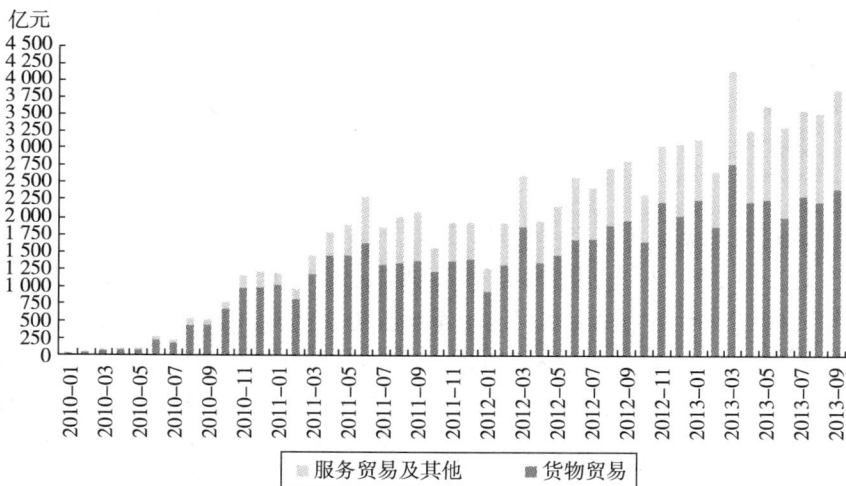

资料来源：中国人民银行。

图2-1 跨境人民币结算情况

2. 周边化

人民币跨境结算在与我国有贸易往来关系的国家都已展开，但目前来看，主要发生在与我国有着紧密经贸联系的亚洲周边国家和地区，尤以东盟为重点，最主要的客户集中在中国香港、中国澳门和新加坡。2009年7月至2013

年 9 月境外人民币实际收付累计结算中，主要亚洲周边国家和地区的结算量占 80% 左右。

3. "跛足"

在 2009 年和 2010 年，人民币跨境结算出现较大逆差，收付比例严重失衡，进口付款比例远高于出口付款比例，人民币进口付款在人民币结算总额中占到 80% ~ 90%。从 2011 年开始，收付失衡状况有所缓解，根据《中国人民银行货币政策执行报告》，2011 年收付比由 2010 年的 1∶5.5 上升为 1∶1.7，2013 年第三季度上升为 1∶1.5。

（二）对当前跨境贸易人民币结算的市场需求分析

对人民币跨境结算的市场需求是指在各种约束条件下，境内外进出口企业对以人民币进行结算的需求。贸易结算货币的选择涉及进出口双方的利益，以下分别分析境内企业和境外企业对人民币结算的需求。

1. 境内企业对跨境贸易人民币结算的需求

我国国内进出口企业自改革开放以主要采用外币进行贸易结算，其中 90% 以上采用美元结算，所以总是面临汇兑成本和规避汇率风险的问题，有时汇率波动给企业带来较大损失。所以如果撇开其他问题不谈，单纯考虑结算货币的话，采用本币结算的便利化和无汇率风险使得国内进出口企业对人民币结算有比较大的需求。但是在当前形势下采用人民币结算的国内企业要受以下因素的制约：

（1）原有结算制度和流程的制约。我国长期以来的结算制度和贸易流程都是建立在外币结算的基础上，这些制度和流程的改变滞后于采用本币结算的发展。例如 2009 年 7 月开展结算试点之后，人民币结算业务寥寥无几，在当年秋季广交会上更没有一家企业采用人民币结算，主要原因是出口退税制度问题。因为以前采用外币结算，要先收汇、核销，然后再去退税。而改用人民币结算后，不需要收汇核销了，企业怎么去退税呢？制度改革的滞后影响了人民币结算的使用和发展。

（2）美元全球网络的制约。目前美元形成的庞大的全球支付网络并不会在短期内丧失优势，中国尤其要受这种网络的制约。因为中国的贸易伙伴主要是美国、欧盟和日本，而这些国家和地区的本币恰恰是在全球货币体系中占绝对主导地位的美元、欧元和日元，所以要想这些贸易伙伴放弃本币转而采用人民币结算不是件容易的事。事实也证明了这一点。在 2012 年 10 月的广交会上，采用人民币结算的客户主要集中在中东和东南亚，欧美客户仍然选择欧元或美元作为结算货币。西联公司西联商业支付（Western Union Business Solutions）2012 年发布的一项研究报告显示，在选择人民币作为结算货币上，美国企业的不愿意度最高（占 42%），欧洲企业次之（占 23%）。

（3）当前中国出口产品结构的制约。虽然我国的出口产品结构已呈现高级化趋势，但是目前仍然以差异化程度较低的劳动密集型产品为主，出口商面临激烈的竞争，议价能力处于弱势地位。在这种形势下，采用何种货币结算甚至会成为一种国内贸易商获得竞争优势的手段。为了获得客户青睐，国内企业虽然希望对方采用人民币结算，但是为了争取能够获得订单却不能向对方提出这样的要求，从而主动放弃了结算货币的主导权。

总结以上国内企业对人民币跨境结算的需求可以看出，虽然我国多数进出口企业愿意采用人民币进行结算，但是由于种种条件制约，最后导致成本过高，很多国内企业对采用人民币进行跨境结算"有心无力"。

2. 境外企业对跨境贸易人民币结算的需求

人民币对境外企业来说是外币，因此一笔交易采不采用人民币进行结算比较复杂。如果境外贸易伙伴初始的结算货币为本币，则现在要求其改用人民币结算的几率并不大，因为从本币结算改为外币结算意味着要面临汇率风险和额外的汇兑手续，这无形中增加了贸易成本。如果境外贸易伙伴初始的结算货币为第三国货币，则其转而选择人民币结算的可能性会大大提高。这里又分两种情况：第一，如果人民币是一种已经国际化的货币，境外企业在使用时不受任何限制，则根据当前人民币升值趋势看，基于规避汇率风险的考虑，国外出口商会愿意采用人民币结算，而国外进口商会避免采用人民币结算。第二，人民币的现实状况。当前人民币并不是国际化的货币，还未实现可自由兑换，很多职能在境外也并不能实现，这样国外企业在选用人民币结算时要受以下因素制约：

（1）人民币的来源。如果境外企业选择采用人民币结算，它要考虑能不能获得人民币。当前境外人民币来源主要有三个：一是货币互换协议下的人民币，二是国内公民境外消费使用的人民币，三是跨境贸易结算的人民币。由于当前人民币的升值趋势，很多企业和个人愿意持有人民币，人民币在境外供不应求。所以境外企业在选择采用人民币结算时，它的开户行可能没有人民币供应，从而制约人民币结算的发展。

（2）境外人民币汇率的稳定性。在国外能够获得人民币是有限的，加之对人民币的升值预期，在国外人民币处于供不应求的状态。人民币不能自由兑换，在国外并没有形成自由的买卖市场，这使人民币境外汇率处于不稳定状态，影响境外企业对使用人民币结算的选择。

（3）企业要面临退出原来支付网络的成本。企业要改为人民币结算，需要时间进行决策和内部沟通，需要进行内部流程改造，这个过程可能要持续数月时间，产生一定成本。

综上所述，从市场需求方面来看，一笔交易最终是否采用人民币结算有以下三种情况：第一，如果贸易双方都有需求，则计价和结算货币就是人民币。这种情况适用于那些对人民币认可程度较高的周边国家和地区，比如与中国签订货币互换协议的国家以及中国港澳地区，这恰好解释了人民跨境结算当前表现出的周边化特点。第二，如果贸易双方都没有需求，则肯定不会采用人民币计价和结算。第三，如果一方有需求而另一方没有，最后能否形成需求完全取决于需求方的议价能力。比如国内企业愿意用人民币结算，而欧美客户对使用人民币结算有很多顾虑，这时如果国内企业主动提出并且极力向客户争取，则最后客户可能愿意采用人民币结算。而如果国内企业在谈判中处于弱势，虽然提出用人民币结算但主导权仍然在对方手中，或者国内企业鉴于长期合作关系的考虑，不好意思主动提出改变结算货币，这样都会导致人民币不能成为结算货币。

（三）对当前跨境贸易人民币结算的市场供给分析

人民币结算业务的供给是指国内外银行体系对人民币跨境结算业务和与人民币跨境结算相关业务的供给，主要包括建立高效、便捷的人民币国际清算系统和涵盖保值避险、跨境投融资、贸易融资等产品的跨境人民币服务体系。从当前看，内资银行和大型跨国银行对人民币结算业务及相关产品的供给比较充足，国外商业银行对人民币业务的供给不充分。

1. 国内银行体系对人民币结算业务的供给比较充足

国内商业银行是人民币跨境结算的主要渠道，虽然人民币结算使其汇兑手续费收入减少，但是能够拓宽其业务范围，增加中间业务收入，增强与国外跨国银行相比较的国际竞争力，因此国内银行在跨境人民币业务的供给上持积极态度。目前来看，国内主要商业银行如中国银行、中国工商银行、中国建设银行和交通银行都已构建起全球化的人民币服务网络，不仅能够提供贸易项下的人民币结算业务，而且能够提供人民币外商直接投资、人民币购售、境外人民币衍生产品、人民币对外保函、人民币出口信贷、人民币非居民账户（NRA）开立及使用等多种业务。但也应该看到国内商业银行对人民币结算业务的供给也表现出周边密集化的地域特点，即对周边国家提供的服务更为完善，特别针对东盟地区推出的服务更为完善。如中国工商银行推出的"中国——东盟人民币跨境清算（结算）系统"（CHANCES 系统）、中银香港与东盟及其他相关地区多家商业银行签署的人民币贸易结算业务清算及结算协议、中国建设银行的"边贸 E 路通"业务等都为国内企业与周边国家企业进行人民币结算提供了便利。但这种具有特别针对性的服务和产品针对非洲、欧洲和美洲等区域还非常少。

2. 外资银行对人民币结算业务的供给逐步增加

这里把外资银行分为三类分别分析，即大型跨国银行、我国周边国家的商业银行和其他国家的商业银行。首先，大型跨国银行对人民币业务积极供给。如汇丰、渣打、花旗、摩根大通等都在积极参与和推动人民币跨境结算，这不仅因为有越来越多的中国企业要求贸易对手选择人民币结算，而且因为这些银行看到了人民币跨境业务潜在的利润增长点。在地域上，不同于境内银行在推动人民币跨境结算上的周边化特点，这些大型跨国银行在全球网络布局上的优势非常明显。但就其推出的人民币相关产品看，境内银行提供的人民币相关产品更为全面和细化。其次，周边国家和地区的商业银行对人民币业务供给陆续增多。一方面因为与周边国家和地区的边境贸易发展较早，人民币在有些国家已被广泛接受；另一方面因为客户需要和中国政府方面的推动，中国香港、新加坡、日本、马来西亚、韩国等国家和地区的商业银行都陆续加入人民币结算系统，有的开始提供人民币外汇金融衍生产品。但从总体看，这些国家人民币业务的供给主体仍然是中资银行的国外分支机构和大型跨国银行的分支机构。最后，其他国家和地区的商业银行较少提供人民币跨境结算业务。虽然美洲、欧洲和非洲等区域的跨境贸易人民币结算量在增加，但主要是中资银行在外分支机构和大型跨国银行的全球分机构在供给人民币业务。本土的商业银行有的虽然已经开展人民币兑换业务，但较少提供人民币结算业务。

（四）综合分析

通过对当前跨境贸易人民币结算的市场需求和供给状况分析可以看出，人民币跨境结算经过三年的发展，结算量和涉及区域都迅速扩张。但也可以看出当前市场对人民币结算的需求和供给都处于相对不足的状态，主要表现为外部供给和外部需求不足。人民币结算与人民币国际化是相互推动、相辅相成的，人民币结算的全方位实现要依赖于人民币其他职能全方位的国际化，因此在当前人民币没有国际化之前要全面实现人民币跨境结算是不可能的。

为了解决外部市场供给和需求不足，进一步推动人民币跨境结算的发展，可以采取以下几种策略：第一，深入周边化策略。因为周边国家和地区对于人民币结算的市场需求和供给最为充裕，所以应该继续在周边国家和地区扩大人民币结算的数量和范围，并借此推动人民币的其他职能在这些地区的实现。第二，优势企业先行策略。拥有一定垄断优势的企业在贸易谈判中会获得更多的主导权，这种优势可以来自于资本、技术、品牌或者设计。这些企业在价格和支付条件谈判中应主动要求采用人民币计价和付款，如果国外企业对我国具有垄断优势企业的产品需求弹性比较小的话，就会同意采用人民币进行计价和结算。第三，境内企业联盟策略。这一策略主要解决境外贸易伙伴的人民币"回流"问题。境内企业可以与上中下游不同生产阶段企业结成联盟，实现客户资料共享，这样，如果境内企业进口采用人民币支付后，可以向贸易伙伴推荐联盟企业再次进行贸易，这样贸易伙伴就可以把手中的人民币支付出去，从而形成一种人民币"回流"的机制。第四，联合本币非美元客户"去美元化"策略。对美元不是本币的境外企业来说，美元和人民币都是外币。美元汇率波动较大，人民币汇率坚挺且呈升值趋势，这些企业比较容易接受由美元结算改为人民币结算。因此，国内企业跟这些企业贸易时应主动提出并且力争以人民币结算。这是可行的，也是一种"双赢"策略。第五，内资银行率先国际化策略。一直以来国内银行都是跟随企业和客户"走出去"。为了推动跨境贸易人民币结算，内资银行作为人民币结算业务的市场供给主体应该先于企业和客户"走出去"，一方面构建全球中资银行网络，在全球各国增设分支机构，把人民币结算业务带到世界各地，解决人民币结算外部供给不足的问题；另一方面，对境外企业就地进行人民币结算业务进行宣传和培训，使更多境外企业了解人民币结算，解决人民币业务外部需求不足的问题。

三、跨境中的金融服务与上海金融中心的建设

随着跨境人民币结算量的不断增加，境外人民币存量稳步扩容，离岸人民币市场日趋活跃，并形成了人民币在岸与离岸间的跨境循环机制。本节从跨境人民币金融服务的设计角度来分析人民币国际化路径对上海国际金融中心建设的影响。

（一）跨境人民币金融服务的概念

理解跨境人民币金融服务的概念，可以先从世界贸易组织对国际服务贸易提供方式的定义着手。根据世界贸易组织的分类，金融服务的进出口有以下四种提供方式：跨境提供、境外消费、商业存在以及自然人流动。至于金融服务的内容则依据每个金融机构的产品提供能力而定。从目前来看，金融服务主要围绕账户服务、结算服务、清算服务、融资服务、投资服务以及担保服务五大方面进行。跨境人民币金融服务就是金融部门以人民币跨境向经济主体提供金融服务，可以分为人民币金融服务的出口和人民币金融服务的进口两个方面。再加上国际收支是发生在居民与非居民之间的交易的概念，我们可以用矩阵图来直观地理解跨境人民币金融服务的内涵（见表2－1）。

表 2 - 1 　　　　　　　　　　跨境人民币金融服务

跨境人民币金融服务		
提供方式	进口	出口
跨境提供	境外金融机构向境内主体提供人民币金融服务，如前海试点的香港机构向前海企业提供人民币贷款	境内金融机构向境外主体提供人民币金融服务，如境内金融机构向 RQFII 机构提供的结算和托管服务
境外消费	境内主体赴境外期间消费当地金融机构提供的金融服务，如居民个人出境游过程中使用银联卡在当地信用卡 POS 机刷卡消费	境外主体来我国境内消费金融机构提供的金融服务，如境外个人来我国旅游住宿时使用 VISA 卡我国的 POS 机刷卡支付房费
商业存在	外国金融机构来华设立营业性金融机构向我国主体提供金融服务，如花旗银行上海分行向我国主体提供的人民币金融服务	我国金融机构去境外设立营业性金融机构向当地主体提供金融服务，中国银行纽约分行向美国主体提供的人民币金融服务
自然人流动	金融领域的专家服务（境外专业人士来华提供金融服务）	金融领域的专家服务（境内专业人士去境外提供金融服务）

我国在跨境金融服务领域一直处于长期逆差的状态（见图2－2），直到2011年。造成这一格局的原因有：我国金融业发展相对落后、金融开放程度相对有限、金融业参与国际货币金融服务竞争的形式和产品单一化等，但一个非常重要的因素是与我国一直以来国际收支以外币进行有关。在外币主导国际收支的情况下，我国金融机构向我国境内主体提供的货币金融服务大多以美元

等国际货币为主，如美元存款服务、美元贷款服务、美元结算服务等，从本质上属于美国金融服务的跨境延伸。虽然这中间我国的金融机构可以获取一定的收益（利息、服务费等），但由于其提供这些货币服务的基础是需要借助这些货币发行国的基础设施如美元清算系统，美国银行的账户服务、结算托管服务等，因此，出现长期逆差的格局也在情理之中。

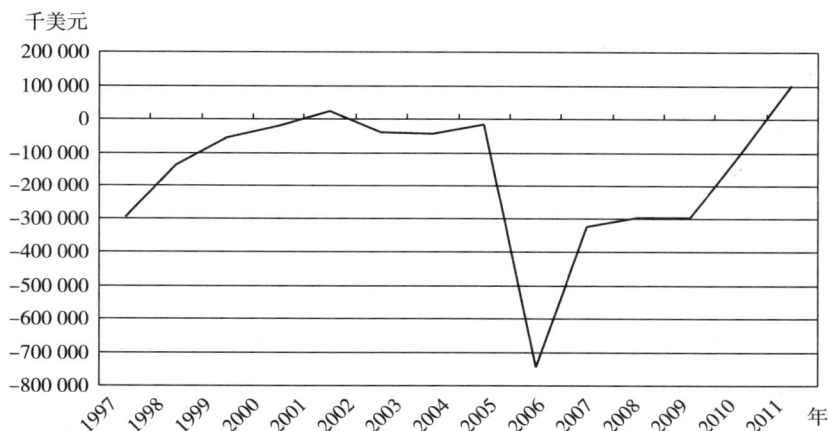

图 2 − 2　跨境金融服务

我国的跨境人民币金融服务①始于 2009 年 7 月跨境贸易人民币结算试点之际，并随着实体经济跨境活动中对人民币使用的扩大而逐渐得到发展。

（二）跨境人民币金融服务的政策框架及发展情况

从金融服务国际贸易的角度来看，本币金融服务与外币金融服务的差别在于：本币金融服务是依托本国金融体系为主来完成的，而外币金融服务则是依托他国（货币发行国）的金融体系为主完成的。因为在国际货币清算规则的作用下，所有货币资金都存放在其发行国的银行体系内，发行国银行是全球本币金融服务的承载主体。就人民币而言，所有人民币包括走向国际的人民币都存放在我国境内，并依托境内的银行体系来完成跨境及国际的人民币清算服

---

①　2004 年我国为香港地区银行开展个人人民币业务安排了人民币清算渠道，由于这项业务由人民银行提供，因此不能归入商业金融服务。此外，边境地区也有部分银行以对开账户的方式提供些人民币账户服务，但仅限于账户结算，没有其他配套，因此，也不能作为规范的跨境人民币金融服务来衡量。

务，由此构成我国金融服务依托人民币的出口。从此角度来评估和分析我国当前的人民币跨境金融服务，主要可以分为以下六大类：跨境人民币结算服务、跨境人民币账户服务、跨境人民币清算服务、跨境人民币融资服务、跨境人民币投资服务以及跨境人民币担保服务。相关的政策安排也是从这六个方面来进行的。这六个方面的金融服务也契合了人民币货币职能的跨境发展情况，可以一并评估。

1. 跨境人民币结算服务

跨境人民币结算服务是指境内银行与境外银行合作共同为实体经济的跨境商务活动提供人民币结算服务。根据 2009 年 7 月出台的《跨境贸易人民币结算试点管理办法》及其实施细则以及后续出台的相关政策法规，跨境人民币结算服务的范围是境内外经济主体以人民币计价结算的跨境货物贸易、服务贸易、收益及经常转移性交易、跨境直接投资及相关的融资活动；服务工具为各类国际结算工具，包括信用证、托收、汇款等各种国际通行的支付结算工具。

跨境人民币结算服务体现的是人民币货币职能中的支付结算职能的跨境发展情况。由于我国一直以来实行严格的外汇管理，且在以前版本的外汇管理条例中曾有涉外经济活动应以自由可兑换货币进行收支的概念，我国改革开放以来的跨境收支均以外国货币进行，人民币的支付结算职能被人为地圈定在中国境内。2009 年 7 月启动的跨境贸易人民币结算实质上是将以前我国人为限制人民币跨境使用的不合理措施取消，使人民币的支付结算职能得以跨境发展而已，是人民币基于我国改革开放三十多年积累的经济实力上形成的国际清偿能力。

2. 跨境人民币账户服务

账户是一切货币清算和结算的基础。跨境人民币账户服务是指我国境内银行向境外主体提供的人民币开户、使用、对账、销户等一系列与账户运行有关的服务。根据《跨境贸易人民币结算试点管理办法》及后续相关政策规定，我国银行向境外主体提供的人民币账户可以分为两类。一类是人民币国际同业往来账户（International Nostro Account，INA），一类是非居民人民币结算账户（Non - Resident Account，NRA）。这两类账户都属于在岸账户性质。人民币国际同业往来账户是境内银行向境外银行业金融机构提供的用于为实体经济提供跨境人民币结算的账户。非居民人民币结算账户是境内银行向境外银行业金融机构以外的经济主体提供的人民币结算账户。非居民人民币结算账户又可以根据账户持有人的属性细分为不同性质的账户，如合规境外机构投资者以人民币投资境内时开立的机构投资者账户，境外工商企业主体开立的结算账户等。

除了人民币资金账户外，境外主体还可在政策许可的情况下在国内的证券托管机构或证券结算代理人（银行）开立资产托管账户，以开展相关的资产管理活动。

从货币职能角度来分析，跨境人民币账户服务是货币价值贮藏职能的基础，也是货币支付结算职能的根本。由于我国是人民币的发行国，境外主体要与我国开展跨境人民币计价结算的相关交易，必须要使用直接或间接的人民币账户服务才能完成最后的清算，因此，跨境人民币账户服务构成了我国立足本币开展金融服务出口的必要内容。

3. 跨境人民币清算服务

跨境人民币清算服务是人民币国际化的奠基石，一切跨境人民币业务基于货币的国际清算。跨境人民币清算服务体系包括清算账户的开立、清算体系的建设和运行、清算渠道的建立三个主要方面。在国家信用货币本位制的现代金融运行规则下，国际货币清算遵循以下三个铁律：一是所有货币的清算都在其发行国完成，且以中央银行货币资金的清算为终极清算；二是所有货币资金都存放在银行体系内，除了窖藏现钞；三是所有货币的清算包括国际清算都以银行账户间的借贷记动作的完成为资金过户依据。

跨境人民币清算主要有三种模式。一是跨境代理结算模式，是指境外银行选择境内银行开立人民币国际同业往来账户并通过该账户的收付来实现跨境人民币结算和清算。以人民币国际同业往来账户为依托、境内银行和境外银行共同组成人民币国际清算网络。境外银行开立账户的多寡以及所服务地域覆盖的情况体现了人民币国际清算网络的建设程度和人民币国际化的程度。二是境外二级集中清算后再加入境内清算的模式，如中国香港地区、中国澳门地区、台湾地区以及新加坡的离岸人民币清算。这是一种由当地一家商业银行获得授权在我国境内开立人民币清算账户后在当地组织离岸人民币二级清算，再跨境参与境内在岸人民币清算的模式。三是在岸非居民账户直接结算模式，即境外机构直接在境内商业银行开立非居民人民币银行结算账户并指令银行办理跨境人民币收付的模式。2012 年初，人民银行宣布开发建设人民币跨境支付系统（CIPS）。这将是一个支撑全球人民币清算的基础性工程。

跨境人民币清算服务与结算服务一样是人民币支付结算职能跨境发展和我国金融服务出口的基础。

4. 跨境人民币融资服务

跨境人民币融资服务是指境内机构向境外提供人民币融资或境外向境内提

供人民币融资相关服务的总称。这里的融资既包括银行向实体经济提供的人民币融资服务，如跨境贸易人民币融资，也包括银行与银行间的同业融资如跨境人民币同业拆借，还包括企业与企业间的人民币融资服务，如以人民币开展的股东贷款或关联企业间的人民币互融等，另外还包括跨境人民币债券发行、股票发行等。跨境人民币融资服务根据方向不同，既会产生人民币境外债权，也会产生人民币对外负债。境内银行向境外主体提供人民币融资服务后会形成人民币境外债权，这对于我国银行拓展国际市场份额，规避国内宏观经济周期性风险有好处，且本币债权没有币种错配风险。同样的，境内企业向境外投资的主体提供人民币股东贷款也会形成我国的人民币境外债权，这有利于企业"走出去"参与国际市场的竞争和资源配置。境外主体来中国境内发行人民币债券如世界银行发行的"熊猫债券"也构成我国的人民币境外债权。与之相反，境外银行向我国境内主体提供人民币融资服务后形成我国的人民币对外负债，这类负债还包括境外股东向我境内的外商投资企业提供的人民币股东贷款、我国主体到境外发行人民币债券或股票等等。关于人民币对外负债，请见下文具体分析。

在政策法规建设方面，《跨境贸易人民币结算试点管理办法》及其实施细则中已对跨境人民币贸易融资和跨人民币同业融资有明确规定：跨境人民币贸易融资以商务合同为依据，金额和期限与商务合同一致；跨境人民币同业融资（向外提供）以1个月为期限。2011年，人民银行在相关的政策法规中，对我国对外直接投资、外商来华直接投资以及境内银行办理境外项目人民币贷款业务进行了规范，明确境内企业可以为所投资的境外企业提供人民币股东贷款、境外股东可以为其所投资的境内外商投资企业提供人民币股东贷款、境内银行可以为境外项目提供人民币贷款。

跨境人民币融资服务是人民币交易媒介职能的体现。我国是人民币发行国，向境外提供人民币融资可以形成人民币资金的输出和金融服务的出口。

5. 跨境人民币投资服务

跨境人民币投资服务是指各类主体以人民币开展跨境投资活动中涉及的相关服务的总称。这里的投资服务不包括以形成实业资产为目的的直接投资，指的是各类金融投资相关的服务，包括权益类证券投资、债务类证券投资、基金类投资等。作为人民币的发行国，我国境内各类金融资产都是以人民币计价发行的，因此跨境人民币投资以境外对境内的内向投资为主。但当境外发展出流动性好的离岸人民币资产市场后，不排除境内主体对境外人民币资产投资的外向投资行为。

　　跨境人民币投资服务是人民币价值贮藏职能发展的体现。通过跨境投资，境外主体可以将其持有的人民币存款转换为人民币有价证券，从而使人民币进入其资产组合。在央行或货币当局层面则成为其外汇储备货币。

　　在政策法规建设方面，2010 年人民银行发布规定，有限度地向境外三类机构开放银行间债券市场。这三类机构是境外货币当局或央行、境外人民币清算行和境外参加行。2011 年底开始人民币合规境外机构投资者投资境内证券市场的试点，允许中资证券和基金公司注册在香港的分支机构在一定的额度内以人民币投资境内证券市场。

　　6. 跨境人民币担保服务

　　跨境人民币担保服务是指境内机构以人民币向境外提供各种类型的保证服务或境外机构以人民币向境内提供各种类型的保证服务。跨境人民币担保服务是人民币交易媒介职能的体现，为实体经济开展各类跨境商务活动提供必要的货币金融服务。跨境担保依据提供方向可以形成跨境或有债权和或有债务。

　　除了上述六大类服务外，人民币作为交易媒介职能的跨境发展还体现在人民币购售服务上。所谓人民币购售服务是指境内银行为境外主体办理的人民币与外币之间的兑换服务。为了便利境外主体选择和使用人民币，我国境内相继推出了人民币与非主要货币的直接挂牌交易服务，避免了人民币与这些货币之间需要通过美元作为中间货币进行双重转换而导致的高成本和高风险。

（三） 对外负债的概念及其表现形态

　　对外负债可以理解为一个经济体或经济主体借用外部资金直至偿还的过程。对我国而言，人民币对外负债就是我国或我国经济主体以本国货币借用外部资金所形成的对外负债。由于人民币是我国的法定货币，我国"以人民币对外负债＝境外持有人民币债权"。这种本币对外负债的现象与货币国际化程度有直接的对应关系，并主要表现在以下三个层次的不同形态上：一是国家层面的人民币对外负债。人民银行代表国家发行货币，货币就是 IOU（欠条），属于以国家信用作抵开出的欠条，供社会主体用做一般等价物来结算彼此之间的经济交易，清算债权债务。因此，当境外持有我国发行的人民币时，就构成了广义上我国的对外本币负债。如我国货币供应量中被境外持有的那部分，会反映在 M_0、M_1、M_2、M_3 以及 MZM 中；另外，我国发行的人民币国债被境外投资主体购买并持有的那部分也属于国家层面的本币对外负债。二是金融层面的人民币对外负债。我国银行业金融机构是人民币业务的经营机构，其吸收的存款就体现在银行资产负债表的负债方。在国际货币清算规则的作用下，所有人民币都存放在其发行国银行体系内，包括走向国际的货币，因此，当人民币被实体经济用于跨境贸易结算支付到境外并被境外主体持有时，这些境外人民币都以同业存款或境外主体存款的方式存放在我国的银行体系中，我国银行体系就产生了本币对外负债。国际化程度越高，境外持有的人民币存款或资产就越多，反映在我国金融机构吸收的境外人民币存款就可能越多。因此，吸收的境外人民币存款是我国金融层面对外负债的主要构成部分。除此之外，我国金融机构发行的人民币金融债券被境外主体购买并持有以及银行在提供人民币信用证跨境结算服务时，也会形成金融层面的人民币对外负债。三是非金融经济主体层面。这主要体现为我国经济主体在开展对外贸易的过程中形成的人民币应付款或暂收款，发行的人民币债券或股票被境外投资者购买并持有，以及从境外银行借用人民币贷款等情况。

1. 国际收支币种结构与本外币对外负债的经济分析

国际收支平衡表是国民经济四大核算账户之一，反映的是一个经济体涉外经济及金融的活动状况，同时也是一个国家参与全球化的路径状况的写照。一个经济体在与他国开展经济贸易投资活动时需要一定的货币进行结算并最终形成货币的跨境收支。因此，一个国家的经济主体以何种货币结算其涉外贸易投资等商务活动就决定了这个国家的国际收支币种结构，而这一国际收支的币种结构最后也决定了这个国家资本及金融账户的开放格局。

（1）经常账户交易国际收支币种结构的经济分析。以我国的货物贸易为例，企业进出口贸易采用美元结算时，我国的国际收支就以美元发生。企业收到美元货款时，反映在我国国际收支平衡表中的"其他投资—资产方—货币与存款"项的增加；对外支付美元货款时，反映在国际收支平衡表的"其他投资—资产方—货币与存款"项的减少。相应地，对美国而言，就反映在其国际收支平衡表的"其他投资—负债方—货币与存款"项的减少与增加上。此时，我国（企业持有美元存款或国家持有美元储备）能够从资产的持有或减少中获取相应的美元利息或资本利得收益。

企业以人民币结算其进出口贸易时，我国的国际收支就以人民币发生。企业收到出口项下境外支付的人民币货款时，在我国国际收支平衡表上反映为"其他投资—负债方—货币与存款"项下的减少（境内银行吸收的境外人民币存款被支付到境内企业的账户上变成境内企业存款）；企业支付进口项下人民币货款时，在我国国际收支平衡表上则反映为"其他投资—负债方—货币与存款"项下的增加（境内吸收的境内企业存款被支付到境外银行同业往来账户或直接支付到境外企业开立在境内银行的账户上）。此时，我国需要支付的是境外持有人民币存款的存款利息。

综上，从经常账户国际收支币种来看，实体经济以外币结算经常账户交易时，将导致我国持有的外币资产方的增减，影响的是我国获取外币存款或资产的利息或资本利得收入的增减；实体经济以人民币结算经常账户交易时，则导致我国对外人民币负债方的增减，影响的是我国对外支付人民币存款或资产的利息或收益的增减。由以上分析也可看出，人民币国际化带来的我国国际收支的变化将很大程度体现在负债方。再考虑币种匹配和汇率因素的情况，以人民币结算国际收支时，我国在宏微观层面均没有币种错配风险，且在拥有人民币发行权的情况下，没有本币负债的偿付风险。

（2）金融账户交易国际收支币种结构的经济分析。以借用境外银行贷款为例，我国企业以美元借用境外银行贷款时，反映为我国国际收支平衡表中的"其他投资—负债方—获得境外银行贷款"的增加。如果企业提用该笔贷款到境内使用，则会形成境内银行持有的美元存款（对企业的负债类存款转为境内银行存放在美国的银行资产类存款）。对我国总体而言，企业支付贷款利息，银行收到存款利息（美元存放在美国的银行体系中），我国在利息层面属于净支付。企业偿还该笔美元贷款时，也反映为国际收支平衡表的"其他投资—负债方—获得境外银行贷款"项的减少。与此同时，境内银行持有的美元存款也会相应减少。其他形式的外币对外负债也会反映在国际收支平衡表的金融账户的相应栏目内。

我国企业以人民币借用境外贷款（本币外债）时，境外持有的人民币由存款类资产转为贷款类资产，在我国的国际收支平衡表中则体现为"其他投资—负债方—获得境外银行贷款"的增加；但与此同时，由于人民币是我国发行的货币，境外银行对我国企业发放人民币贷款意味着我国企业会收到境外银行的贷款支付，此时境外银行在我国银行开立的人民币同业往来账户上的资金会相应减少，意味着我国国际收支平衡表中的"其他投资—负债方—货币与存款"的对应减少。尽管境外银行在当地吸收的存款数可能未变（境外银行只是将其吸收的境外人民币存款的一部分用于向境内企业贷款），这个过程与境内货币创造几乎相同。与境内银行因贷款产生派生存款从而导致 M_2 增加相比，唯一的差别是，境外银行对我国境内企业的贷款对我国的整体对外本币负债没有影响，只是负债主体由"境内银行"（境外银行的同业往来账户开户行）变成了"境内银行＋境内借款企业"。如境外银行吸收境外企业人民币存款 100 万元，并以其中的 75 万元向境内企业发放人民币跨境贷款时，其初始的 100 万元存款存放在境内代理银行的人民币同业往来账户上，是我国银行业的对外本币负债（100 万元），可以归入境内的 M_3 或 M_2 的统计范畴；贷款发生后，境外银行需要向境内企业支付 75 万元（作为贷款提用）。此时，境外银行在境内银行的同业往来账户上将减少 75 万元的存款，境内企业则在其境内账户上增加了 75 万元的存款（归入境内 M_2 的统计范畴），与此同时，境内企业对外人民币负债增加了 75 万元。从经济分析角度来看，企业借用境外人民币贷款（75 万元）时需支付贷款的利息，银行对外吸收的存款（减少 75 万元后成为 25 万元）支付的则是存款利息。境外发放人民币贷款的银行则要支付 100 万元的存款利息，收取 75 万元的贷款利息和 25 万元的存款利息。

由此可见，以外币还是人民币发生对外负债，对我国的影响是不同的。经济主体的本币对外负债除了没有币种错配因素造成的外汇风险外，对宏观经济的影响也是有限的，因为它只是我国对外负债总量不变下的主体结构调整而已。但对境外银行而言，发放人民币贷款固然增加了一条人民币资金的运用渠道（由存款类资产转为贷款类资产），但由于发生了"外币"的货币创造，其风险（对其存款兑付的风险可能因贷款期限与存款期限的不匹配或到期不能足额安全回收而产生）也相应增加，符合风险收益对等原则。

2. 我国对外负债现状及改进

根据对金融全球化的路径[①]分析，我们有直接投资、证券投资和其他投资三条路径。发达国家如美国等，一般通过私人部门（Private Sector）的输出和政府部门的输入参与金融全球化，体现为私人部门对外债权和政府部门对外负债。而发展中国家和欠发达国家则一般通过实体经济部门（Real Sector）的输入和政府部门的输出参与金融全球化，表现为实体经济部门的对外负债和政府部门的对外债权（以外汇储备形式存在）。在上述三条路径的基础上再叠加货币币种因素后，可以发现发达国家大多以本国货币参与金融全球化，因此所形成的对外资产负债大多为本币。而发展中国家和欠发达国家则无一例外地以外币参与金融全球化，由此而形成的也多为外币资产和负债。在本国不掌握外币

---

① 施利娅．《货币、金融国际化与经济金融化传导关系的研究》[D]．上海：上海社会科学院，2010。

发行权的情况下，等于给国家经济运行增加了一重本国难以控制和规避的
"外汇风险"。观察历史上发生在发展中国家和欠发达国家的金融危机，大多
与货币危机相伴而生。而发达国家则主要是经济危机，很少发生货币危机。以
史为鉴，发展中国家和欠发达国家大多采取了控制外债的方式，国际货币基金
组织等开给这些国家的"药方"也是控制外债。"外债过量＝货币危机"成为
发展中国家和欠发达国家一方参与金融全球化的警示，而对发达国家而言则可
通过本币对外负债来规避因外债过量而引发的货币危机。

　　始于20世纪70年代末的改革开放改变了我国既无内债也无外债的经济建
设格局。我国对外资的利用就伴随着我国外债的形成，且所有这些外债的借用
还都以外币发生。国家外汇管理局发布的信息显示，截至2012年末，我国广
义对外负债余额为34 385亿美元，其中外国来华直接投资形成的负债为21 596
亿美元，证券投资形成的负债为3 364亿美元，其他投资形成的负债为9 426
亿美元。我国历年对外资产负债情况参见表2－2、表2－3。从负债格局可以
看出，我国在直接投资领域的对外负债是主要的外债来源，证券投资和其他投
资则相对较少。但从我国历年登记外债的角度来看，其债务结构所隐含的风险
还是清晰的，主要是短期外债余额占比逐年攀升。另外，虽然外汇局公布的国际
投资头寸表和外债统计表中的币种结构情况未知，但基于我国涉外经济结算货币
以美元、欧元等主要国际货币为主而非人民币，可以推测我国的对外负债主要币
种还是美元及欧元等主要国际货币，由此带来的货币敞口风险需要考虑。

表2－2　　　　　　　　　　**2001—2011年中国外债统计表**　　　　单位：10亿美元

年份	外债余额	贸易信贷	登记外债余额	短期外债余额	短期外债占比（％）
2001	203.30	54.80	148.5	83.77	41.21
2002	202.63	57.60	145.03	87.08	42.97
2003	219.36	62.30	157.06	102.77	46.85
2004	262.99	80.90	182.09	138.71	52.74
2005	296.54	106.30	190.25	171.64	57.88
2006	338.59	119.60	218.99	199.23	58.84
2007	389.22	148.70	240.52	235.68	60.55
2008	390.16	129.60	260.56	226.28	58.00
2009	428.65	161.70	266.95	259.26	60.48
2010	548.94	211.20	337.74	375.70	68.44
2011	695.00	249.20	445.80	500.90	72.07

　　注：资料来源于国家外汇管理局网站；2009年贸易信贷抽样调查方法进行了调整。为保证数据的
可比性，2001—2008年末贸易信贷余额也进行了相应调整。

表 2-3　　　　　　　　　　历年中国国际投资头寸表　　　　　　　单位：亿美元

年份 项目	2004	2005	2006	2007	2008	2009	2010	2011	2012
净资产	2 764	4 077	6 402	11 881	14 938	14 905	16 880	16 884	17 364
A. 资产	9 291	12 233	16 905	24 162	29 567	34 369	41 189	47 345	51 749
对外直接投资	527	645	906	1 160	1 857	2 458	3 172	4 248	5 028
证券投资	920	1 167	2 652	2 846	2 525	2 428	2 571	2 044	2 406
其他投资	1 658	2 164	2 539	4 683	5 523	4 952	6 304	8 495	10 437
储备资产	6 186	8 257	10 808	15 473	19 662	24 532	29 142	32 558	33 879
B. 负债	6 527	8 156	10 503	12 281	14 629	19 464	24 308	30 461	34 385
外来直接投资	3 690	4 715	6 144	7 037	9 155	13 148	15 696	19 069	21 596
证券投资	566	766	1 207	1 466	1 677	1 900	2 239	2 485	3 364
其他投资	2 271	2 675	3 152	3 778	3 796	4 416	6 373	8 907	9 426

资料来源：国家外汇管理局网站。

虽然国家外汇管理局没有公布我国对外负债和国际投资头寸表的币种构成，但从我国涉外经济结算币种中美元占比超过 80% 以及美元、欧元、日元等国际货币主导跨境收支的情况来判断，我国当前对外负债和国际投资头寸的币种结构也以美元等主要国际货币为主。这意味着人民币对这些货币汇率的任何波动都将导致我国对外负债状况的变化。具体来说，外币升值意味着我国对外负债的增加，而外币贬值则意味着我国对外负债的减少。另外，由于短期外债近年来一直在增加，表明短期内偿付外债的压力相对较大。因此从目前我国对外负债的情况来看，我国在外债管理方面处于相对被动的局面。"期限短 + 外币"的对外负债格局意味着我国对短期汇率波动比较敏感。因此，改变我国目前对外负债的币种结构，增加本币负债份额，降低外币负债份额是下一步我国对外开放、融入金融全球化的必须要作的调整，否则将难以逃脱"没有一个发展中国家的金融对外开放是成功的"的"谶语"。

（四）人民币国际化路径与中国金融对外开放路径

根据笔者的观察和研究，货币国际化过程既包括金融机构提供货币跨境金融服务的过程，也包括货币跨境金融服务的结果——货币的境外持有（本币外债）。货币国际化意味着一国货币被他国经济主体用于与发行国经济主体之间（跨境范畴）经贸及投融资活动的计价结算或与发行国以外其他经济体之间（国际范畴）经贸及投融资活动的计价结算。对于货币的发行国来说，其结果必然是货币及货币资产被他国持有，也就是本国本币对外负债的形成和积累过程。因此，从某种意义上讲，人民币对外负债的出现和逐步积累是我国人民币国际化的必然结果。从以上对国际收支借贷处理的结构分析也可以看出，人民币国际化的主要路径也是扩大人民币对外负债，因为所有的人民币国际化业务都最终作用于国际收支平衡表的负债方，以负债的增加和减少来反映人民币最终的跨境情况，其中如对外人民币贷款这类的人民币对外资产业务也是在人民币对外负债的大框架下来计量核算的。

关于货币国际化的路径，可以从一国货币职能从国内到跨境继而到国际的递进发展来进行分析。货币是一般等价物，其基本职能是计价度量（a unit of accounting or pricing），在此基础上发展为结算货币（a currency of settlement），用于投融资时具有交易媒介货币（a trading vehicle currency）职能，用于持有时具有价值贮藏职能（a value－storing currency）。在国家信用货币时代，货币首先在其发行国内作为法定一般等价物发挥各个职能。发行国实体领域在跨境经贸投融资活动中对本国货币的使用无疑是货币国际化的启端，进而产生本国货币的境外持有带动境外离岸市场金融业务的活跃，继而推动本国货币成为媒介货币（Vehicle Currency）而用于无本国参与的各类国际经贸及投融资活动。因此，货币发行国涉外经贸及投融资活动的规模是其货币国际化的基础。历史上的国际货币无一例外地遵循这一规律。16—17世纪的荷兰盾，17—18世纪的英镑，19—20世纪的美元均如此。

就人民币而言，我国进出口贸易规模已近3万亿美元，未来5年的进口将超过10万亿美元。这意味着我国的贸易规模有足够的能力支撑我国货币走向国际并逐步扩大国际市场的份额；同时我国吸引外来直接投资和对外直接投资也将大幅度增加，实业投资规模的扩大将带动人民币作为国际交易融资货币职能的发挥。我国是人民币发行国，同时也意味着是人民币资产的主要生产国，可交易人民币资产主要集中在我国。

因此，从人民币国际化路径来看，通过实体经济贸易往来中的对外输出以及对外直接投资中对人民币的采用，可以构成有效的人民币输出；境外接受人民币作为贸易投资的结算货币即构成我国的人民币对外负债；允许境外持有的人民币存款投资我国各类可交易的人民币资产，对我国而言，只是将对外的人民币存款类负债转换为对外人民币证券类负债，不影响整个负债规模，而是负债结构的调整。

图2-3和图2-4分别分析了人民币国际化（人民币跨境金融服务过程与人民币对外负债结果）与上海国际金融中心建设之间的关系和本币金融市场对外开放的路径。

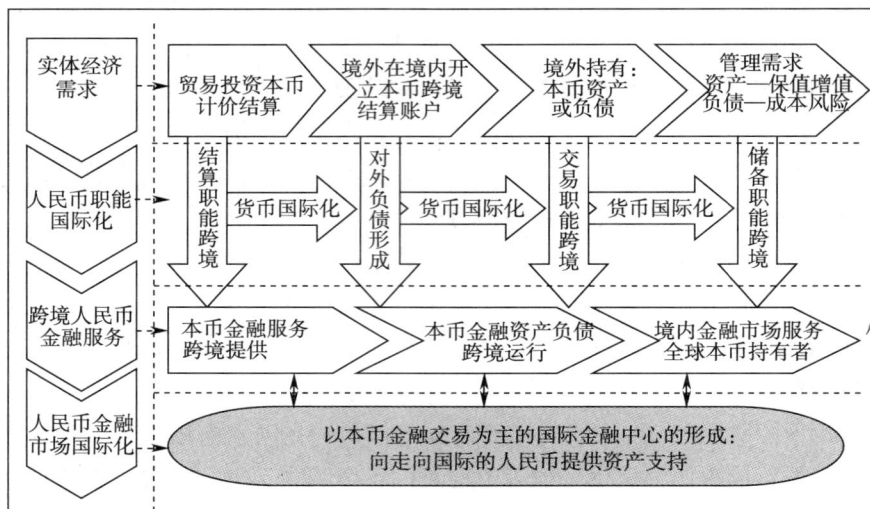

图 2 - 3　人民币国际化与上海国际金融中心建设的互动关系

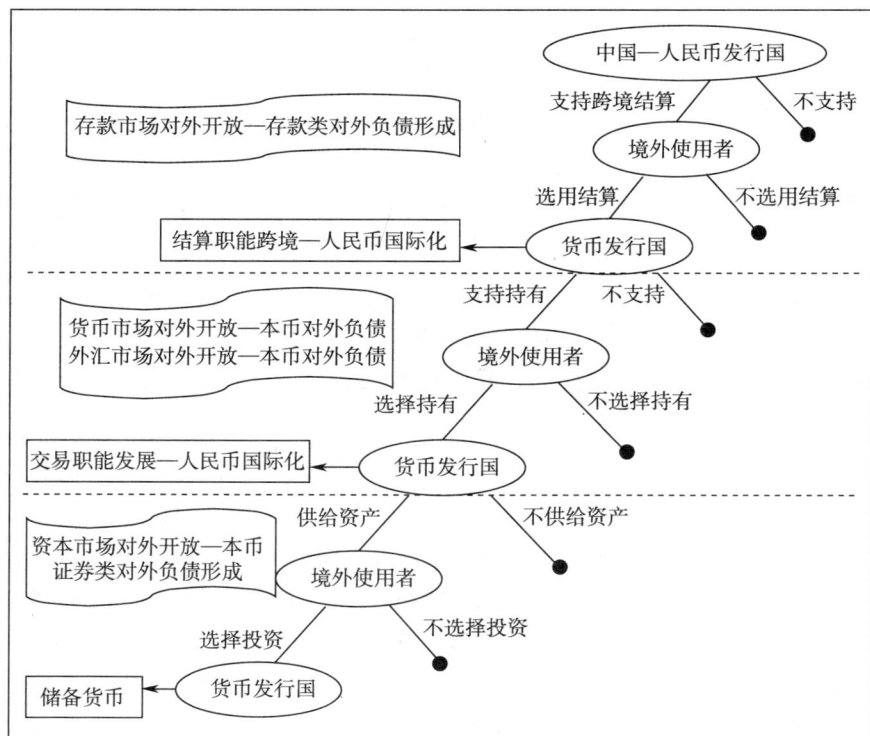

图 2 - 4　人民币对外负债、国际化及金融市场对外开放互动路径解析

（五）政策建议

三十多年改革开放与经济发展已经为我国人民币积累了强大的国际清偿力，这不仅表现在我国经济规模占世界经济规模的份额上，表现在我国对国际经济的贡献度上，也表现在我国强大的外汇储备实力上。经济发展到现阶段的我国，有必要释放我国人民币的货币职能，让其以强大的国力为基础走向国际，更好地服务我国的宏微观经济的发展。而推动人民币走向国际，则需要全面调整目前各项基于外币主导国际收支时所作的政策安排，转变"国际收支＝外汇收支"以及"资本账户开放＝资本项目可兑换"的认识逻辑，全面重新审视各项政策安排，制订适合人民币货币职能在跨境和国际领域发挥的法律框架，为金融立足本币对外开放和融入全球化作准备。

1. 金融服务业立足本币的对外开放

根据世界贸易组织对服务贸易提供方式的定义，金融服务业对外开放可以分为市场准入的开放和跨境贸易的开放两大方面。市场准入的开放主要集中在机构的市场准入方面，与"商业存在"概念密切相关。而跨境贸易的开放则主要集中在"跨境提供"、"境外消费"以及"自然人流动"三个领域。从金融服务的特殊性来看，"自然人流动"方式下的金融服务国际贸易除了专才性个人外较少发生，而"境外消费"也与人员进出境有关，目前我国对于境内居民境外消费金融服务没有任何限制，而对于境外非居民来我国消费金融服务也基本没有限制。因此，分析的重点放在"跨境提供"方式上。通过解读我国资本项目可兑换评估表，也不难看出大量的限制也是作用于这一方式的。

（1）进一步开放金融服务业的市场准入。评估我国当前金融服务业的市场准入情况，对外开放主要依据2000年我国加入世界贸易组织时的开放承诺表。其中包括了主体类机构的市场准入和辅助类机构的市场准入两大方面。一是主体类机构的市场准入方面。目前来看，当初在银证保三大主体类行业上对外资机构准入限制主要体现在股权控制方面。经过多年发展，这些外资股权控制限制已或多或少有了调整。如银行业机构方面，目前已经允许外资设立全面控股的法人机构，机构网点设置的地域限制也已基本取消，目前只是在收购境内银行的股权方面还有不得超过25%的限制；在保险业机构方面，独资的外资保险公司早已存在，如美亚保险（AIA）；在证券期货业机构方面，如规定民间设立的小贷公司改制村镇银行时必须由现有银行业金融机构控股等。因此，下一步要重点解决金融服务业对内开放的问题。二是辅助类机构的市场准入方面。金融服务是一个涵盖服务相当广泛的生态集群，除了主体类机构外，还需要有相当的辅助类机构的存在。这些辅助类机构主要包括金融数据信息处理、结算、托管、征信、担保等等。目前这类机构大多以境内发起设立为主，境外介入尚有限。随着中国货币走向世界以及中国金融服务业跨境展业的推进，这些辅助类机构的市场准入以及跨境提供金融服务将是下一步重点发展的领域，如跨国征信服务机构、跨国资产托管机构等。

（2）推动金融服务的跨境（国际）贸易发展。金融服务以"跨境提供"方式开展的国际贸易主要是指境内居民向境外非居民提供以及境外非居民向境内居民提供两个方向上。若按资本项目可兑换安排表的分类进行梳理，这些跨境提供金融服务的内容主要集中在货币市场、外汇市场、资本市场、衍生品市场、贷款市场等方面。放入境内向境外通过以及境外向境内提供的分析框架下，我们在每个市场都有两个维度来进行分析，而其中的内容大多涉及人民币资本账户的开放和可兑换领域。因此，这部分的开放还需要与国家的整体开放战略结合起来进行考虑，并同时与上海国际金融中心建设步伐结合考虑。

一是货币市场领域。我国境内人民币货币市场集中在银行间同业拆借中心并受到政策的保护性支持；境外各外币的货币市场除了发行国境内外，主要的国际货币大多存在一个离岸货币市场，如欧洲美元、欧洲日元市场等。人民币离岸货币市场以香港地区为主，尚处于发展的初级阶段。

①境内向境外提供方面。目前，我国已经允许境外人民币清算行进入境内银行间同业拆借市场，同时允许境外参加行从其开立人民币同业往来账户的境内代理银行融入人民币资金（账户融资）。因此，货币市场领域在境内跨境向境外提供服务方面已有一定的开放度。下一步可以考虑扩大开放对象，提高开放程度，即可以允许境外具有全球系统性重要性的金融机构（GSIFIs）进入银行间同业拆借市场开展人民币同业拆借业务，拆借规模、期限和风险可以纳入其境内对手方（即境内银行）的审慎监管范畴进行管理（境外银行拆入为我国债权——纳入风险资本管理；境外银行拆出为我国债务——本币负债风险低于外币负债）。由于银行间同业拆借市场位于上海，因此提高这一市场的对外开放程度有助于上海国际金融中心建设。

②境外向境内提供方面。目前，我国允许外汇指定银行在短期外债额度内从境外货币市场获得外币同业融资。由于外币债务风险高于本币债务，因此，应当引导境内银行逐步调整负债币种为本币，配套的政策应逐步调降银行短期外币外债余额管理的规模。同时，在"所有人民币都存放在中国境内银行体

系中"的规律作用下，境内银行吸收境外同业人民币存款可以成为境内银行对外本币负债的主要渠道。因此可以适当推出可转让大额定期存单等存款类工具的创新，以便利金融机构开展主动性负债管理业务。

③跨境货币市场利率改革方面。目前我国银行间市场存在一个 Shibor（上海银行间同业拆借利率），该利率已经形成了相应的利率曲线，并在金融市场业务领域被广泛地运用。但是 Shibor 尚未传导到商业金融领域，即尚未被用于银行贷款融资的定价基准。2012 年以来，香港离岸人民币市场上一直在进行人民币 HIBOR 的建设，由香港财资公会（TMA）发起的报价行制度在运行了近一年后，将于 2013 年 6 月 24 日由报价改为定价（Fixing）制度。由于没有任何的行政性管制，该人民币 HIBOR 有望成为境外人民币商业金融的定价基准，并且有可能吸引境内银行的商业金融业务（至少是跨境商业金融业务）定价于 HIBOR。因此，加快发展 Shibor 并引导更多商业金融产品定价于 Shibor 是人民币走向国际过程中定价权管理的关键。首先应允许境内银行在跨境人民币融资领域采用 Shibor 定价；其次是允许境内银行按 Shibor 水平发行定期存单等负债类工具；再次是建立跨境人民币贸易再融资平台，允许境内外银行发行的人民币计价的国际贸易融资产品在该平台上自由转让交易，允许境内外各类投资者在该平台上自由买卖上述贸易融资产品，从而形成一个基于实际交易（将优于现行报价行报价机制的做法）的跨境人民币货币市场利率（将趋同于 Shibor，但可以更好地反映跨境及国际的人民币供求情况），因此，可以成为我国具有国际竞争力的人民币定价基准。

二是外汇市场领域。外汇市场领域的开放即意味着人民币资本项目可兑换的开放。目前境内的人民币外汇市场集中在中国外汇交易中心并得到政策的保护性支持；境外的人民币外汇市场集中在香港地区，并已呈现向新加坡、伦敦等地扩展的趋势。

①境内向境外提供方面。目前政策已经开放境外人民币清算行进入中国外汇交易中心开展相关的即期外汇买卖业务，同时境外参加行可以与其开立了人民币同业往来账户的境内代理银行之间开展人民币跨境购售业务（需要基于真实货物贸易背景）。所有上述业务均有人民币购售额度限制。此外，境外机构开立在境内银行的非居民人民币账户上的资金允许购买成外汇汇出。随着人民币跨境使用的扩大，下一步可考虑从两方面着手提高开放度：一是提高或取消人民币购售额度，允许境外人民币清算行以外的银行（优先考虑受到较好监管的 GSIFIs）进入中国外汇交易中心开展相关的人民币外汇交易业务；二是

增加人民币外汇远期购售等相关交易产品，扩大人民币购售的真实性范围，在现在要求的货物贸易真实性基础之上，允许境内外企业和银行基于自身的真实资产负债和现金流币种匹配管理需要开展人民币外汇远期、掉期等交易。

②境外向境内提供方面。目前境外已经存在一定规模的人民币外汇离岸交易市场，产品种类和期限结构比境内丰富；境内商业银行（包括外资银行）非人民币的货币的平盘也可以在国际市场上实现。下一步，可以放宽境内企业和银行基于人民币外汇购售交易头寸上的境外平盘限制，允许境内银行将人民币外汇购售头寸在离岸市场寻求平盘。

③人民币汇率形成机制方面。目前人民币存在一个货币三个市场价格的情况。一是境内在岸市场人民币汇率，由中国外汇交易中心产生。该汇率反映的是有管理的人民币汇率水平。二是香港银行间人民币即期汇率定盘价，由中银香港等香港地区主要的商业银行报价形成。该汇率反映的是香港地区为主的离岸人民币市场上供求关系决定的即期交割人民币汇率水平。三是境外人民币无本金交割远期汇率，由大型国际商业银行在路透、彭博等交易平台上报价形成。该汇率产品的最终交割为价差而非本金，并以美元等国际主流货币进行结算；该汇率反映的是国际金融市场对未来人民币走势的预期水平。由于我国存在一定的资本管制和兑换管制，因此人民币的在岸汇率（包括即期和远期价格）与境外价格（包括即期和远期）之间存在一定的差异，造成一定程度的跨境套利行为，时常干扰正常的贸易投资活动。

三是资本市场领域。境内资本市场以有组织的市场为主，包括交易所股票市场和银行间债券市场；近年来还出现了股权交易市场、产权交易市场以及所谓的三板交易市场等。除此之外，还有基金市场、信托市场、理财市场等介于一级和二级市场之间的店头市场。境外资本市场除了有组织市场外，还有庞大的场外交易市场。但这一场外交易市场随着后金融危机时期金融监管的加强正经历逐渐缩小的趋势。境外人民币资本市场处于发展初期，集中在香港等地。资本市场领域金融服务的跨境提供即意味着资本账户的对外开放，包括融资功能的对外开放和投资功能的对外开放两个方面。

境内向境外提供方面。目前境内向境外提供资本市场投资类金融服务的主要对象是境外货币当局（中央银行）、境外人民币清算行和境外参加行、QFII和RQFII机构，已经开放的市场包括银行间债券市场和交易所股票市场及金融期货市场（股指期货市场）；融资类服务的主要对象局限在国际开发性机构和金融组织发行的"熊猫债券"，主要的开放市场为银行间债券市场。上述市场的开放都建立在严格的准入审批和额度管理基础上。由于我国是人民币资产的主场，因此下一步立足本币对外开放资本市场的对外服务功能包括：投资类方面，可以扩大境外人民币投资债券和股票市场的规模，同时扩大境外人民币购买其他金融资产的领域，包括境内代客理财产品、保险产品、基金产品以及信托产品等。由于上述扩大在本质上只是允许境外持有的人民币存款转换为有价证券类金融产品，宏观上不增加国家的对外总负债，只是负债结构由银行存款种类转变为有价证券种类而已，且因有价证券在变现程度上低于存款，反而对国家整体更为有利；因此在管理上主要突出购买者（投资者）风险自担原则以及购买单一种类的产品不得超过一定份额以避免对单一市场产品的操控即可。融资类方面，可以扩大"熊猫债券"的发行对象，允许高评级的境外商业银行和境内外商投资企业的境外母公司在境内发行各类人民币债券（包括中期票据和短期融资券等）用于跨境结算等；建立同步向境内外开放的股票市场的国际版，允许境内外商投资企业的境外母公司挂牌上市交易。

2. 加快外债币种结构调整，促进对外负债本币化

自 2008 年的金融危机爆发以来，我国人民币一直处于升值通道中。伴随着美元、欧元以及日元等主要国际货币量化宽松政策的一波接一波地推出，人民币升值的实际压力和预期都更大。尽管我国对外债有着严格的管理制度（包括外债额度、期限以及行政审批登记手续等），我国实体经济和金融部门举借外债的势头迅猛，尤其是短期外债的借用方面。这一点可以从前文国家外汇管理局公布的登记外债和国际投资头寸表中的年度数据可以得到印证。由于我国的国际收支币种以美元、欧元等主要国际货币为主结算，因此，外债方面也大多以美元、欧元等货币计价结算。外债外币化意味着我国经济领域中的币种错配现象严重，一旦汇率升值趋势掉头，我国的债务负担将加重；同时一旦"本币利率高外币利率低"的格局发生变化，短期外债集中流出的现象就会产生。双重因素叠加后对我国的冲击将会很大。因此，目前应利用人民币国际化已经启动的有利形势，加快外债币种结构调整特别是实体经济领域的外债币种结构的调整。

（1）以推动跨境贸易人民币结算为载体推动贸易融资领域的外债本币化。贸易融资与贸易结算相生相伴，实体经济领域以人民币作为国际贸易的计价结算货币，所形成的以应收应付为主要形式的贸易信贷以及银行押汇、打包放款、买方信贷等形式的贸易融资也将以人民币为主要货币发生并存在。将来无论汇率如何变动，本币结算跨境贸易的结果与境内贸易一样，实体经济就可以

摆脱外币敞口风险，专注于生产经营活动。

（2）从改善利用外资币种结构入手拓宽境外人民币投资境内的渠道。彻底改变利用外资就是利用外汇资金的观念，在人民币国际化已经启动的环境下，外资完全可以以境外持有的人民币资金的形式出现且也早已存在（如外商境内投资所得人民币再投资享受外资待遇等即是明证）。"不以币种定性质"，将有利于我国利用外资项下对外负债币种结构的优化。

（3）优化金融机构外债币种和期限结构管理。目前金融机构短期外债余额化管理固然能够起到便利金融机构借用外部资金的目的，但也存在外债短期化倾向。可以从允许金融机构对外发行人民币大额定期存单着手，优化金融机构的外债币种结构和期限管理，使金融机构有机会对资金来源进行主动管理，避免更大的币种和期限错配问题。

3. 构建适应人民币走向国际的金融市场服务体系

我国金融市场尽管规模很大，但因其开放度有限而未成为国际主要的金融市场。要想将人民币打造成为"可自由使用的货币"，就需要有相应的金融市场体系的支撑。这里除了向境外主体开放国内金融市场外，还包括一系列与金融市场运行有关的服务体系的建设。

（1）涉外金融服务税收体系建设。人民币用于跨境贸易结算的启动带来了一项崭新的金融服务国际贸易——我国银行业金融机构依托人民币向全球人民币使用者提供金融服务（包括账户服务、结算服务、兑换服务、融资服务以及投资服务等等）。由此构成了我国金融服务国际贸易的出口。而所有金融服务的基础就是国际人民币同业往来账户。这是一类由我国银行向境外同业（银行）提供的、基于国际货币清算规则①我国人民币走向国际必须要建立的账户，账户的持有者为境外银行。境外银行依托在我国境内银行开立的国际人民币同业往来账户为其所在国（地）或国际客户提供人民币存款和结算服务。因此，我国境内银行吸收的国际人民币同业往来账户上的存款资金实质是境外银行为了与我国银行一起开展跨境人民币业务，向其当地或国际客户提供人民币国际金融服务而吸收的客户资金，性质上属于代持存款。为了让人民币成为有价值吸引力的一种货币，存款需要支付起码的利息。我国目前对应这部分的

---

① 国际货币清算规则有三，一是所有货币都存放在其发行国银行体系内，除了窖藏现钞；二是所有货币都通过其发行国完成最终清算；三是所有货币的跨境清算都依托银行账户完成。

税收安排是依托在原先的双边税收协定基础①上的，呈现出安排碎片化、税率不划一的特征。如对大多数国家是 10%，对部分国家是 15%，部分国家是 5%，有少数国家是 0%；对部分国家的部分主权性质机构是 0%，对其他国家的主权性质机构为 5%～15% 不等。这种涉外金融税收安排在以外币金融服务为主导的涉外金融服务体系中有其合适性。因为在外币清算服务中，我国的银行大多将货币资金存放在境外货币发行国的银行体系中。境外主体从我国获取的收益主要基于其向我国提供了外国货币资金（通常概念上的外资）等得到的股息红利或利息。但这种依托双边税收协定对境外银行开立的国际同业往来账户征收预提税的做法已经不适应人民币国际化的需要。

据了解，美国、德国以及日本等地均不对国际同业往来账户征收预提税，即便其货币没有实现国际化的新加坡和香港等地也不对国际同业往来账户征收预提税。因此，参照美元、欧元等大经济体货币国际化的税收安排，对境外银行在境内银行开立的国际人民币同业往来账户免征预提税，将有利于扩大人民币的跨境使用和国际持有及上海国际金融中心建设。

（2）涉外金融服务自律体系建设。依托人民币提供跨境金融服务既意味着我国金融业的对外开放，也意味着我国金融业融入国际金融体系。在此背景下，人民币金融服务以及上海国际金融中心建设和运行的市场化趋势将更强化。原先由"一行三会"为主体的监管框架代表了政府的监管，银行间市场交易商协会、支付协会、银行业协会、保险业协会以及证券业协会等代表了行业自律体系。但由于我国金融市场长期封闭运行的状况，这些早期由政府部门主导设立的行业自律组织更多体现的是对政府监管的补充而非真正意义上的行业自律，且这些行业自律组织一直以来的工作内容侧重在国内市场。在人民币走向国际的过程中，我国的金融市场和金融服务体系也将融入国际，其间许多规则需要通过行业自律的方式与国际接轨。因此，在上海设立由境内外机构共同参与的、能立足上海国际金融中心实践与国际同行进行交流沟通对话并参与国际金融行为规范制订的专业性社团组织就非常必要。

（3）涉外金融服务规则体系建设。主权国家法律的效力范围主要在国家管辖的领域范围内。而在我国金融服务业对外开放以及向境外提供本币金融服务的过程中，境内外金融主体共同参与的市场环境和同用一种货币的市场环

---

① 我国已与100多个国家签署了双边税收协定，其预提税主要针对两方面，一是利息，二是红利。

境，对我国的涉外金融服务规则体系提出了新的挑战。根据笔者的研究，涉外金融服务规则体系建设需要从以下方面破题：一是市场交易规则体系，二是市场主体行为规则体系，三是市场监管行为规则体系，四是清算托管服务规则体系。

4. 构建适应金融开放的风险预警监测防控体系

金融开放意味着国家货币金融运行中来自外部的因素增多。这些外部因素大多为我国难以掌控。因此，如何构建金融开放后的风险预警监测防控体系非常关键。主要考虑从以下方面着手。

（1）加快上海国际金融中心建设留住货币定价权。人民币走向国际的过程中，必然会产生人民币离岸金融交易和相应的离岸人民币金融市场。根据欧元美元等欧洲货币市场的发展及作用来看，国际货币的定价权极有可能被离岸市场夺走，尽管货币发行国的央行仍然可以设定政策利率目标（Policy Interest Rate）。如美元的市场和商业金融定价基准就在伦敦（LIBOR）而非美国本土。

（2）立足人民币开放金融市场和金融服务业。与外币主导金融开放相比，立足本币开放金融的风险将更小，因为没有了货币错配风险。对我国而言，金融开放的时机掌握上一定要与人民币国际化的程度相协调，切忌在人民币国际收支占比尚低的情况下急于推进金融开放。

（3）按机构审慎监管和宏观审慎管理为条线建立我国的跨境资金流动审慎监管框架。机构审慎监管规则中应将跨境资金流动作为独立的维度系数加入风险资本监管框架中，如境外资金来源的风险赋权应与境内资金来源的风险赋权有差别，短期境外资金来源与长期境外资金来源的风险赋权应有区别，外币债务风险与本币债务风险赋权也应有区别；境外债权的风险赋权与境内债权的风险赋权应有区别，外币债权的风险赋权与本币债权的风险赋权不同等。宏观审慎管理方面则要侧重从国别风险管理、市场流动性风险等方面设计。

（4）整合跨境资金流动监测资源，建立全方位跨境流动监测体系。金融开放意味着跨境资金流动可以发生在经济的各个层次各个领域中。实体经济领域的跨境资金流动一般与贸易投资活动关联度较高，监测重点应放在异常大额跨境流动上；在我国目前大多为有组织的市场的环境下，金融市场领域的跨境资金流动监测重点应放在市场交易的大进大出以及市场跨市场交易行为上；本外币监测应该整合在一个平台上进行，同时关注境内外本外币间的利差和汇差所导致的跨境资金流向。

四、扩大人民币跨境贸易结算试点的前景分析与建议

（一）国际贸易结算货币理论的主要观点

1. 出口国货币相对于进口国货币更易被选为结算货币。Grassman（1973）依据 1968 年瑞典的贸易数据，在结算货币选择方面发现了一个"基本对称关系"，说明了出口国货币的支配地位，即瑞典的出口主要以瑞典克朗计价，进口主要以外国货币计价。在后来的文献中，上述关系普遍被称为"Grassman 法则"。Magee（1973）指出，一般而言，在合同谈判中出口商具有较大的议价能力，从而该国出口更可能使用本国货币结算以规避汇率风险，进口使用相对较少，以此解释了上述法则。Viaene 和 de Vries（1992）也发现出口国货币占据优势。Page（1977，1981）研究了 6 个西欧国家的贸易数据，Carse、Willamson 和 Wood（1979）研究了英国，Van Nieuwkerk（1979）研究了荷兰，都发现了同样的规律。

2. 发达国家与发展中国家之间的贸易主要以发达国家或第三国货币结算。Grassman（1973）和 Page（1977，1981）发现，发达国家和发展中国家之间的贸易，主要以发达国家货币或第三国货币结算。美元、德国马克和近期的欧元，通常被称为第三国货币，Mafree 和 Rao（1980）将其称为关键货币。主要原因在于，在贸易合同谈判方面，发达国家更具话语权，从而能够选择本国货币或者相对更有利的第三国货币作为结算货币，以规避风险。因此，在排除第三国货币结算的前提下，贸易双方中相对发达国家的货币更易被用做结算货币。

3. 异质性商品贸易通常以出口国货币结算。Grassman（1973）和 Page（1981）的经验研究表明，产品差异性会导致不同的计价结算行为。McKinnon（1979）区分了异质性可贸易品和同质性可贸易品：如果产品更加差异化，那么出口商将享有更大的市场权力，则更可能以本国货币结算；而同质商品和初级产品倾向于以低交易成本的单一关键货币进行计价结算。Bacchetta 和 van Wincoop（2002）使用新开放经济模型（NOEM）分析出口商的最优定价策略，研究发现，产品差异性越高，需求的价格敏感度越低，从而更可能以出口国货币结算。Tavlas（1991）以上述观点解释了 1980—1987 年期间德国马克作为结算货币地位提高的情况，即是当时德国减少了与发展中国家的贸易。Oi、Otani 和 Shirota（2004）研究了日本出口中的结算货币情况，发现日元在产品

更加差异化的行业中使用较多，例如自动化行业。

4. 在世界贸易中占较大份额国家的货币更可能用做结算货币。Swoboda（1968）、Page（1977，1981）、Melvin、Sultan（1990）和 Ligthart（1991）认为，在世界贸易中占较大份额的国家更有可能以本国货币结算。同样，Bacchetta 和 Van Wincoop（2005）运用局部和一般均衡 NOEM 模型，说明出口国在外国所占的市场份额越高，则更可能以出口国货币结算。也就是说，市场份额提高能够增加出口国在贸易谈判中的议价能力。另外，Donnenfeld 和 Haug（2003）以出口国规模来代表出口企业的市场地位，因而大国的大企业更可能以本国货币结算。Fukuda 和 Ono（2004）强调市场份额的重要性。他们分析了韩国的案例，发现如果企业具有一定的市场份额，且需求对价格不敏感，那么企业将倾向于以本国货币结算以避免汇率波动风险。

5. 通胀率相对较低和通胀波动率相对较低国的货币更容易成为贸易结算货币。Bilson – Magee 假设（Magee 和 Rao，1980）关注通胀水平对贸易商实际支付和收入的效应。该假设认为，高通胀国家的所有贸易商（包括进口商）倾向于以低通胀国家（不论是第三国还是对手国）的货币结算。Bacchetta 和 van Wincoop（2002）运用一般均衡模型研究发现，高通胀国家货币被用做结算货币的可能性较小。Cornell（1980）分析了相对通胀波动与贸易结算货币之间的关系：如果国家间通胀波动率有差异，那么低通胀波动国的货币更受青睐，这反映了出口商（进口商）最小化其实际收入（支出）的风险规避行为。Tavlas（1997）指出，德国长期以来保持货币稳定，德国进口和出口绝大部分以德国马克（欧元之前）结算，这支持了德国马克作为稳定货币的主导地位。Tavlas 认为，货币也有价值储藏职能，因此低通胀和低通胀波动国的货币更容易成为贸易结算货币。

6. 坚挺货币更易于成为贸易结算货币。Magee（1973）、Magee 和 Rao（1980）等研究了名义汇率变化对贸易结算货币选择的效应。Magee（1973）的研究表明，以合同期内升值的货币结算，出口商将获益，而进口商将遭受损失。因此，出口商倾向于以升值的货币结算，而进口商倾向于以本国货币结算。但通常认为，出口商定价策略较进口商占优势[①]，同时进口支出占进口商总支出的比例通常低于出口收入占出口商总收入的比例（Page，1977，1981），因此可以假设进口商对定价策略的关心程度较出口商低。在此情况下，坚挺货

---

① 主要原因在于，出口商通常是发起并首先确定贸易合同，因此其在定价策略中占据优势。

币更可能成为贸易结算货币。另外，Magee 和 Rao（1980）认为，交易双方均希望以坚挺货币计价结算。

7. 外汇市场和银行系统相对完善国家的货币更可能被用于贸易结算。Swoboda（1968）、Magee 和 Rao（1980）认为，拥有完善外汇市场的国家的货币更受贸易商的青睐。主要原因在于：成熟市场能够提供更多的规避汇率风险或者套期保值的工具，货币兑换成本与市场规模负相关。另外，国内银行市场发达对该国货币跨境结算也具有促进作用（Baron，1976）。因为银行可以提供与贸易相关的服务，例如进出口信贷融资、贸易合同条款咨询服务等，为贸易商提供了较大的便利条件。因此，在贸易双方的货币之间，拥有相对成熟外汇市场和银行系统的货币更容易成为贸易结算货币。

（二）扩大人民币跨境贸易结算试点区域的前景分析

根据上述国际贸易结算货币理论，本文认为，扩大人民币跨境贸易结算试点区域（例如非洲）有以下几个有利条件。

1. 中国的国际贸易地位大幅提升。加入 WTO 以来，中国的国际贸易额迅速增长，占世界贸易的比例由 2000 年的不到 4% 升至 2008 年的近 8%。东盟10 国总体贸易占世界贸易的比例近 10 年来变化不大，始终在 6% 上下徘徊；另外，非洲各国总体贸易占世界贸易的比例仅在 2% 上下（见图 2 - 5）。根据

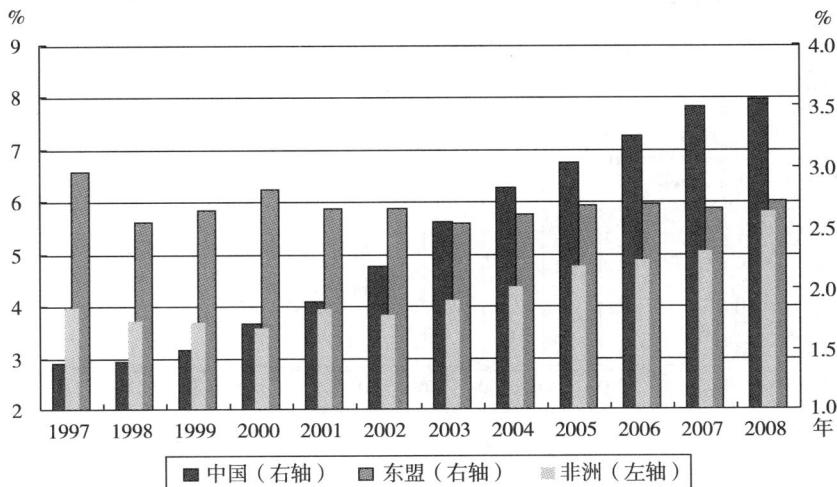

资料来源：Ecowin。

图 2 - 5 中国、东盟和非洲占世界贸易的比例

国际贸易结算货币理论，在世界贸易中占较大份额国家的货币更可能被用做结算货币。因此，中国国际贸易的迅速增长、贸易地位的快速提升，不仅为人民币在中国东盟双边贸易中发挥结算货币的作用提供了有利条件，也令其在非洲等其他国家执行结算职能成为可能。

2. 中国经济持续高速增长。改革开放以来，中国经济持续高速发展，经济总量和经济增长均处于世界领先水平。同与中国贸易相对密切的亚洲和非洲国家相比，中国的经济总量较大，GDP 增长率也较高。根据国际贸易结算货币理论"发达国家与发展中国家的贸易主要以发达国家或第三国货币结算"的结论，我们可以引申出"经济大国与小国之间的贸易结算，大国货币相对更占据优势"。中国快速、稳定的经济增长，使得中国"市场提供者"的地位愈加稳固，由此将产生对人民币的需求，从而有利于在更大的范围内推进人民币的跨境贸易结算。

3. 中国通胀水平以及通胀波动率均较低。中国的通胀水平在较长时期内保持在较低的水平，通胀波动率也较低。如图 2 – 6 所示，最近十年来，中国的平均通胀水平为 1. 8% ，通胀波动率为 4. 6% ；东盟 10 国中，仅文莱和新加坡的通胀情况略好于中国；与中国贸易较为密切的几个非洲国家，通胀状况基本较中国差。国际贸易结算理论说明，通胀率相对较低和通胀波动率相对较低国的货币，在国际贸易中更易于被接受。中国较低且稳定的通胀状况，为境外

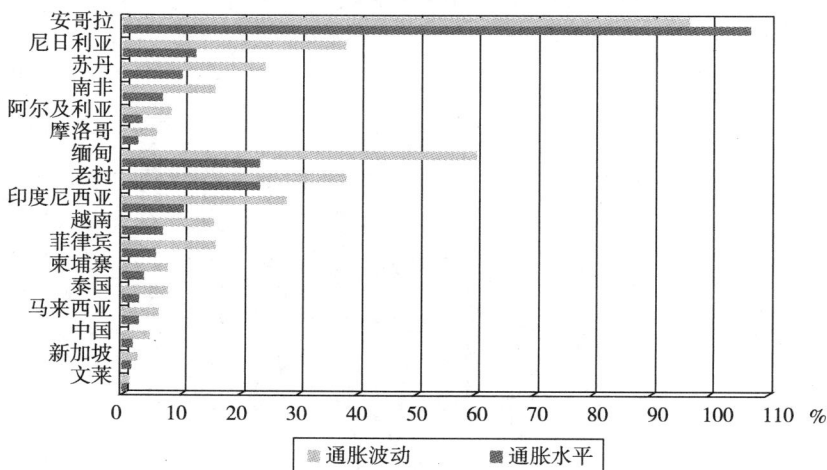

注：通胀波动率 = 通胀指数标准差/均值 × 100% 。

资料来源：IMF、WEO。

图 2 – 6　中国、东盟 10 国及非洲相关国家最近 10 年的平均通胀水平及通胀波动

贸易商持有和使用人民币提供了信心保障。因此，在中国的对外贸易结算中，人民币具有与其他货币相竞争的条件和基础。

4. 中国贸易结构向异质性商品贸易发展。中国贸易结构的变化主要体现在异质性商品贸易的增长。随着世界自由贸易的进一步发展，中国轻、重型制造业和电子行业的进出口都将大幅增长。这意味着，未来中国的产业内贸易，即异质性商品贸易将出现较快增长。事实上，中国拥有巨大的市场，可以利用产业政策使目标产品在国内获得经济规模，从而使这一产品的生产聚集在中国，进而扩大该产品出口。根据国际贸易结算货币理论，异质性商品贸易倾向于以出口国货币计价，那么中国的异质性商品出口越多，人民币就能越多地执行结算货币职能。

5. 人民币币值稳定且渐趋坚挺。坚挺且稳定的货币能较为顺利地被国际社会所接受。一般而言，货币国际化程度与其币值基本呈正相关关系。例如，美元成为国际货币伴随着美元坚挺，之后美元国际地位下降也伴随着美元贬值和日元、德国马克等升值货币国际地位的提高。另外，币值稳定对该国货币在国际上发挥作用也至关重要。以日元为例，当年日本积极推行日元国际化战略，但日元的急剧波动使得日元作为国际结算货币的需求弱化，影响了其国际化进程。因此，对于人民币而言，长期的币值稳定历史以及近年来的小步升值，扩大进口商品与劳务等，都拉动了人民币作为区域性结算货币的需求。

（三）扩大人民币跨境贸易结算区域的相关建议

1. 推动大企业出口的人民币结算。根据国际贸易结算货币理论，出口国货币相对于进口国货币更占优势。因此，在推进人民币贸易结算方面，可优先推进中国向东盟及其他国家出口的人民币结算，尤其是中国大企业的出口。同时需要一些配套措施满足境外进口商的人民币需求，例如推进相关国家出口使用人民币结算，以及通过相关金融渠道提供人民币。

2. 推进与相对不发达国家贸易的人民币结算。根据国际贸易结算货币理论，发达国家与发展中国家的贸易中，发达国家货币占优势。而中国虽然是发展中国家，但与相对更不发达国家的贸易中，人民币应占据优势。因此，在中国的贸易伙伴国中，可优先推进与一些相对不发达的亚洲、非洲国家进行人民币贸易结算。另外，国家发达与否还体现在市场发展方面。同样根据上述理论，相对完善的外汇市场和银行体系有利于本国货币结算。因此，在目前中国进一步改革外汇市场和银行体系的同时，可以寻求与市场相对更不完善的国家发展人民币结算贸易。

3. 重点在异质品出口中推进人民币结算。增加高附加值产品（异质性商品）出口在总出口中的比重，是中国产业改革进而改善国际收支条件的重要目标。而且如前文所述，异质性商品贸易中，出口国货币结算相对占据优势。因此可以重点推进异质品出口的人民币结算，从基数和比例两方面做大人民币结算贸易。

4. 推进与通胀较高或波动较大国家贸易的人民币结算。如前文所述，中国较好的通胀状况有利于人民币的跨境结算。具体到双边贸易中，中国可优先推进与通胀状况不佳的国家进行人民币结算。例如，非洲的安哥拉、尼日利亚、苏丹等一些国家的通胀较高且波动较大，因此可考虑推进与上述国家贸易的人民币结算。

5. 推进金融市场建设。第一，推进人民币离岸市场建设。在一国货币的外部需求与资本账户开放步伐不一致时，对离岸金融业务的需求将较为迫切。人民币跨境贸易结算必然形成人民币境外循环，从而产生了对人民币离岸金融市场的需求。目前，境外人民币基本游离于银行体系之外，处于半地下的流通状态，不能解决人民币安全回流的关键问题。因此，有必要建立人民币离岸中心，汇聚境外流动的人民币，同时提供高效的清算渠道。目前，中国香港的人民币业务已具一定规模，且香港具有良好的市场环境，可顺势发展人民币的离岸金融业务。在建设上海国际金融中心过程中，离岸金融业务由于可以规避一些严格的管制从而起到加速作用。当然，离岸金融的规避管制动机会对利率管制和外汇管制等形成冲击，从而影响国内货币政策效果和人民币汇率。因此，当前可推进分离型离岸金融市场①。监管当局需要积极介入到人民币离岸业务中，尽量降低风险。

第二，推进境内金融市场开放和发展。发达的金融市场可加强非居民持有人民币的意愿，进而促进人民币用做国际贸易结算货币。目前，境外人民币运作渠道少是人民币跨境贸易结算面临的重要问题之一，因此需要逐步开放境内金融市场，向境外主体提供资金拆借、债券和股票投资的机会。期间，需要注意监控境外人民币流入的规模，建立审批或核准制度，适时利用税收政策调节收益和本金的流出入。同时，扩大境内金融市场的深度和广度，增加金融产品

---

① 分离型离岸金融市场是专门为非居民交易创设的，一方面便于金融管理当局对在岸业务、离岸业务分别加以监管，另一方面可以较为有效地阻挡国际金融市场对国内金融市场的冲击。

以满足越来越多的投资者的需求。

第三，进一步发展外汇市场。人民币跨境贸易结算也面临着境外人民币汇率风险管理难的问题。目前境外主体只能通过 NDF 来管理汇率风险，在人民币升值预期下，缺乏风险套保手段①不利于进口商使用人民币结算，尤其是中长期合同。另外，如前文所述，人民币离岸金融市场会对境内人民币汇率形成冲击。因此，在当前外汇市场改革已取得显著成果的基础上，需要进一步完善外汇市场机制、扩大外汇市场主体、推进外汇市场产品创新以及市场运行和创新产品的监管。

本章结束语

跨境结算看似一小步，其实是人民币国际化迈出的一大步。人民币跨境结算是从贸易开始的，现在已不仅仅是贸易了，还包括了 FDI（外国来华直接投资）和 ODI（我国对外直接投资）、债券市场的开放、中央银行之间的合作、跨国公司资金的利用等一整套对外开放新格局。在 FDI 和 ODI 中使用人民币，对于企业未来成为投资主体很有帮助。企业可以在全球利用两个市场、两种资源来改变自己的产业结构，改变自己的产品供应链，实现企业利润增长。

人民币跨境贸易结算的快速发展，在微观层面上，有利于我国外贸企业灵活应对汇率波动，规避汇率风险，降低交易成本，改善贸易条件。在宏观层面上，有利于推动我国与其他经济体特别是亚洲国家和地区经贸合作关系的长足发展，保持我国对外贸易稳定增长。同时，人民币跨境贸易结算的快速发展，为香港人民币离岸金融市场和上海国际金融中心的建设和发展创造了有利条件，有利于增强我国在世界经济中的影响力和话语权，有利于提升人民币在全球贸易和投资领域的地位和影响，有利于促进现行国际货币体系中人民币作用的发挥。可以说，跨境贸易人民币结算的快速发展在人民币国际化进程中发挥着非常重要的作用。

---

① 人民币升值预期使得境内外企业均不愿意使用人民币支付。

第三章 中国金融机构"走出去"中的人民币国际化

一、绪论

（一）背景和意义

自 20 世纪 80 年代起，以美国、英国、日本、德国和法国为主的工业化国家兴起了一股金融自由化的浪潮，各国纷纷采取了取消利率上限、引入创新金融工具、放宽市场准入等措施来放松金融管制。在此制度基础上以及信息革命和金融创新的兴起，金融国际化应运而生。近年来，伴随着经济贸易全球化，新时代的金融国际化在市场、交易、机构、监管各个层面上全面铺开，而且程度不断加深，规模日益扩大，在各国之间继贸易往来之后又建立了一条金融网络联系，使世界金融成为一个完整的有机体，金融国际化趋势明显。

然而，继 2008 年美国次贷危机和 2009 年希腊主权债务危机爆发后，金融国际化的网络恰恰又成为了危机的传播网，危机扩大、迅速蔓延成至今尚未解决的全球金融危机和欧债危机。这两次危机的影响之大，已经对现有的全球货币市场和金融市场的格局形成巨大的冲击：经过这次动荡，欧元面临严峻考验，美国连续推出量化宽松政策以恢复其经济的增长，并力图确保美元的地位；整个发达经济体金融在这次全球金融危机和欧债危机中经历了一次严重的衰退，全球金融市场也经历了一次大洗牌；以中国为主的部分新兴市场国家稳住脚跟，逆流而上，反而在动荡的金融格局中愈加崭露头角。

由于我国①三十多年改革开放和经济增长的重要支撑，人民币国际化顺势而进。在国家改革开放政策的支持下，资本项目自由化、香港离岸人民币市场

---

① 本报告中论及的中国、我国或国内，除非特别注明，一般均指中国大陆。

的建立、利率市场化和汇率体制改革同步稳健推进，并取得很好的成效，将对我国未来经济增长有着重要的作用。

基于充满机遇与挑战的国际背景和充满矛盾与突围的国内背景，开展对人民币国际化背景下的金融机构"走出去"的路径与案例研究，对我国后危机时代的未来发展具有重大战略意义和经济意义。金融机构是人民币国际化的排头兵，人民币国际化对经济转型的支持，也需要落实到具体的中介服务上。尽管金融机构在国内也可以为中国企业"走出去"提供服务，但由于许多国家、地区对外来投资有各种政策和法律的限制。所以，要为企业"走出去"提供更好的服务和支持，就需要金融机构"走出去"，以更好地服务于企业"走出去"，更好地推进人民币国际化和国家战略转型。然而目前，我国金融机构"走出去"的步伐远远落后于实体经济，无论在规模上，还是在质量上都出现了严重的服务滞后，这种不对称的发展模式亟须改变。因此，未来阶段，如何在人民币国际化下的背景下推动金融机构"走出去"意义十分重大。

本章将在借鉴国际经验的基础上，结合中国企业和金融机构"走出去"的实际案例，将理论研究与案例分析相结合，分析我国企业和金融机构"走出去"的现状和问题，研究金融机构应如何以客户为导向，加快紧跟企业"走出去"的步伐，为我国日益强大的海外贸易提供金融服务便利和支持，为更好地支持我国的经济战略转型提出建议和对策。特别地，我们将对后危机时代我国金融机构如何把握"走出去"的机遇，如何通过参股、并购国外金融机构等方式吸引高端金融人才，迅速进入当地市场，在全球范围内布置我国的金融格局提出具有可操作性的路径和措施，从而有力推进人民币国际化的整体进程和上海国际金融中心的建设。

（二）国内外研究现状

1. 货币国际化与经济发展。一国货币的国际化主要得益于该国的经济发展以及特定的外部环境：第二次世界大战中，英国经济受到重创，美国经济顺势而起，得益于出口量的大幅增加、"布雷顿森林体系"的建立以及美国在岸和离岸金融市场的繁荣发展，美元取代英镑成为在国际储备中居第一位的国际储备货币。在"特里芬难题"的背景下，美元的信誉度有所下降，两种新的世界货币——德国马克和日元——开始在国际货币市场上占有一席之地。尽管两国政府曾经抵触这一进程的进行，但经济使然，在强大的贸易出口和稳健的金融市场的基础上，两国货币得以在全球范围内流通开来（Samar Maziad and

Joong Shik Kang，2011）。在后危机时代的今天，世界货币格局重新洗牌，美元和欧元的委靡不振为我国人民币国际化提供良机。作为世界第二大经济体的中国，用强大的经济总量和贸易往来支撑着人民币国际化的进行。同时，香港离岸金融市场的发展和人民币债券的发行，进一步加快了这一进程（Xiaoli Chen and Yin‐Wong Cheung，2011）。货币国际化可为该国带来巨大的利益，包括收取国际铸币税，降低对外贸易汇率波动风险，降低交易成本从而提高经济运行效率等等（陈雨露等，2005）。人民币国际化的核心利益在于，中国参与全球化的经济活动可通过国际商品和资产的人民币计价摆脱汇率风险，并取得战略定价的主导权（潘英丽等，2012）。

2. 货币国际化与金融机构"走出去"。研究显示，货币国际化将推进该国的金融机构"走出去"。20 世纪 80 年代，日本金融市场上兴起国际化热潮，这一进程得益于日本国内的两大改革：1984 年 4 月允许外汇兑换从事于实物贸易以外的交易，同年 6 月取消了金融机构的货币互换协议限制，货币市场的国际化趋势带动金融机构和企业"走出去"（Sylvester Eijffinger，1992）。"布雷顿森林体系"后，美元取得了世界霸主地位。随着美元的大量外流，美国大银行纷纷在伦敦和其他金融中心设立分行或支行，吸收境外存款，贷给各国客户，经营有利可图的欧洲美元是美国银行扩展海外机构的重要动因（刘振芳，1994）。跨境贸易人民币结算全面铺开、深圳前海跨境人民币贷款业务正式推出，为中资银行实现从客户拉动式"走出去"向客户拉动与货币推动式"走出去"的转型提供了契机（毕毅，2013）。金融机构的国际化，尤其是券商的国际化亟须人民币国际化的支持。资本市场国际化是以证券为媒介的国际间资本流动，必然会受到货币兑换制度和出入境制度的影响。一旦涉及到跨境资本流动，就必须在我国目前的外汇管理制度框架内进行相应安排，我国资本市场的国际化必然与人民币国际化结合在一起（李迅雷，2010）。

3. 国内金融机构"走出去"现状综述。国内对我国各类金融机构对"走出去"的现状探讨居多：沈炳熙（2012）分析了我国银行业"走出去"的情况，目前工商银行、农业银行、中国银行、建设银行、交通银行、招商银行、中信银行和广发银行在境外 35 个国家和地区设立了 111 家分行和子公司。中国商业银行海外机构的营业收入 868 亿元，税前利润 412 亿元，其中国际化程度比较高的中国银行 2010 年海外业务的利润为 330 亿元，占其全部利润的 27.95%。陆峰（2010）的研究指出，在银行业、证券业和保险业三个行业中，银行业最早探索国际化，国际化程度相对较高，证券业的国际化程度相对

较低，而保险业的国际化程度最低。李开孟（2012）指出我国金融机构目前
还不能适应国家"走出去"战略的总体要求，主要表现为：（1）融资规模和
方式难以满足"走出去"的要求；（2）境外分支机构布局不合理；（3）风险
管理难以满足要求；（4）经营机制难以适应跨国经营的需要。涂梦云（2011）
对我国四大商业银行海外布局状况进行了详尽的说明，总结出中国商业银行海
外投资特征为：（1）工农中建成为海外投资主体；（2）海外投资布局相对集
中；（3）投资方式多元化，海外并购后来居上。张国红、乐嘉春（2009）认
为中国金融企业海外投资的类型可区分为两大类型，即对外直接投资和对外证
券投资组合。对外直接投资包括金融企业在海外设立分支机构或以并购或参股
方式投资境外金融企业，对外证券投资组合包括 QDII 和金融企业的海外证券
投资头寸。文章指出中国金融企业通过设立海外分支机构加快国际化进程，而
从 2006 年开始中国金融企业通过并购方式加快海外投融资的步伐；另外伴随
着 QDII 制度的启动，基金公司、保险公司和商业银行也加速推出和发展旗下
金融产品，使得外国证券投资也逐渐成为中国金融企业展开海外投资的重要形
式。沈炳熙（2012）指出我国商业银行国际化进程缓慢的因素包括客观因素
和人为因素。客观因素包括：过去我国大型跨国公司较少，企业海外投资也较
少，因此在海外跟进型的金融服务需求也较小；我国商业银行发展较晚，国际
化的人才不足。但是人为因素更大程度上限制了我国商业银行的国际化进程：
一是外国政府的限制；二是我国商业银行、监管机构对商业银行国际化重要性
认识不够深刻。

二、金融机构"走出去"的国际经验借鉴

（一）金融机构"走出去"的概念界定

一国（地区）金融机构"走出去"的程度取决于两点：在当地的业务范
围和渗透程度。所谓的业务范围不仅仅包括金融机构对于境外当地居民和企业
的服务，同时从国外的金融机构几十年的"走出去"的经验来看，为本国的
境外企业提供金融服务的功能有没有充分体现出来也是衡量一国（地区）金
融机构是否充分"走出去"的重要指标。西方跨国银行的蓬勃发展，正是通
过为本国跨国企业提供金融支持逐步发展壮大起来的。对于中国，境外中资企
业的快速发展，迫切需要中国金融机构快速"走出去"，为其提供金融服务和
支持。下面将从三个层次分析金融机构"走出去"的阶段性特征。

1. 初级阶段。金融机构"走出去"的初级阶段体现为在别国（地区）以开设代表处的形式存在、对当地居民不提供或是提供非常少量的存贷款业务、服务对象可能是本国在当地的企业。例如三井住友银行在20世纪90年代初，在我国浙江设立的代表处只是为日本的企业尤其是中小型的日资企业在浙江地区的发展和贸易提供信息及资金支持。

2. 中级阶段。当"走出去"处在中级阶段的时候，金融机构就会在当地开设分行，并且在当地的存贷款占有一定比例的份额，在当地开展一定程度的业务。例如花旗银行目前在国内开设了分行（现已改制注册为法人银行），花旗在华首次单独发行信用卡。花旗银行推出的银联人民币信用卡分为礼享卡和白金卡两个产品等级，围绕持卡人的需求、生活方式和财务状况而分别设计。同时花旗银行也有一定的存贷款业务，行使着一定的商业银行的职能。

3. 高级阶段。一国金融机构"走出去"进入高级阶段的时候，其存贷款比例比中级阶段要高，甚至可能在一国占有主要的存贷款份额。例如汇丰银行通过一系列成功的收购在当地取得了较高的渗透程度，进而成为当地主要的商业银行。在中东，汇丰银行早在1959年便收购中东英格兰银行开始进军中东市场。1982年汇丰进军埃及，在埃及成立埃及英国银行持有40%的股权，在2001年持股量更增至90%。在1978年，汇丰在沙特阿拉伯成立了沙特英国银行，占40%的股权。通过这些收购，汇丰在当地市场一跃成为主要的银行机构，占有绝对的市场份额。

（二）发达国家（地区）金融机构"走出去"案例研究

1. 银行"走出去"的案例

（1）花旗银行"走出去"之路——掀起全球金融业的并购浪潮。花旗银行从1812年成立之初经历了大概两百年的风吹雨打，最终于1992年成为银行业的领头羊。此后，其主要成长模式是先在国内通过并购成为美国乃至全球最大的金融集团，而后再大跨步地"走出去"。首先，在1998年花旗银行的母公司花旗公司（Citi Corp）和旅行者集团（Travelers Group）宣布合并。旅行者集团是一家总部设在纽约的老字号保险金融公司。旅行者集团在1997年收购了所罗门兄弟公司，新成立的所罗门美邦兄弟公司位居美国投资银行的第二位。花旗公司和旅行者公司的合并堪称全球当时最大的一次合并。合并后的花旗集团不仅成为拥有商业银行、投资银行和保险业务于一身的金融全能机构，同时这次合并还得到了美国联邦储备委员会的批准，可谓是得到了法律和国家的认可和支持。此次合并甚至对全球金融界产生了相当大的震动，花旗公司和旅行者集团的合并也使得全球金融界掀起了新的兼并浪潮。花旗集团的兼并模式主要给花旗集团带来了三方面的好处：规模发展，协同效应和管理层利益。首先，可以使花旗银行以最有效率的方式取得资本充足性；另外，通过并购可以避免两家机构在竞争的过程中两败俱伤的局面，从而化干戈为玉帛成为更加强大的主体，壮大发展。其次是协同效应，指的是两个金融机构在合并后给银行活动的效率方面带来变化，如产生规模经济、实现优势互补、增强综合实力、在税收上实现合理避税、产生预期效应等。管理层利益指的是管理层为了向客户和竞争对手显示自己的社会影响力，以及为了在合并后有一个高收入也具有合并的动机。

通过国内大规模的并购活动，花旗集团实力大增，紧接着便是在全球范围内建立其霸主地位：1994 年，花旗银行在俄罗斯开设第一家外国独资商业银行；1995 年，在阔别中国 45 年后，花旗银行在中国开设了第一家具有全面业务的分行，并于同年在越南和南非开设了分行；1998 年在与旅行者集团的合并后，花旗银行的母公司花旗公司成为花旗集团——一个拥有超过 7 000 亿美元资产、全球超过一亿客户的金融机构。2001 年，花旗银行以 125 亿美元收购墨西哥第二大金融机构——墨西哥国民银行（Banamex、Grupo）；2004 年，花旗银行以 27.3 亿美元收购韩国中等规模的银行 KorAm Bank；同年，花旗悉数抛售持有的台湾富邦金融控股集团 10.2% 股权；2006 年花旗银行收购中美洲最大信用卡发行机构 Banco Uno 第一金融集团（GFU）；2007 年花旗银行宣布合并台湾的华侨商业银行，其细节为在台湾注册成立花旗（台湾）商业银行，并以新注册的花旗（台湾）商业银行为存续银行；同年花旗银行收购智利第二大银行 Banco De Chile，Banco de Chile 的股东们持有其中 89.56% 的股权，而花旗持有其余 10.44% 的股权；同年花旗集团以 77 亿美元的全现金方式成功收购日本第三大证券公司日兴柯迪证券公司（Nikko Cordial Securities），花旗的持股比例由原先的 4.9% 提高到了 61.1%。

相较美国的其他银行，花旗的"走出去"之路有着非常早的历史，但其大规模的兼并则是在 1998 年与旅行者集团合并以后。在传统银行业务自二战后逐渐萎缩的大环境下，银行有两个趋势不可避免：一是寻求传统商业银行以外的业务，二是通过合并收购壮大自己。花旗银行作为最有代表性的美国银行机构，其"走出去"的路径基本上概括了所有美国银行在"走出去"过程中的典型选择。

（2）汇丰银行"走出去"之路——身处金字塔之巅高屋建瓴。汇丰银行与花旗银行形似之处在于在其充分大跨步地"走出去"之前都先在本土完成了站稳脚跟的重要一步。汇丰银行在香港的发展非常稳固。从成立之初，经过近百年的发展，1961年汇丰银行在香港已经开设了19家分行。与此同时，汇丰银行在亚太地区的业务也一样向前迈进。1962年汇丰银行已经先后在10个国家设立了43家分行和办事处，这一数据在同行业中已经处于领先地位。1965年，汇丰银行选择了最佳时机收购了自己的一个重要的竞争对手——香港恒生银行51%的股权，以此确立了在香港的霸主地位并进而稳步向全球扩展。恒生银行的个人金融业务稳居香港金融界的翘楚地位，这与汇丰一向重视个人金融业务的经营理念非常匹配。值得一提的是汇丰对恒生银行的并购是在十分低廉的价格下完成的，这次并购奠定了汇丰银行在香港银行零售业中的垄断地位，并且借助恒生的声誉也提升了汇丰集团的社会形象，拓展了客户基础，特别是华人的客户基础。这次收购对于汇丰在香港的长远发展以及今后的"走出去"战略至关重要。

与花旗集团不同的是，在20世纪60年代以后，随着香港金融业的不断发展，在香港金融体系日趋完善的背景下，香港更需要一个正式的中央银行。汇丰银行实际上以私人商业银行的身份承担着多种中央银行的职能，扮演着准中央银行的角色。这其中包括发行钞票，香港银行结算中心的管理权，"最后贷款人"角色以及享有香港行政局席位。汇丰不但能够提前知道香港政府的关于金融方面的重大决策，而且自身还是游戏制定者，在高居香港金融界的金字塔的顶端把握着香港金融界的命脉。而这一点是其与花旗集团的最大区别之一。

汇丰与花旗的另一个大的差别是汇丰"走出去"的战略重心在于地域性平衡，不只是将业务放到香港和欧美，同时也将业务放到南美和中印等发展中国家，力争实现一半收益都来自发展中国家。汇丰将全球市场划分得十分明确：对于美国市场，1980年汇丰收购了纽约州的海丰银行51%的股权，这是汇丰在美国拓张的开始。同时这次收购也体现了汇丰收购的"必定合理"原则：汇丰收购成本仅为3.14亿美元，但是汇丰的资产总值却由1 280亿港元增至2 430亿港元，差不多增加了一倍。1999年汇丰宣布以103亿美元收购美国利宝集团（Republic New York Corporation）及其姊妹公司施弗拉控股公司（Safra Republic Holdings S. A.）。对于金融界来说，逐鹿美国是称霸世界的第一步，这已经成为金融界的共识。这次收购使得汇丰在世界主要金融中心提供财富管理服务的能力有所加强，同时也使得汇丰在美国市场增加了约 2 000 万客户，并且汇丰还分享了施弗拉控股公司在瑞士、法国、卢森堡、直布罗陀和摩洛哥等地的业务和客户，这起并购堪称是当时外资收购美国金融机构的最大宗交易；1981 年，由汇丰银行完全控股的加拿大汇丰银行在温哥华成立，在随后的几年业务发展迅速。除了北美市场的一系列作为，汇丰在欧洲市场也同样攻城拔寨。2000 年 4 月，汇丰以 110 亿美元的价格全面收购了法国最大银行之一的 CCF（法国商业银行），同年汇丰在巴黎证券交易所挂牌交易，这是汇丰控股挂牌的第四个证券交易所。这次收购使得汇丰银行能够更轻松地进入欧元区，完成了当时欧洲最大的一笔跨境交易。同时对 CCF 的收购使得汇丰的资产管理和财富管理服务与存放汇等金融业务有一个完美的搭配。除了欧美这些发达国家市场，汇丰还对新兴国家市场有着浓厚的兴趣。汇丰的扩张观点是"地域性平衡，一半收入来自发展中国家"，所以发展中国家一直也是汇丰重视的对象。在中东，汇丰银行早在 1959 年便以收购中东英格兰银行为起点开始进军中东市场。1978 年，汇丰在沙特阿拉伯成立了沙特英国银行，汇丰占 40% 的股权。1982 年汇丰进军埃及，并且在埃及成立埃及英国银行，汇丰持有 40% 的股权。2001 年，汇丰在埃及英国银行的持股量更增至 90%。在亚洲，汇丰看好有着相当潜力并且市场开放度不断在扩大的中国和印度。2001 年汇丰在印度西部浦那开设了分行，并且在 2003 年底以 6 642 万美元收购印度第二大私营零售银行 UTI Bank 14.62% 的股权，同时汇丰银行还有再附加收购股权，使得持股量达到 19.99%。在中国，汇丰银行 1999 年底在上海森茂国际大厦投资 3 300 万美元买下 4.8 万平方米的楼面及冠名标志权。汇丰在 2001 年 12 月花费 6 260 万美元收购上海银行 8% 的股权，这也是汇丰最早的第一次收购中国大陆的银行股份，实现对中国业务的扩张。中国加入世贸组织以后，2002 年 10 月，汇丰旗下的汇丰保险以 6 亿美元的价格收购中国平安保险股份有限公司 10% 的股份，这也使得汇丰以 10% 的股权成为中国平安保险第二大股东。2003 年 12 月，汇丰以 17.26 亿元人民币购入福建兴业银行 15.98% 的股权，创造了当时中国国内的最大并购案。汇丰的种种投资体现了其稳步向前推进收购和寻求地域性平衡、发达国家市场和发展中国家市场收益各占一半的整体战略。同时，汇丰注重个人理财业务的特点也使得其相对于花旗显得更加稳定，不会因为行情的大起大落而使自身的市值大幅地缩水。

（3）德意志银行"走出去"之路——攻城拔寨成就全球最大全能银行。最初设立德意志银行目的是为了成立一家囊括所有金融业务的企业，这家企业尤其应该为德国对欧洲其他国家以及海外市场的贸易提供支持，从而更好地服务德国的企业。1888 年，以德意志银行为首的银行集团获得了建造与运营土耳其阿纳托利亚地区铁路的许可证，这标志着德意志银行开始向在 19 世纪末获利丰厚的铁路进行投资。随后德意志银行在一战后和二战后先后对德国本土的企业进行了投资，其中包括 IG 法本公司、德国汉莎航空公司、联合钢铁厂、戴姆勒—奔驰股份有限公司等工业与能源公司。经过二战后数十年的积累，截至 2002 年，德意志银行作为一家全球大型全能银行，其投资已经涉及金融、工业、地产、建筑、租赁以及管理等各个领域。

①向花旗银行学习。花旗集团的运营成绩证明了全金融银行（既可提供银行业产品也可提供保险业等其他金融产品的金融银行）比全能银行（既可提供商业银行业产品也可提供投资银行业产品的机构）更为有效。全能银行既要利用已有的协同效应，还要进行及时的成本管理才可以使得金融机构处于更加有利的地位。为了降低成本，花旗银行很早便开始了技术投资从而降低成本，比如进行了大量的流程标准化与自动化工作，从而使得花旗集团的支出收益比远远小于德意志银行，仅为其三分之二。

②发展离岸银行业务为"走出去"做准备。德意志银行的离岸银行业务向全世界多个国家和地区开展，其中包括纽约、迈阿密、东京、香港、新加坡、苏黎世、开曼群岛和毛里求斯。早在 1983 年德意志银行便在开曼群岛上设立了分支机构，其业务一直保持增长态势。

③全球设立分支机构为成为国际银行作准备。1976—1979 年，德意志银行相继在伦敦、东京、巴黎、布鲁塞尔、安特卫普、纽约、香港、米兰和马德里设立分行。在随后的 1986—1988 年，德意志银行又向 12 个国家扩张，其中包括亚太地区，同时还有巴西、加拿大、葡萄牙和荷兰。德意志银行目前正在持续地向亚洲，欧洲和重要的新兴市场发展。到目前为止，绝大部分的德意志银行的员工已经在德国以外的其他国家工作。从图 3 - 1 可以看到，如今的德意志银行是一个国外股东程度化很高的银行，在某些年份国外的股东所占比例甚至超过国内的股东所占的比例，如今的德意志银行已经成为真正的全球性银行。

④攻城拔寨，成为银行全能手。1989 年德意志银行收购了伦敦投资银行摩根建富，借助摩根建富作为平台进军国际投资银行业务。1999 年 6 月，德意志银行与纽约投资银行新服银行集团签署并购协议，使得德意志银行凭借其 7 950 亿欧元的总资产值成为当时世界上最大的银行。2001 年 9 月，德意志银

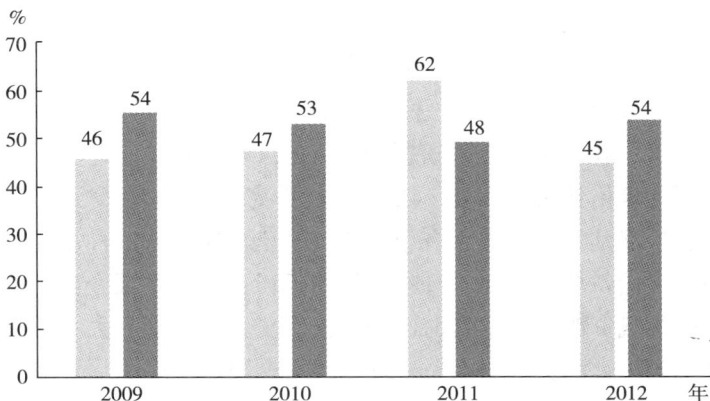

图 3 - 1　德意志银行国内和国外股东比例

行宣布并购美国资产管理公司斯卡德,从而成为世界第四大资产管理公司。相应地,在并购之后,其在美国、欧洲以及亚太区的资产管理业务增长迅速。

（4）日本银行机构"走出去之路"——资源获取和产业整合。

①协助国家在全球范围内获取稀缺资源。日本金融体系的国际化是在二战后日本经济的长期快速发展带动的结果。经过长期的发展,日本金融业在 20 世纪 80 年代和 90 年代带着大量的资本向外扩张,这是日本经济长期发展积累财富雄厚的必然结果。与其他国家不同的是日本"走出去"的策略是以获取资源为主。为了满足其工业的平稳发展,需要有足够的资源作为工业发展的原材料,因此日本金融机构"走出去"的最大特点之一是以大规模的资源投资为特点。

根据日本经济产业省的数据,日本有储量的矿种只有 12 种,但作为一个经济大国,其大多数矿产品的需求量却均居世界前几位。许多重要矿产,日本均是世界第一或第二大的进口国,日本对多种有色金属的进口依赖程度平均在 95% 以上。因此,日本政府早在 20 世纪 60 年代就已经开始进行海外矿产资源调查。日本政府给予日本矿业大量的海外开矿和建立分基地的补贴,同时日本众多大型的金融机构也为日本的矿产类企业提供了大量的贷款援助,帮助这些企业筹集资金,还包括发放偿还期限高达 20 年的贷款。若项目失败或遇天灾、战争等事故,可减免贷款本金。日本企业集团的强强联合是日本海外资源开发成功的基础之一。该种联合包括集团内的冶炼企业与贸易商社联合、综合商社集团间的联合等。比如智利的 ESCONDIDA 铜矿项目表面上看是以三菱商社为主的日本财团持有 10% 的股份,但实际上投资方多达 10 家公司,这其中既包括日本的大财团，又包括日本大型的材料公司。

日本银行机构还是其石油资源的重要整合者。日本是一个国内石油需求量99.7％都需要进口的国家，20世纪70年代两次中东石油危机使得严重依赖进口石油的西方国家和日本的经济遭受重创。在1973年第一次中东石油危机爆发的时候，原油价格从每桶3.011美元猛然提高到10.651美元，导致日本国内一度出现经济混乱。为了避免在今后的日子里再度出现这种混乱，日本积极建立完善的石油储备体系，同时日本的石油公司也开始触及全世界去寻求更加安全和稳定的油气资源。日本目前已经是仅次于美国的第二大石油储备国，总储备量达到了157天消费量的水平。日本政府在国内与炼油厂及地方政府合作成立了多家国家石油储备公司，具体负责储备基地的建设工作，并为此提供了70％的股权资本和所需建设费用的全部贷款。其中资金的主要提供者是日本的主要财团等金融机构。日本政府在国外鼓励日本的实业矿产公司投资国外的油气资源。比如日本著名的国际石油和天然气勘探开采公司三井石油勘探公司分别在文莱投资天然气、在缅甸进行石油勘探、在越南投资天然气、在泰国收购陆上石油板块，三井石油勘探公司在"走出去"投资的时候都有日本大的财团和金融机构如三井住友银行等在背后支持，提供充足的资金，担当日本资源型企业的重要整合者。

②日本银行机构配合日本实体企业整合产业上下游。日本的金融机构同我国的金融机构有所不同。日本的金融机构除了担当日本企业在海外赚取资源的整合者之外，还担当了日本企业在海外上下游的整合者，从而帮助日本企业走向成功。我国的金融机构并没有担当一个很好的实体企业的产业整合者：一方面往往各自为政甚至盲目地在海外设立网点；另一方面没有像日本的金融机构扮演一个很好的对本国企业的产业整合者的角色，从而更好地帮助本国企业在海外更好地盈利，赚取更大的利润。日本的金融机构在为本国实体企业发放贷款或提供其他形式的资金支持时，并不是单一地像我国金融机构要求有借款需求的企业提供严格的担保。与此相反，日本的金融机构发放贷款的标准是对日本在别国的本国公司的上下游供应商提供优惠贷款，使得日本本国的企业得到更廉价的供应商的上下游的产品，从而帮助本国企业更加稳定地赚取大额的利润。相比较我国金融机构单纯要求提供担保的做法，日本金融机构的做法更加有益于本国实体公司在国际上的壮大与发展，同时自身也可以赚取可观的利润，起到良性循环的作用。

日本对泰国的投资由来已久。日本投资商在1970—2012年去泰国投资获准的促进投资项目申请共计 7 302 个，累计投资价值高达 27 000 亿泰铢。其中占比例最大的产业为汽车及其零配件生产、钢铁及机械设备。其中投资程度最大的要数丰田、三菱和尼桑这些汽车制造商。截至 2013 年，丰田已经在泰国拥有四座汽车生产中心。而伴随着企业的"走出去"，日本的金融机构同样担当着产业整合者的角色，帮助日本的企业控制上下游而使得日本的企业做大做强。

日本丰田汽车于 1985 年在美国加州菲蒙市设立了工厂。设立后，日本的金融机构对美国加州的汽车配件厂发放了大量贷款。作为回报，当地的汽车配件公司给予丰田汽车非常优惠的价格，使得丰田汽车在加州生产的轿车和皮卡的成本大大降低。日本住友电气工业株式会社（简称住友电工）也是一个老牌的电气公司，公司距今已经有 116 年的历史。2009 年，住友电工在中国共有投资（含独资、合资）企业约 72 家，总投资约 30 亿美元，总销售在 16 亿美元左右。在中国的投资中，三井住友银行扮演着重要的产业整合者角色，帮助住友电工的上下游的供应商提供资金支持，从而使得住友电工获得最为优惠的价格。日本东海橡胶工业株式会社在美国、欧洲、东南亚等国家地区均投资设厂，其中在中国香港、天津、广州、大连、合肥、嘉兴等地设有 8 家工厂，2008 年销售额为 8 亿元人民币。作为住友电工旗下公司，日本东海橡胶株式会社同样得到了三井住友银行的资金支持。

日本金融机构作为日本企业海外上下游的重要整合者，同时也使得日本的金融资产在海外布局完整，同时快速升值。经过四十年的积累，日本在海外的资产已经升值好多倍，使得日本在 20 世纪 90 年代泡沫经济所损失的资金完全得到了弥补，同时还保留了巨额的海外资产，使得日本自身仍然保留巨大的经济实力。因此，日本金融机构长达四十年的海外投资已经成为日本宏观经济的一个重要的平衡器。

日本的金融机构和日本的海外企业就像是航母战斗群。日本的企业犹如巨大的航空母舰出没于全世界资源和商机丰富的地方。日本企业虽然具有其突出的技术优势和巨额的资金优势，但其在世界范围内的投资和贸易也容易招致当地企业的还击，有时甚至是合围。不仅如此，同航空母舰一样，日本的企业也需要长期稳定的资金补给，所以良好的后勤补给保障是维持日本"企业航母"保持战斗力的重要因素。因此，如何维护日本"企业航母"的安全和补给就成了日本金融机构的重要任务。在保障日本"企业航母"安全的问题上，日本金融机构通过给当地日本企业的上下游企业提供贷款，达到控制当地企业的目的，从而使得日本企业能够在占领当地市场的时候得到最低程度的"抵抗"，甚至使当地的企业从"抵抗"转变为"协同"。日本的金融机构对本土企业的保护，如同保护航母的驱逐舰、护卫舰和攻击潜艇一样为日本的"企业航母"提供三位一体的全方位保护，使得日本"企业航母"的上下产业链和与其竞争的行业对日本"企业航母"的威胁降到最低。随着日本企业与当地上下游企业协同关系的建立，日本的"企业航母"就获得了当地的支持，这为日本"企业航母"拓展海外市场提供了天时和地利优势。从后勤补给上来看，日本的金融机构给日本企业提供了足够的资金支持，从而保证其稳定的后勤补给。

③日本金融机构遍及全世界金融最发达的国家和地区。日本金融机构主要是向金融业最发达的国家发展。当今世界的金融业要数美国和英国的金融业最为发达，对外开放程度最高。另外，日本的金融机构在中国、澳大利亚、新加坡、德国、瑞士也迅速发展。

日本的金融机构在美国的渗透程度极高。第一，日本金融机构在美国具有较高的地位。1989年末，驻美日本银行资本金已经占到了驻美外国银行总资本的62%。1993年，世界最大的20家银行中日本占了11家，而前七名日本独占鳌头。相比之下，美国本土银行则无一在前20名之内。第二，1990年，日本银行成为美国国债和地方债的最主要的持有者，所占比例为80%。第三，日本驻美的金融机构为美国的大中小企业提供大量贷款，这种不同于别国在外国金融市场以金融投资为主，而是以实业型的金融贷款为主的做法使得日本在一定程度上具备了操纵美国实业的能力。第四，日本金融机构在美国的业务范围广泛，从收买当地金融机构直到证券交易、投资融资。其在美国的经营活力甚至要强于美国本土的金融机构。

④日本金融机构与海外重要金融家族建立长期的战略伙伴关系。2008年国际金融危机之后，三菱日联就已经全面收购了加州银行，一方面是全面收购加州银行有助于开拓在美业务；另一方面是加州有着较多的日本裔人口和亚裔人口，因此全面收购加州银行有助于三菱日联在美国的发展。与收购加州银行的有所不同的是三菱日联斥资90亿美元收购华尔街投资银行摩根士丹利的21%的股权。从表面上看，三菱日联收购摩根士丹利21%的股权是在2008年全球金融危机后，日本银行因为之前没有过多地涉足金融衍生品行业，因此没有遭遇像美国银行的这样的大规模的资产缩水的情况。在2008年国际金融危机之后，日本金融机构再一次地利用其未受损失的优势进军华尔街，对摩根士

丹利进行收购。而其真相则是三菱家族与摩根家族有着深厚的家族友谊，这是一次三菱家族对摩根家族的援助性收购，目的是三菱家族投入巨资帮助摩根家族渡过难关。在未来摩根家族恢复元气之后，三菱家族再把现有的股权卖还给摩根家族，从而实现双赢。

⑤俄罗斯联邦储蓄银行"走出去"之路——向周边国家和中印市场扩张。相比于苏联刚刚解体后的俄罗斯，目前俄罗斯的金融机构已经主要分为银行、证券和保险三大系统，而且投资环境也明显改善，主要体现在四个方面：首先，金融体系已经初步确立。俄罗斯目前已经建立起比较完整的金融体系，并且实行二级银行体制：中央银行行使管理职能，负责制定货币政策；商业银行则脱离原有的苏联时期的国家拥有的模式，自负盈亏，并且从事借贷业务，发挥银行的中介作用。其次，在2006年5月1日之前，俄罗斯境内出口企业必须将一定比例的外汇收益汇回国内，这是苏联时代遗留的产物。再次，银行实力增强，放贷规模不断扩大。最后，银行开始注重发展居民消费贷款。1999—2006年，银行提供给自然人的贷款总额增长了59倍，达到1.18万亿卢布，占GDP的5.4%。

对于国际市场，俄罗斯联邦储蓄银行的政策是未来5%的净利润要来自于国际市场，并且在2014年时能够在印度和中国市场立足，进而更大程度地拓展印度和中国的市场，还且能够在白俄罗斯、哈萨克斯坦和乌克兰占到百分之五的市场份额。从上述这些趋势来看，俄罗斯联邦储蓄银行未来的发展趋势是：首先，立足于与俄罗斯经济发展步伐类似的目前的新兴经济体中国和印度，其次，着重于扩大其在周边国家市场份额。

作为一个在1841年就成立的商业银行，俄罗斯联邦储蓄银行目前拥有着俄罗斯境内银行总资产的28.9%，占公司贷款的33.6%和私人贷款的32.7%。随着俄罗斯对外资企业融资的政策调整，外资企业已经不再像以往只能够单纯依赖境外融资，同时也可以利用俄罗斯境内的融资渠道进行增资扩股，扩大资本金，其中主要的一个融资渠道就是从商业银行获得贷款。而俄罗斯联邦储蓄银行则为这些外资企业提供足够多的商业银行贷款业务，这成了俄罗斯联邦储蓄银行发展的一个重要策略，即利用新的政府经济政策发展业务。俄罗斯联邦储蓄银行在"走出去"之前，先选择了将这个国有银行私有化的路径。由于市场环境恶化，之前的银行私有化之路一度搁置，后来俄罗斯在金融危机期间，为保持稳定，用出售额外的股份补充资本金。

2. 证券机构"走出去"的案例——雷曼兄弟"走出去"之路

在欧洲美元市场的初始阶段（1955—1962 年），欧洲美元市场的规模还不是很大。在这一阶段中，雷曼兄弟寻求"走出去"，并没有盲目投资于海外市场，而是看准时机直接投资战后的美国市场从而间接取得通往海外市场之门的钥匙和实力。二战之后美国的交通运输业发展的极为迅速。雷曼兄弟自然凭借其敏锐的嗅觉投资于汽车制造业。雷曼兄弟多次为福特汽车公司承销股票。二战后的航空运输业也是一个蓬勃发展的时期。1945 年雷曼分别为泛美航空公司发行了股票、认股权证和认证权证。除此之外，雷曼还向美国航空公司、大陆航空公司在 1966 年和 1969 年发行了股票。这些筹集来的钱为这两个航空公司购买机库、候机楼设备、地面设备和发展海外业务都发挥了举足轻重的作用。二战后的二十年又是美国科学技术大研发的时代。雷曼当时面对的现在看来是高科技企业，而在当时却都是刚刚处于起步阶段的、名不见经传的、风险极高的公司。但是雷曼的决定，在今天看来都是极具前瞻性的，比如立顿工业公司、劳拉空间通信有限公司和数字设备公司等。

在欧洲美元市场发展的第二阶段（1963—1973 年），仅仅十年的时间，欧洲美元市场的存款规模就由 1963 年的 70 亿美元增长到 1973 年末的 1 321.1 亿美元。这是一个美元存款大增长的时期。这其中的原因包括两个：其一，美国政府为了改善收支情况，减少资金外流，于 1963 年开始对本国居民购买外国债券征收利息平衡税以及 1965 年的自愿限制对外信用计划以限制美国银行对外国的贷款。这两个法令的实施导致国外的跨国公司甚至美国的跨国公司都转向欧洲美元市场进行融资了。其二，此时美国企业海外扩张的步伐加快，跨国公司逐渐进入人们的视野。雷曼在此时顺应时代的步伐和凭借自身的多年实践经验开始"走出去"。雷曼于 1960 年在巴黎设立了分部，1972 年和 1973 年又分别在伦敦和东京设立了分部。1970 年雷曼为法国国营高速公路信贷公司发行了总额为 2 000 万美元、票面利率为 9%、到期日为 1976 年 11 月 5 日的短期美元债券。实际上雷曼是为法国的一家政府部门发行短期美元债券，这时的雷曼不单实现了"走出去"，与此同时还给国外政府提供了金融服务，使得雷曼的"走出去"显得异常活跃。不止如此，随后由于雷曼在美国和海外市场积累的良好声誉，挪威与丹麦两国的王室成员也委托雷曼为他们筹资。雷曼在 1963 年和 1975 年为挪威国王发行了两次债券，在 1970 年和 1972 年先后三次为丹麦国王发行债券。

在欧洲美元市场发展的第三个阶段（1974 年以后），1971 年布林顿森林体系瓦解，导致外汇买卖增加，从而使得欧洲美元市场继续快速发展。另外在第三个阶段的时候，欧洲美元市场扩大到欧洲以外的地区，在亚洲包括了新加坡和香港。而此时的雷曼投资了 IBM 和微软公司，使得自己的敏锐眼光被再次证明。此外，1994 年的墨西哥金融危机使得雷曼联合 JP 摩根和高盛帮助墨西哥政府发行以美元计价的长期高利率债券，发行对象为即将到期的短期国库券的国外持有人，从而帮助墨西哥政府缓解了金融危机。对雷曼"走出去"战略产生重大影响的是在 1996 年雷曼对公司的业务进行了一系列的调整，扩大了金融业务，取消了原来占市场份额比较大的商品交易等非金融业务。在改革业务之后，雷曼开始把重心逐渐放在跨国业务的发展上，其并购部门的人数从 30 人增加到了 100 人，这使得雷曼的业务水平提高了很多。仅仅在当年（1996 年）的 11 月 30 日，公司已经在欧洲、加拿大、亚洲以及拉丁美洲的 18 个城市中设有投资银行业务部。在这一时期雷曼的国外市场还是以欧洲为主，涉及的业务主要是并购咨询、公司财务咨询等业务。接着在亚洲金融危机之后是雷曼在亚洲大显身手的时机。在亚洲金融危机中遭受重创的菲律宾需要资金的支持，雷曼就为菲律宾政府提供了 16 亿美元的全球债券，这笔生意既是 2000 年雷曼所服务的最大亚洲主权国家，同时也是第一个由主权国家作为借方的第三方证券交易。印度尼西亚也是亚洲金融危机中的受害者。在 1998 年雷曼就充当了印度尼西亚银行重建机构（IBRA）的顾问，并且帮助银行重建筹措了 500 亿美元的资金。雷曼还建议印度尼西亚银行重建机构花费 100 亿美元重组公司债务和将中亚银行公开上市发行。

　　雷曼进军中国的战略更是远远领先于其竞争对手如摩根士丹利和高盛。早在 1993 年的时候雷曼就在北京开设了办事处。也就在当年（1993 年）雷曼就已经担任中国建设银行海外债券私募的承销商；1994 年，雷曼担任华能国际全球首次公开发行的主承销商，为华能国际融资达 6.25 亿美元；2003 年 12 月 17 日，刚完成重组的中国人寿保险股份有限公司在纽约证券交易所隆重登场。雷曼担任了这次企业上市工作的总协调——IPO 中的财务顾问；2004 年，雷曼还为中国创造了第一个跟踪中国本地债权表现的最全面的指数体系：新华·雷曼中国综合指数。这是一个覆盖在交易所以及银行间市场上市的国债、政策性机构债和企业债的指数。

　　2002 年，雷曼来自美国之外的收入只有 37%。而在 2007 年的第三季度，由于在亚太区的重要表现，其国际业务收入已经超过美国本土业务的收入。雷曼的战绩不仅仅是使自己追逐了利润，同时为中国今后走向国际金融市场和让世界进一步了解中国作出了一定的贡献。

3. 股权基金"走出去"的案例——黑石集团"走出去"之路

作为全球最大的私募股权基金,黑石在 1985 年由 Stephen A. Schwarzman 和 Peter G. Peterson 用 40 万美元资金在美国注册起家。1987 年黑石成立了第一只私募股权基金,标志着黑石向现代业务的起步。1990 年黑石成立了另类资产管理公司(Blackstone Alternative Asset Management),另类资产管理成为了今天黑石的主要投资领域之一。同年,黑石在对冲基金和互惠基金也有所涉及。1991 年,黑石成立了黑石重组咨询公司,这个公司在其成立后已经处理了多达 1 万亿美元的债务重组。1992 年黑石成立黑石房地产投资公司,如今黑石的房地产投资已经占到黑石总收入的近一半(见图 3-2)。

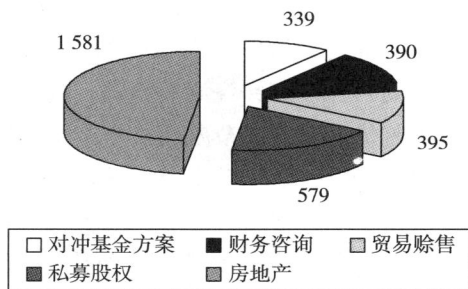

图 3-2 黑石集团 2011 年收益分布 (单位:百万美元)

经过若干年的在欧洲的投资,黑石于 2000 年在英国成立了英国办事处,标志着黑石首次在海外市场开设分支机构。2000 年以后是黑石的重要的"走出去"的时期。2004 年,黑石在巴黎开设了分部。同年,为了进入巴西市场,黑石和巴西的一家本土金融机构发展了战略联盟关系,为今后在巴西的业务作准备。2005 年和 2007 年,黑石加快了向新兴市场投资的步伐,分别在印度和中国开设了分部。其中,黑石在 2007 年纽约证交所上市,是中投公司首个投资对象。为了加强在亚洲的业务,黑石集团还在同年(2007 年)在东京设立了分部从而更好地拓展在亚洲的业务。

谈到黑石集团"走出去"的策略,首先要谈黑石的投资策略。在成立之初,黑石就很清楚自己的强项并不是股票、股票研究和股票承销等业务,而且华尔街也并不缺乏对于这些业务很有经验的金融机构,所以在成立之初便开创了重组咨询业务。发展到今天,黑石的这项业务已经成为行业标杆。除此之外,永远不做恶意收购也是黑石的一个策略,避免恶意收购而致力于追求友善收购为黑石带来了持久且最终更为有益的企业关系。黑石的第三个投资策略是倾向于投资并不时髦的产业，如有线电视、乡村蜂窝电话、炼油、汽车零件、芯片、房地产、酒店、旅游、博彩、医院和食品等行业。其次，黑石还喜欢与实体经济中的 500 强联手，比如黑石曾经与时代华纳公司联合投资"六面旗主题公园"和与美国电话电报公司合作投资 Bresnan 等。

在地域上，黑石未来会在关注欧美市场的同时更加关注新兴市场，尤其是"金砖五国"国家的市场。从 2005 年黑石与巴西的本土公司实行战略合作开始，黑石就已经开始关注新兴市场。此外，在未来对新兴市场，尤其是中国的房地产投资也将是黑石集团的重要投资手段，黑石集团也会在未来继续加大对中国房地产的投资。

（三）金融机构"走出去"的有益经验

1. 金融机构"走出去"应配套服务实体产业"走出去"。我国经济经过三十余年的高速增长，无论是实体企业还是金融机构，都集聚了以往所不具备的实力，为"走出去"奠定了坚实的基础。我国经济增长方式的转变以及人口结构的重大变化，必然会导致我国从以往以巨大贸易顺差为特征的贸易大国向消费大国转变，实体企业会更多地参与到海外市场的开拓。

据联合国预测，在生育政策未发生重大改变的前提下，我国 65 岁以上人口占总人口的比率将从现在的 10% 左右上升到 2050 年的 35%，同时劳动力将从现在的 10 亿左右降至 2050 年的 7 亿（见图 3 - 3）。随之而来的便是经济增长方式的转变，以往靠大量廉价劳动力生产出口获取巨额贸易顺差的粗放增长

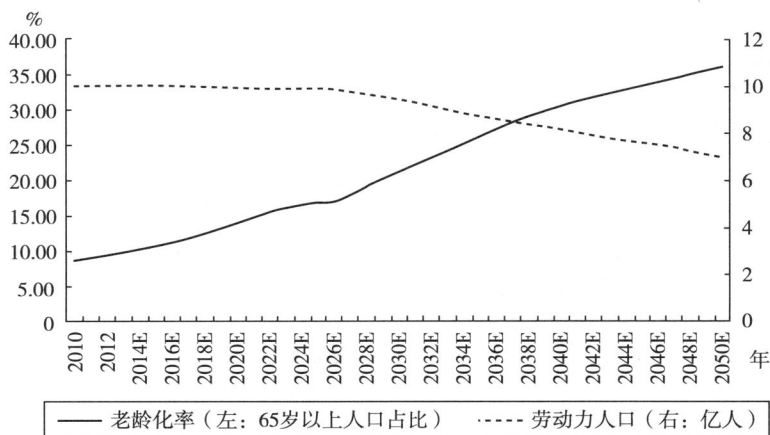

图 3 - 3　我国人口老年化率

模式已不具备持续性，消费驱动将成为未来经济增长的主要动力。

据统计，至 2003 年以来，消费对国民经济增长的贡献率已经从 35.8% 上升到 2012 年的 51.8%①。要在这样的人口大环境下满足国内消费需求，需要实体企业提升生产效率和产品附加值，这就必然导致大量的国内和海外并购整合以革新技术水平和调高品牌价值。因此，在这样一个过程中，我们的金融机构的国际化应该与实体企业的国际化相配套，辅助实体企业在"走出去"的过程中走得更稳、更顺利。

2. 金融机构应引领产业资本走出去。正如前面提到的日本银行在日本实体产业走出去过程中所扮演的"航母护卫群"角色一样，如图 3-4 所示，随着我国的实体企业，也就是"航空母舰"的对外直接投资额的增加，我国的实体企业与国外的企业和政府就会有更加深入和广阔的接触，同时也更加需要我国的金融机构提供相对适度的"安全保障"以保证我国的"航空母舰"能够在异国他乡取得更加辉煌的战绩。

因此，我国金融机构在"走出去"的过程中，应当更加关注我国实体企业在海外的产业整合，积极服务和引导这一整合。正如前面提到的日本例子，有时候可以将战略目光放长远，暂时放弃一部分利益，去帮助海外产业蛋糕的做大做强。

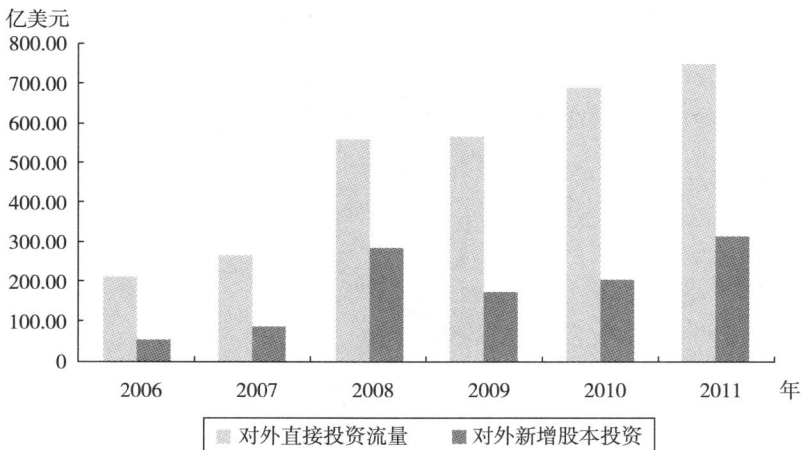

图 3-4　我国对外直接投资流量

---

① 资料来源：Wind 资讯。

3. 进一步开放资本账户，促使我国经济主体全面利用两个市场、两种资源。目前我国居民进行境外资产配置主要通过 QDII 等产品，但是审批额度与居民资产相差甚远，远远不能满足居民配置海外资产的需要。我国企业近年来加快"走出去"步伐，但是，在境外投资的审批环节就存在发展改革、商务、国资管理、外汇管理等前置审批环节，企业"走出去"效率低下。

由图 3-5 和图 3-6 我们可以看出，2012 年我国的金融机构的储蓄存款高达37.64 万亿元人民币，而相应地 QDII 的投资额度只有将近 855 亿美元。这个数目充分暴露了我国的金融机构储蓄存款余额的数目与 QDII 投资额度严重不成比例，也说明了我国居民财富进行国际化配置还有很大的空间与潜力。因此，我国需要进一步开放资本账户，简化对外直接投资审批，大幅放宽 QDII 额度。

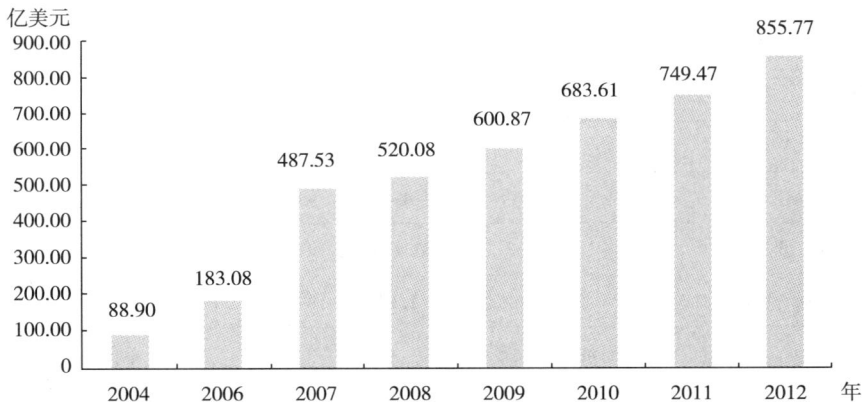

图 3-5　我国 QDII 投资额度

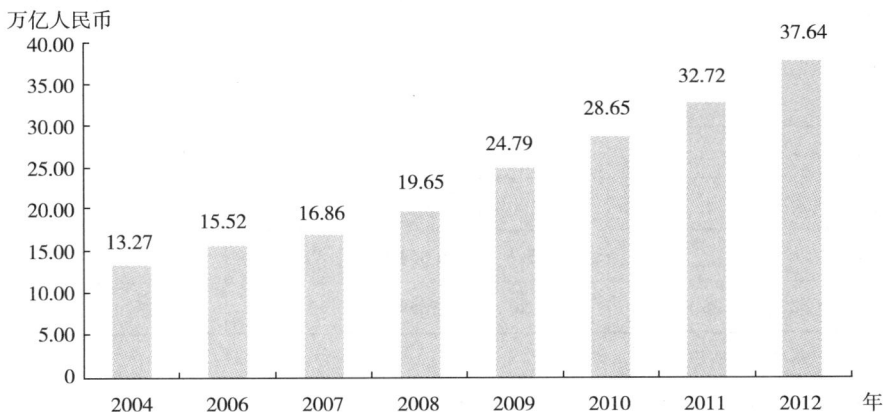

图 3-6　我国金融机构储蓄存款余额

4. 鼓励金融机构帮助实体企业获取资源。从日本的案例可以看到，日本金融机构在国际化的过程中积极帮助实体企业获取自然资源。随着我国经济的增长，资源的约束将越来越紧，正如表 3-1 截取的国家统计局能源平衡表所示：从综合能源上来说，净进口占消费总量的比重已经由 2000 年的 3.23% 攀升到 2010 年的 14.43%；从石油上来说，净进口占消费总量的比重更是高达 58.64%。我国能源安全不容忽视，能源约束日益趋紧。

表 3-1　　　　　　　　　　　综合能源平衡表　　　　　　　　单位：万吨标准煤

项　　目	1990 年	1995 年	2000 年	2005 年	2010 年
可供消费的能源总量	96 138	129 535	142 605	232 225	339 687
一次能源生产量	103 922	129 034	135 048	216 219	296 916
回收能		2 312	1 760	2 939	5 143
进口量	1 310	5456	14 334	26 952	55 736
出口量（-）	5 875	6776	9 633	11 448	8 846
年初年末库存差额	-3 219	-491	1 097	-2 436	-9 262
能源消费总量	98 703	131 176	14 5531	235 997	324 939
净进口占总消费量（%）	-4.62	-1.01	3.23	6.57	14.43

石油平衡表　　　　　　　　　　　　　　　　　　　　单位：万吨

项　　目	1990 年	1995 年	2000 年	2005 年	2010 年
可供量	11 435	16 072.7	22 632	32 539	44 178
生产量	13 830.6	15 005	16 300	18 135	20 301
进口量	755.6	3 673.2	9 748	17 163	29 437
出口量（-）	3 110.4	2 454.5	2 172	2 888.08	4 079
年初年末库存差额	-40.8	-151	-1 245	128.76085	-1 481
消费量	11 485.6	16 064.9	22 496	32 538	43 245
净进口占总消费量（%）	-20.50	7.59	33.68	43.87	58.64

资料来源：Wind 资讯。

　　因此金融机构应在国际化过程中积极地帮助企业在全球范围获取自然资源，以保持我国经济所需的资源供给的长期稳定。

5. 鼓励国内股权投资基金"走出去"为海外企业打造海外并购平台。股权投资基金能在企业海外并购的过程中通过参股的方式起到与银行贷款相互补充的作用。由于其参与股权的特性，股权投资基金能够优化交易结构和降低收购成本，从而在海外产业整合中起到效率催化剂的作用。中国企业之所以选择和私募股权基金配合一同出海处理并购事务与私募股权基金的对此行业的专业性密切分不开的。这些业界专业性主要体现在敏锐的眼光、广阔的人脉、实战的经验以及雄厚的资本，这些是实体企业所不具备的。因此，我国的实体企业，应该在金融机构的支持下，同时要与我国的私募股权基金建立良好的合作关系，以促进我国实体企业的"走出去"战略。

总而言之，我国金融机构"走出去"应该是银行、证券、保险和股权投资基金全方位立体化的"走出去"，各自发挥自身的优势，服务不同的主体，提供不同的服务内容，为我国海外企业、公民、国内公民提供完整互补的金融服务，并提升我国海外经济的整体实力和话语权。

三、金融机构"走出去"的现状分析

（一）我国金融机构"走出去"的现状与格局

1. 银行业

从金融机构"走出去"的数据来看，五大国有商业银行近年来大规模拓展海外市场，是银行业"走出去"的主力部队。截至 2012 年底，五大国有商业银行的分支机构覆盖全球五大洲，海外机构总数达到 1 035 家，海外机构员工人数为 37 743 人，境外总资产为 51 200 亿元，海外营业收入达到 1 036 亿元。五大国有商业银行之中，中国银行的国际化遥遥领先，分支机构数目达到 613 个，占到五大国有商业银行海外机构总数的 60%；境外资产占五大国有商业银行境外总资产比例为 22.90%，境外营业收入占五大国有商业银行境外总收入比例为 17.34%，为中国同业内最高值，但境外营业收入占总收入比例与欧美同业成熟水平约 35% 相比，差距甚远。工商银行的"走出去"进程起步较中国银行晚，但通过大举并购扩张规模，目前已在 39 个国家设立了 383 家分支机构，覆盖范围更广，但海外资产规模与盈利情况远逊于中国银行。交通银行"走出去"时，并未追随中国银行和工商银行大力扩张规模、面面俱到的步伐，而是采取了"内外联动、主打人民币国际结算业务"的策略，在国际化的过程中可谓独树一帜。建设银行和农业银行国际化规模较小，有待发展。同时，随着中国银行业务重心更加偏向内地以及工商银行和交通银行正在大步"走出去"，可以预见另外四大银行与中国银行在国际化进程中的差距将会逐步缩小（见表 3-2、图 3-7）。

表 3-2　　　　　五大国有商业银行 2012/2011 年境外经营情况表

机构	覆盖国家数（个）	境外分支机构数（个）	境外员工人数（人）	境外资产（亿元）	境外营业收入（亿元）
中国银行	36 / 32	613 / –	22 117 / 2 1121	29 302 / 25 745	635 / 598
工商银行	39 / 33	383 / 239	12 912 / 5 135	10 228 / 7 858	231 / 166
交通银行	11 / 11	12 / 12	1 784 / 1 669	4 047 / 3 319	61 / 61
建设银行	13 / 13	15 / 14	468 / 432	5 186 / 4 432	65 / 33
农业银行	12 / 8	12 / 10	462 / 334	2 438 / 1 237	44 / 20

资料来源：各行官方网站及 2011 年、2012 年年报。

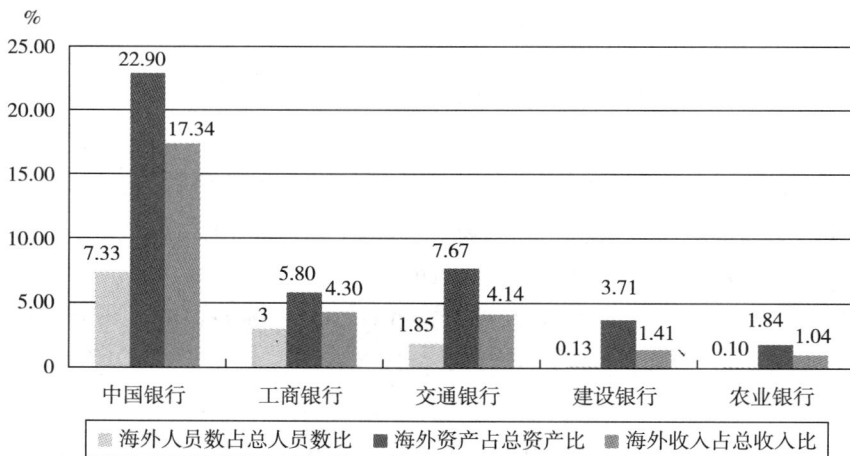

资料来源：2012 年各行年报。

图 3-7　五大国有商业银行 2012 年境外经营占比情况

在地域分布上，五大国有商业银行 1 035 家海外分支机构中，有 687 家设在港澳台地区，占比 66.38%。据中国银行年报所示，截至 2012 年底，中国银行 613 家海外分支机构中，有 509 家设在港澳台地区，占总数的 83%，十分集中；工商银行稍有分散，383 家分支机构中有 169 家设在港澳台地区，127 家设在美洲，剩余的 87 家分布在其他各地。总体来说，五大国有商业银行"走出去"的落脚处主要集中在港澳台地区，其他地区的业务增长速度相对缓慢，难以融入当地主流市场，边缘化现象明显①。在人民币国际化的背景下，各银行"走出去"的战略重点有以下特征。

中国银行发挥自身在国际结算和贸易融资以及外汇交易业务优势：为五大洲超过 80 个国家和地区的代理行和联行开立近 900 个人民币同业往来账户，跨境人民币结算量和人民币清算账户开户数稳居市场第一；人民币债券承销与投资快速发展，利用香港业务平台参与承销香港市场发行的人民币债券金额 336 亿元。

工商银行分支机构分散世界各地，其众多分行成为人民币国际化得以实施的桥头堡和根据地；同时工商银行依托自己的整体优势，积极以"工程 + 金融"、境外并购融资等业务服务中资企业"走出去"。2012 年末，累计支持中资企业"走出去"项目 70 个，融资金额 152 亿美元，协助 52 家中资企业走向全球五大洲的 38 个国家。

建设银行稳扎稳打，在贸易融资产品方面有所创新，在同业中率先推出大宗商品融资套期保值、跨境人民币信用证换币转通知等独创性产品，为众多"走出去"中资企业提供了便捷高效的综合金融服务解决方案；同时在台湾地区和私募股权投资机构领域领先国内同业，托管能力得到国内外专业认可。

交通银行加快创新转型，强化离岸、在岸联动，离岸资产规模和离岸贷款余额继续保持市场占比第一；率先在香港设立托管中心，截至 2012 年末境外资产托管规模达到 695 亿元人民币；首开中资金融机构人民币资本跨境输出先河，以人民币向法兰克福分行增拨营运资金；同时加强电子化建设，自主研发跨境人民币业务处理系统和跨境人民币信息报送平台，对接支撑上海人民币全球清算中心建设，直联人民银行人民币跨境收付信息管理系统（RCPMIS）。

在国家政策的支持下，股份制银行也纷纷试水海外。全国 11 家股份制银行几乎都制定了国际化战略并开展国际化业务，除华夏、恒丰、渤海和浙商银行外，其余的 7 家银行都至少在香港设立了代表处。整体来看，股份制银行分三个梯队"走出去"：第一梯队是招商银行。截至 2012 年，招商银行收购了香港永隆银行，设立了香港分行、纽约分行和伦敦、台北代表处，在国际金融

---

① 资料来源：五大行 2011 年、2012 年年报及同花顺金融服务网。

中心几乎都设立了分支机构，同时新加坡分行的筹备工作正式启动。由境外机构（永隆银行及境外分行）、离岸金融与境内分行共同构建的"三位一体"跨境金融平台，正在形成招商银行新的增长点：2012 年，境外资产占总资产比例为 2%，境外利润占比为 1%，较上年有所提升。第二梯队是中信银行、平安银行和光大银行。这一梯队的特点是银行依托集团的平台"走出去"：中信银行借助中信集团金融综合经营平台的特有优势，成功引入西班牙 BBVA 银行为战略投资者，并收购了中信国金，后者的全资子公司中信银行（国际）在中国香港、中国澳门、新加坡、纽约、洛杉矶开曼群岛等地均设海外分行。2012 年，中信银行海外收入占比达到了 3.48%。中国平安保险（集团）股份有限公司分别在香港联合交易所主板及上海证券交易所两地上市。作为该集团旗下唯一的一家银行，平安银行依托这个综合性的金融集团，在香港设有代表处，并与境内外众多国家和地区逾 2 000 家银行建立了代理行关系。光大银行是光大集团下属银行，这个集金融与实业为一身的国有骨干集团为光大银行提供强大的后盾支持；同时其下属的两家香港公司也为光大银行进军香港铺平道路。2013 年，光大银行香港代表处升格为香港分行。浦发、广发和民生银行位于第三梯队。浦发和广发已分别在香港和澳门建立分行，目前运作良好，跨境协同效应初步体现。民生银行设有香港代表处，发展成熟之时有待升格为分行①。

2. 证券业

随着我国资本市场逐步放开，中资证券机构也在积极"走出去"。在这一进程中，香港发挥着"桥头堡"的重要作用，成为各券商、基金公司以及期货公司国际化的首要落脚地。中资证券机构"走出去"可分为三个层次——引入战略投资者参股公司，通过新设或收购方式建立香港子公司，最高层次是收购境外证券机构。据证监会最新统计数据，截至 2013 年 4 月底，市场上有 13 家中外合资证券公司，44 家合资基金公司和 3 家合资期货公司。据 2011 年证监会年报统计，20 家证券公司和 6 家期货公司在香港设立子公司，15 家基金管理公司在香港设立全资或合资子公司；2012 年，海通、兴业、齐鲁、方正等证券公司纷纷进军香港。两家证券公司在并购方面卓有成效：2010 年 1 月，海通证券成功并购香港大福证券。目前国际化战略效果初现，该公司的经营收入结构发生变化；2012 年 7 月，中信证券将里昂证券揽入怀中，成为第

① 资料来源：银监会网站，股份制商业银行官方网站及年报。

一家实现走向国际化的券商。

在国际化业务方面，人民币国际化的进程和资本市场逐步放开，为我国证券机构业务"走出去"带来良机。截至 2013 年 2 月 28 日，具有 QDII 资格的金融机构总数达到 110 家，包括 28 家银行、46 家证券类公司、28 家保险公司和 8 家信托公司，获批额度分别为 105.6 亿美元、457 亿美元、239.67 美元和 49 亿美元。在 QDII 产品领域，银行和基金公司遥遥领先。券商 QDII 是以集合资产管理计划的方式进行，信托 QDII 起步晚，后面两种 QDII 产品较少。据统计，截至 2012 年 12 月 31 日，我国市场上共有公募 QDII 基金产品 75 只，净资产达 681.13 亿元，占公募基金总净资产比为 2.53%。我国 QDII 产品的资产组合结构分布不均，85.65% 的资金投向了股票，以债券和商品为投资标的的产品份额寥寥无几。细分股票投资区域，41.87% 的 QDII 投向了环球股票，近 40% 的 QDII 集中在大中华及亚太地区，新兴市场股票、行业股票和美国股票相加一起份额不足 20% [1]。

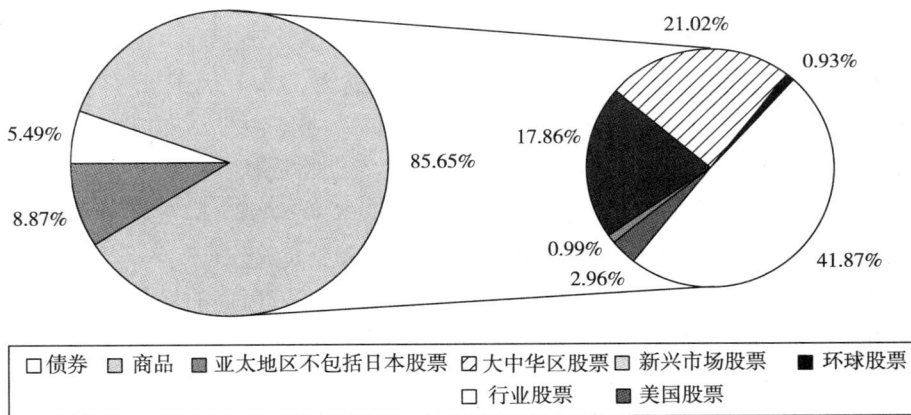

资料来源：晨星网。

图 3-8 QDII 基金资产组合结构

3. 保险业

相比其他金融机构，我国保险业"走出去"进程较为缓慢。据统计，2011 年金融类对外直接投资流量中，保险业仅占比 1.7%。国内保险公司"走出去"方式主要是立足港澳、面向世界，开展海外业务。目前我国有六家保

---

[1] 资料来源：国家外汇管理局网站、晨星网等。

险公司在香港上市：中国人寿、中国平安、中国太保、新华保险、中国人民保险公司旗下中国人民财产保险以及中国太平保险险集团旗下中国太平保险控股有限公司。其中，中国人寿已在纽约上市，并在港澳地区有着近 30 年的经营历史；中国平安在世界 150 个国家和地区的近 400 个城市设立了查勘代理网点，引入南非最大的健康保险公司 Discovery 为战略投资者；中国太保在美国投资设有中国太平洋（美国）服务公司，在香港投资设有中国太平洋保险（香港）有限公司，在伦敦和纽约设有代表处，1998 年与荷兰国际集团合资设有太平洋安泰人寿保险有限公司①。在国家对金融机构"走出去"的战略支持下，竞争激烈的国内保险业必将大力进军海外市场②。

（二）我国金融机构"走出去"存在的问题

1. 金融机构"走出去"的规模及分布

我国改革开放以来，对外投资方向由"引进来"转向"走出去"。近年来，国内企业在"走出去"的战略指导下纷纷拓展海外业务。据商务部最新统计，2012 年，我国境内投资者共对全球 141 个国家和地区的 4 425 家境外企业进行了直接投资，累计实现非金融类直接投资 772.2 亿美元，同比增长28.6%。与此同时，国内金融机构伴随企业同步"走出去"，支持实体经济在全球的发展。中资企业对银行服务需求非常广泛，除贷款、结算外，还包括投行、并购、资本运作、资产保值、现金管理等，需要金融机构在这方面提供更多服务。然而，目前金融服务"走出去"的速度远远落后于企业"走出去"的速度，出现了一定层面的服务断供。根据国家外汇管理局的数据显示，2012年中国境内金融机构对境外直接投资流出 79.69 亿美元，流入 8.20 亿美元，净流出 71.49 亿美元，在规模上与非金融类对外投资差距较大。同时，见图3-10 所示，自 2006 年以来，我国非金融类对外投资增速始终高于金融类对外投资增速，二者的存量差逐步扩大。

---

① 2010 年 12 月 27 日，建设银行牵头的联合投标团被上海联合产权交易所确定为中标投资团，成功受让太保集团挂牌出让的太平洋安泰 50% 股权。同日，建设银行及共同投资者与太保集团签署了产权交易协议，该行购买太平洋安泰 1% 股权。经中国保险监督管理委员会批准，两项交易分别于 2011年 6 月 24 日、6 月 29 日完成交割手续。2011 年 7 月 6 日，上海工商行政管理局正式核准太平洋安泰人寿保险有限公司企业法人营业执照变更事项，自该日起，太平洋安泰人寿保险有限公司正式更名为建信人寿保险有限公司。

② 资料来源：2011 年度《中国对外直接投资统计公报》，保监会网站及六家上市保险公司官方网站。

资料来源：世界银行，世界发展指标数据库。

图 3 - 9　中国人均 GDP、外商直接投资／GDP 和对外直接投资／GDP 变化情况

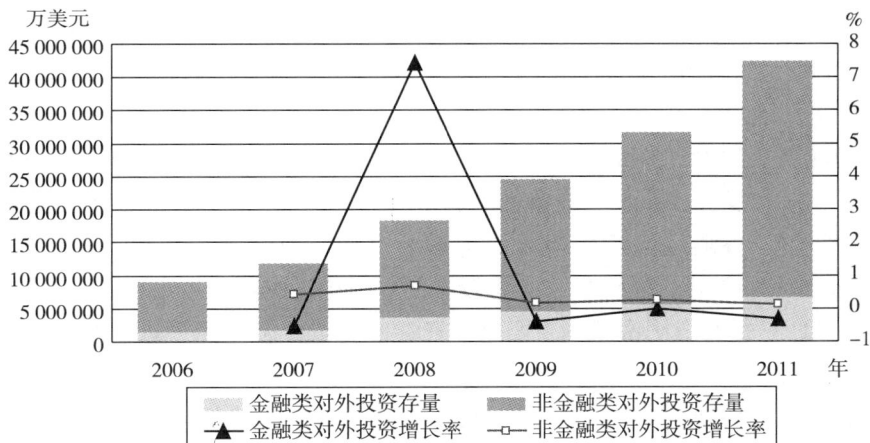

资料来源：2011 年度《中国对外直接投资统计公报》。

图 3 - 10　金融业与非金融业对外投资存量分布及年增长率

　　不仅如此，我国金融机构"走出去"的区域分布较为集中，海外业务覆盖范围较小。以国际化较为成熟的商业银行为例，五大国有商业银行中，海外业务覆盖国家工行 39 个，中行 36 个，其他三家银行 10 个左右，远远无法与实体经济海外业务所覆盖的 141 个国家（地区）相比。而且，考虑到风险管理和盈利问题，金融机构的海外分支主要开设在亚太区，尤其集中于港澳台地区。国内金融机构扎堆在同一区域，造成了部分国家和地区的海外业务竞争过剩，而其他地区金融服务无人问津的两极分化局面，进一步加重了海外金融服务断供于实体经济的严峻形势。

2. 金融机构"走出去"的业务探索及问题

不仅在规模方面存在问题，"走出去"的金融机构在经营方面也面临诸多问题，其中主要问题是业务单一、服务能力弱，创新不足，国际化程度有限，其结果导致利润偏低。

（1）业务单一且服务能力弱。金融机构海外业务利润贡献率不高，除了受制于规模效应之外，与自身的业务结构也有关系。对银行来说，国内银行盈利模式偏于固化和单一，多是依靠垄断地位和国企客户，海外业务净利差低于国内业务和国外同业，两者效应相加减弱了中资银行海外拓展业务的动力；同时国内银行的海外融资能力较弱，整体资金自我平衡能力不足，产品较为单一，金融服务能力较弱，业务拓展面临较大困难。到目前为止，其服务对象主要为华人华侨和跨国经营的中国企业。因此，尽管近年来中资银行的海外分支网点大幅增加，但由于没有融入当地市场，无法实施"本土化"经营策略，海外业务拓展有限。

为数众多的中资券商香港子公司主要是开展经纪业务，资产管理业务和投行业务相对较少，在香港券商市场上属于第二梯队。据香港联交所参与者市场占有率报告，香港经纪业务市场处于垄断格局。2012 年，前 14 大券商占据 57.72% 的市场份额，其中仅一家中资券商——中银国际。第二梯队的 41 家券商占据 31.83% 的市场份额，主要由中资券商构成。根据彭博数据统计，中资券商的投行业务在香港市场上处于第二梯队的位置，其中"银行系"券商的经营业绩和市场地位略高于"券商系"券商。处于第一梯队堪比国外投行的两家券商是中银国际和中金公司，市场份额分别为 1.64% 和 1.12%，与市场前两大巨头摩根士丹利（13.25%）和荷兰银行（12.20%）相比尚有较大差距。在港中资券商很少参与香港债券发行市场，在这一市场上基本处于空白状态。不仅如此，中资券商的业务开展同样主要面对具有中国内地背景的客户，少数为香港本地客户，海外客户寥寥无几，这使得业务受限很大，没有真正实现国际化发展。

中国的基金分为两部分：一部分以股票投资基金为主，另一部分便是国际上通常称做 PE 的私募股权基金。基金投资近年来在我国资本市场越来越活跃。我国的股票类投资基金主要以"QDII"的形式"走出去",目前 QDII 的投资结构很不平衡。在投资产品结构上,QDII 的主投方向是股票,占总资金的 86.65%;8.87% 投向了债券市场,5.49% 投向商品市场。在股票区域配置上,QDII 前五大投资地为中国香港、美国、韩国、印度和中国台湾,占所有股票投资的 90%,其中仅港股投资就占股票资产的 61%。据统计,我国目前以"全球化"为投资主体的 QDII 基金产品,仍将大比例的资产投资在中国香港和美国市场,投资标的也多为中国概念股。这种集中投资并不能很好地实现风险分散,全球化配置效果并不显著(见表 3 - 3)。

表 3 - 3　　　　　　部分全球 QDII 国家或地区配置情况表

	区域个数	美国(%)	中国香港(%)	其余国家或区域(%)	重仓中概股数
华夏全球精选	14	25.60	33.88	20.47	9
工银瑞信全球配置	11	33.26	44.80	15.39	10
交银环球精选	12	30.38	40.29	24.57	9
工银瑞信全球精选	13	63.91	2.27	28.69	0
长盛环球景气行业	4	51.24	17.18	2.12	4
建信全球机遇	12	28.00	35.65	23.21	10

资料来源:和讯基金数据。

私募股权基金在整个私募基金中的份额较低,其在金融机构"走出去"中的作用虽然日益受到人们的重视,但是私募股权基金要想在我国金融机构"走出去"中大展拳脚,仍有颇多的缺陷需要弥补:

第一,数量多,规模小,缺乏国际知名度。目前我国国内 PE 数量众多,根据福布斯机构的排行榜,2012 年我国最佳 PE 投资机构的前十名为:鼎晖投资、中科招商、新天域资本、中信产业投资基金、昆吾九鼎、复星资本、建银国际、金石投资、弘毅资本、国信弘盛。如表 3 - 4 所示,这些知名的中国 PE 机构平均资产规模为 234 亿元人民币,最大的中科招商和弘毅资本的资产规模分别为 500 亿元人民币和 450 亿元人民币。2011 年世界第十大 PE 为 Hellman 和 Friedman,其资产规模为 172 亿美元,全球前十名 PE 的平均资产规模为 339 亿美元。与这一数据相比,我国 PE 的规模确实相形见绌。

在群雄逐鹿的国际资本市场，我国股权投资基金既无名声优势，更无规模优势，其竞争能力势必很弱。资产规模小在很大程度上限制了我国金融机构扬名国际资本市场。

表 3 - 4　　　　　　　　　　国内外 PE 规模对比

中资机构	资产规模	外资机构名	资产规模
鼎晖投资	121 亿元人民币 + 35.03 亿美元	TPG Capital	505.5 亿美元
中科招商	500 亿元人民币	Goldman Sachs Capital Partners	472.2 亿美元
新天域资本	200 亿元人民币	The Carlyle Group	405.4 亿美元
中信产业投资基金	300 亿元人民币	Kohlberg Kravis Roberts	402.1 亿美元
昆吾九鼎	250 亿元人民币	The Blackstone Group	364.2 亿美元
建银国际	300 亿元人民币	Apollo Management	338.1 亿美元
复星资本	121.9 亿元人民币 + 7 亿美元	Bain Capital	294 亿美元
金石投资	77.5 亿元人民币	CVC Capital Partners	150.7 亿美元
弘毅投资	450 亿元人民币	First Reserve Corporation	190.6 亿美元
国信弘盛	20 亿元人民币	Hellman & Friedman	172 亿美元

资料来源：福布斯中文官网。

第二，我国股权投资机构大多处于"走出去"的准备阶段，很少真正地"走出去"。前几年我国的 PE 主要关注国内企业 Pre - IPO 和国企改制，现在由于国企改制已基本完成和股市不景气，国内市场已经不再随处都是投资机会。同时，越来越多的 PE 开始关注由于以中国为代表的新兴国家迅速崛起而引起的全球产业布局重组及"中国企业国际化"、"国际企业中国化"带来的全球企业并购和重组商机。国内的 PE，如弘毅资本、中信资本、鼎晖投资和厚朴投资等，开始布局海外，屡屡出手海外项目。但是这些机构仍处于国际化的起步阶段，"走出去"主要有两种方式（见表 3 - 5）：①引进海外著名投行或基金作为战略合作伙伴，以投资国内市场和香港市场为手段，帮助其组建专业投资团队，磨炼投资技术，代表基金有鼎晖投资和厚朴投资等。②组建海外投资团队，开始在海外市场进行资本运作，代表基金有弘毅资本和中信资本。这两种模式都处在资本运作初级阶段，目前还难以与 TPG、高盛、凯雷、黑石等国际著名 PE 同日而语。

表 3 - 5　　　　　　　　　　国内基金股东构成及海内外投资项目

基金名称	出资机构	国内项目	国外项目（含港澳台）
弘毅资本	联想集团	中国玻璃控股有限公司、中联中科股份有限公司、巨石集团有限公司、石家庄制药集团有限公司、神州数码控股有限公司、联想移动控股有限公司、重庆商社新百货有限公司、江苏发行集团、耀华及北方玻璃集团、快乐购物有限公司、中复连众、中银国际证券有限公司、新华人寿等	CIFA、AGORA Hospitality、柏盛国际
中信资本	中国投资有限责任公司、中信国际金融控股公司、中信泰富有限公司、卡塔尔控股公司	哈尔滨制药集团、吉林粮食集团有限公司、中国投资担保有限公司、南京奥特佳冷机有限公司和南京办众汽车空调集团有限公司、辽宁抚挖重工机械股份有限公司、冠生园（集团）有限公司、天津市桂发祥十八街麻花总店有限公司、中国环球租赁有限公司等	日本：Polymatech、特耐王株式会社、Higasgiyama、鸣海制陶株式会社、伸和精工株式会社　其他国家：CoActive Technclogies、美国 PFS、Henniges Automotive、美国华瑞集团、伯格科学有限公司、Elgin Equipment Group、科顺集团、艾美达公司、Pokka Corporation、Shiwa International、MV Industries、Lincoln Industrial
厚朴基金	高盛集团、新加坡淡马锡控股公司		中国工商银行（H股）、中国建设银行（H股）、蒙牛集团（H股）等
鼎晖投资	中国国际金融有限公司（CICC）原直投管理团队、新加坡政府投资公司（GIC）、苏黎世投资集团（CaplItaZ）、中国经济技术担保公司	蒙牛乳业、李宁体育用品、双汇食品、百丽女鞋、分众传媒、LDK 太阳能、九阳小家电等	

资料来源：各基金公司官网。

　　第三，我国的 PE 在协助企业进行跨国并购和整合产业方面的贡献有限。①诺贝尔经济学奖获得者斯蒂格勒曾指出，没有一个美国大公司不是通过某种程度、某种方式的兼并而成长起来的，几乎没有一家大公司主要靠内部扩张成长起来的。兼并与收购是企业谋求自身发展和行业领导力的重要策略，中国公司要想成长为世界级企业航母也不例外。2012 年，中国企业海外投资增长 14%，达 772 亿美元，其中并购投资占 49%，达 378 亿美元。预计到 2016 年，中国企业海外并购额将达 6 000 亿美元①。虽然在一些大型跨国并购中 PE 发挥了作用，但是目前出现 PE 的身影还非常少，即使参与了跨国并购，也非主要角色。目前为止，我国 PE 曾参与的大型跨国并购有：2012 年，三一重工携手中信产业基金收购了全球混凝土机械巨头德国普茨迈斯特；2008 年，中联重科联合弘毅资本、高盛、曼达林基金收购意大利工程机械制造商 CIFA 全部股份；2011 年 5 月，弘毅资本支持武汉钢铁集团在马达加斯加投资大型铁矿项目。而更多的是，国内 PE 自身在海外进行投资或收购。如 2012 年弘毅资本成立跨境收购项目团队，成功投资了日本东海观光株式会社、美国博盛集团等海外企业。现阶段，基金与实体企业携手进行海外并购应是大势所趋。两者的分离，一方面是造成中铝集团未能收购力拓集团、华为入主美国 IT 业受挫等失败案例的部分原因；另一方面，导致了我国 PE 海外投资规模有限，在国际资本市场默默无闻，真可谓两败俱伤。②产业整合也是国际大型 PE 的拿手好戏。19 世纪后期，大量资本涌入铁路建设领域，其中老摩根脱颖而出，完成了对铁路产业的整合。1910 年摩根公司控制了美国铁路系统中的 4 个；19 世纪 90 年代，老摩根再次着手对美国钢铁业开始整合，最终于 1901 年成立美国钢铁公司控制了全美五分之三的钢铁产量。到 1912 年，摩根财团控制的大公司包括 13 家金融机构、14 家工矿企业、19 家铁路公司和 7 家公用事业，共计 53 家，总资产达 127 亿美元。目前，我国的 PE 在国内市场的投资中主要以分散风险的原则进行组合投资，把资金分布在众多相关性较弱行业，以企业上市为主要退出方式，缺乏对产业链的整合。这一资本运作方式较为简单，对实体企业发展壮大的贡献有限，同时也限制了基金自身扩大资产规模、深入资本运作、积累经验和锻造品牌。

第四，股权投资基金受到更加严格的政策监管。股权投资基金"走出去"的方式与商业银行和证券公司稍有不同，现阶段后者主要以在海外建立分支机构的方式"走出去"，其可以利用海外分支机构筹措的资金支撑当地的业务。

① 资料来源：《欧亚联合资本集团：中国企业海外并购活动增加》，http://intl.ce.cn/sjjj/qy/201304/17/t20130417_24300530.shtml。

股权投资基金则不同。目前，国内 PE 大多依靠国内筹集资金"走出去"，这一过程中势必涉及更加频繁的资金跨境流动，而我国现阶段资本账户还没有完全开放，资本的跨境流通必须由相关部门审批。因此，股权投资基金在"走出去"时将会遇到更加繁琐的审批流程。比如有国家资金参与的基金"走出去"时，将受到发展改革委、商务部、外汇管理局、中国人民银行同时监管。监管主要分为四个程序：投钱时报备、购买时估值、购买后管理、退出时再估值，同时资金的跨境调动还必须得到相关部门的批准，整个审批流程最长可达11 个月。繁琐的审批制度大大降低了基金"走出去"的效率和活力。

（2）利润尚微。至目前为止，各金融机构的海外业务收益总体较低。2012 年"走出去"的五大国有商业银行中，平均海外人员占比、海外资产占比、海外收入占比仅为 2.48%、8.39%、5.65%。国际化程度最高的中国银行的海外收入贡献率也仅为 17.34%，而欧美同业的平均水平为 35% 以上，与之相差甚远。股份制银行受制于自身规模，其"走出去"的动因是拓展国际业务并提升品牌影响力，但目前基本上处于海外布局的基础阶段，协同效应尚未发挥，短期来看并不能提升银行利润。券商机构"走出去"主要集中在香港地区，与国际投行、当地券商一起三分香港市场，但在经营业绩方面只能排在第二梯队。截至 2011 年底，20 家内地证券公司的香港业务实现盈利的仅有国泰君安国际、海通国际、申银万国（香港）、招商（香港）等几家较早进入者。近几年来新进的中资券商大部分都出现亏损，有些是持续两三年的亏损，有的则是过去几年的盈利记录被打断，转为亏损。2012 年，在香港上市的内地券商中，有 10 家券商在做境外业务。除了广发证券 2012 年上半年境外业务的业绩有所增加，其他多家上市券商业绩出现不同程度的下滑。究其原因，正如香港中资证券业协会会长阎峰所说："无论是在全球客户基础、市场规模，还是承销能力、国际化程度、产品多样化方面，（中资券商）都远比不上外资投行①"。同时，我国内地 15 家基金公司和 6 家期货公司的香港分公司，也因设立时间不长，业务开展还处于起步阶段，基本还没有进入盈利周期。主攻投行业务的 9 家银行系券商，2012 年的盈利普遍减少，部分新进的出现亏损。

（三）制约我国金融机构"走出去"的因素分析

1. 人民币国际化和资本市场国际化程度较低。人民币国际化、资本市场

---

① 资料来源：和讯网。

国际化和金融机构国际化是中国金融体系国际化的三个方面，三者虽然不能完全等同，但彼此之间联系密切。

首先，人民币国际化有助于加快中国金融机构"走出去"的步伐。人民币国际化后，中资银行和其他非银行金融机构将有可能在人民币代理清算、人民币跨境金融市场、人民币海外融资等领域确立全球领先优势。中资金融企业的境外分支机构可以借助跨境人民币拥有外资金融机构所不具备的独特竞争优势。通过与人民币国际化进程的紧密结合，中资金融机构有望实现国际化经营的跨越式发展。目前人民币区域化进程明显加快：2009 年 7 月，人民币跨境贸易结算正式启动；2011 年，跨境贸易结算人民币试点范围扩大到全国，业务范围涵盖货物贸易、服务贸易和其他经常项目。中国人民银行和市场公开数据显示，2012 年全球各地人民币结算额达到 2.94 万亿元，同比增长 41.4%；从 2008 年开始到 2013 年 3 月底，中国已与 19 个国家或地区签署了总计 2 万亿元人民币的双边货币互换协议；2011 年，点心债券的发行总额达到人民币 1080 亿元，金额是 2010 年的 3 倍。2012 年，点心债券的发行总额为 1 200 亿元，比 2011 年增加了 120 亿元。但是人民币离全面国际化仍有很大一段距离：其一，人民币结算额在我国进出口总额中的比重只占约占 8.27%，还不足以形成规模效应[1]。其二，全球范围内的离岸人民币业务过于集中，人民币离岸中心数量太少。以人民币结算总额计，香港是最主要的桥头堡，2012 年通过香港进行人民币结算的贸易总额达 2.6 万亿元，占 2011 年人民币结算总额的九成以上[2]。此外，只有伦敦和新加坡在离岸人民币业务枢纽建设中较为积极[3]。其三，人民币资本项目并未完全开放。因此，人民币目前的国际化程度还不足以对我国的银行和其他金融机构产生明显的倒逼动力，更不能确立中国金融机构在人民币代理清算和融资等业务上的优势。

其次，中国资本市场国际化程度不足，阻碍着金融机构"走出去"。金融市场国际化和金融机构"走出去"关系密切。中国金融市场对外开放以后，中资金融机构可以为参与我国金融市场运作的境外投资者提供服务，拓宽了中资金融机构对外服务的空间。金融市场国际化最主要的作用就是促进国内金融市场与国际金融市场连成一体，使国内金融市场成为国际金融市场的组成部

---

[1] 该指标根据中国人民银行和中国统计局相关数据计算所得。

[2] 资料来源：《2012 年香港银行人民币贸易结算逾 2.6 万亿》，http：//finance.sina.com.cn/money/bank/ywycp/20130227/115914663040.shtml。

[3] 资料来源：毕马威：《2012 年中国银行业调查报告》。

分，从而一国既可以吸收利用国外资金，又可以使国内资金在更广的范围内寻求最优配置，享受其他国家经济发展的成果。

金融市场国际化一个很重要的指标就是国内金融市场和国外金融市场之间能够自由流动的资金规模以及资金自由流动的程度。目前，中国企业获取境外资金的主要途径有通过国际债券市场融资、在海外市场直接或者间接上市等，中国机构投资者或个人投资者在海外投资主要通过 QDII 的形式进行，境外机构或个人在中国证券市场投资主要通过 QFII 等方式进行。目前，我国还不允许国外、境外独资企业在中国证券市场上市。资本市场的开放虽然关系重大，上述制度设计客观上限制了国内和国外资金在彼此市场上的自由流通和配置，阻碍了中国资本市场的国际化进程，也限制了中国金融机构"走出去"的发挥空间。

2. 外汇管理制度对金融机构"走出去"的制约

1949 年 10 月后，包括改革开放以来，我国实行了较为严格的外汇管理制度。1994 年开始，我国开始实行强制性结售汇制度，除国家规定的外汇账户可以保留外，企业和个人必须将多余的外汇卖给外汇指定银行，外汇指定银行必须将高于国家外汇管理局头寸的外汇在银行间市场卖出。这一政策的出台有利于国家集中外汇储备。截至 2008 年 7 月底，我国外汇储备资产规模达到 18 451 亿美元。2008 年 8 月，我国取消了经常项目下的强制结售汇制度。但是受人民币升值预期的影响，企业出口换汇后，迅速将其兑换为人民币，外汇储备仍然表现为官方储备，由外汇管理局和中国投资公司等国家机构进行集中管理和运用。另外，中国目前的外汇管理制度对金融机构发展海外业务规定较多，导致我国目前海外资产结构单一[①]。截至 2012 年末，我国对外资产余额达 5.2 万亿美元。我国对外投资以储备资产为主，且最主要是外汇储备。2012 年末，储备资产达 3.4 万亿美元，占总资产的 65%；对外直接投资 5 028 亿美元，占 9.7%；对外证券投资资产 2 406 亿美元，占 4.6%；其他对外资产以贸易信贷、贷款、货币和存款为主，占 20%[②]。据国际货币基金组织统计，我国对外资产排世界第七位，但储备资产位列世界第一，占全球储备资产的三分之一。从对外资产的结构看，我国的储备资产比例远高于发达国家的 1%～3%，而对外直接投资比重远低于发达国家的 20%～30%。这反映出受制于政策约

---

① 资料来源：《中华人民共和国外汇管理条例》，中国外汇管理局，http：//www. safe. gov. cn/。

② 资料来源：中国外汇管理局，http：//www. safe. gov. cn/。

束和市场环境等，我国金融机构在"走出去"中，渠道单一，规模不足。

资本市场监管效率低下，制约金融机构"走出去"。金融监管是克服市场无效的必要手段，但是过于复杂的监管和审批制度将降低金融机构运行效率。目前我国金融市场实行多头监管的政策制度，一家金融机构可能受到多个政府部门的监管和层层审批。例如，我国债券发行的监管机构涉及七个部委：财政部、人民银行、发展改革委、证监会、银监会、保监会、商务部，被业界称为"七龙治水"。目前，中国"走出去"的金融机构主要为有国家或地方入股的商业银行和基金，这些机构的日常经营受到财政部、人民银行、发展改革委、国资委、证监会等多个部门的监管，每一个重大决策都必须由这些监管部门层层审批。中国当前金融监管市场分割、监管效率低下与金融市场投资机会转瞬即逝的特性形成严重冲突，直接削弱了金融机构在"走出去"过程中决策的及时性和有效性。金融监管制度亟待改革：一方面，各监管部门之间应该加强沟通和协调，减少重复监管，促进监管结构的扁平化；另一方面，监管手段、方式、方法也需要进一步创新，努力协调好事前监管与事后监管、事中监督，金融监管与金融机构经营决策效率之间的关系。

政府在金融机构"走出去"过程中未及时给予一定的政策优惠和支持。改革开放初期，为了在落后的经济环境下招商引资，我国实行了以"市场换技术"、"以市场换资金"等政策，并给予了外企超国民待遇，这一待遇直到2010年才正式取消。同时，为了鼓励出口，我国实行出口退税政策，给予出口企业税收优惠，促进了我国出口行业的迅速发展。现在，我国面临着从企业"走出去"到资本"走出去"的转型，国家是否应该给予一定程度的支持呢？在欧美等发达国家，为了鼓励私人部门向海外投资，政府普遍实行了海外投资政策性保险制度，即由政府或者其他非营利性组织成立保险公司，对企业海外投资的政策性风险等进行担保。这种制度的建立对企业及金融机构的"走出去"有许多正能量作用：第一，可以减少企业在海外尤其是在欠发达地区投资时的政策风险，鼓励企业进行海外投资。第二，政府可以利用自己的国际影响力和威慑力减少东道国可能导致企业亏损的政策性因素，这一作用任何私人机构都无法代替。第三，政府可以适时修改保险的范围如地区和投资类型等，而达到引导本国资源在海外投资的效果，实现本国的商业利益和政治利益。我国正处在商品出口向资本输出的转型阶段，"走出去"的金融机构面临各方面的风险和压力，政府应该给予较多的支持和引导，否则，我国金融机构"走出去"的效率和质量必将受到严重挑战。

3. 我国金融机构自身发展不足

第一，经营理念落后、投资渠道单一、盈利模式陈旧对金融机构"走出去"的制约。在前面的分析中已经指出：2012 年我国非金融类对外直接投资额达 772 亿美元，比上年增长 28.6%，增幅有所回落。金融类对外直接投资额在 2011 年低点的基础上有较大幅度增长，达 71 亿美元，同比增长 17%①。金融类和非金融类对外直接投资总量之间存在较大差距，在我国企业"走出去"过程中金融服务断供现象严重。另外，通过对 2012 年我国国际投资存量表的分析发现，中国最主要对外投资是储备资产，即以货币黄金、特别提款权和IMF 储备头寸形式存在的资产，该类资产在全部金融资产中的比重为 64%；其次是以银行类和货币类资产为主的其他类投资，该类投资主要包括贸易信贷、贷款、货币和存款，占金融资产总量的 20%。上述两类金融资产占我国整个对外金融资产 80% 以上，这两类资产的收益率恰巧最低，而其他收益率较高的直接投资和证券投资占比则相当有限②。可见金融机构在"走出去"时，以风险较小的货币存贷业务为主，证券投资业务次之，缺乏海外并购、投资咨询等金融服务业务，投资渠道单一。金融机构要想进一步拓展其海外业务，必须与时俱进，重树经营理念，明确自身定位，建立清晰的战略规划和发展路径，大力拓展跨国并购、咨询、担保等中间业务和表外业务，由单一的存贷款机构或证券经营机构向多元化的国际金融集团公司方向迈进。

第二，缺乏专业人才，难以构造和管理复杂金融产品对金融机构"走出去"形成制约。人才是公司的载体，研究团队的素质直接影响金融机构专业水平的高低，从而决定着金融机构开拓新产品和创新的能力。目前，国内金融行业缺乏专业人才的情况较为普遍：一是金融行业内部基金、券商和信托公司之间人才竞争激烈，高管团队变动频繁。从 2013 年 1 月到 4 月初，大约有 15家基金公司高管变更，其中有 4 家基金公司总经理变动，而更多的基金公司增聘副职高管。金融机构之间相互挖人，而专业人才的总量确是捉襟见肘③。二是专业人才的水平不能满足日益复杂的金融业务的需要。中国金融行业从业人员数量虽然逐年增加，但是高水平的设计、营销和管理人员却十分缺乏，高端人才的短缺限制了金融机构向拥有复杂业务的金融集团公司转型。截至 2013

① 资料来源：中国外汇管理局、Wind 资讯。
② 资料来源：中国外汇管理局：《2012 年中国国际投资头寸表》。
③ 资料来源：《基金公司人才短缺加剧 2013 年挖角大戏开启》，http：//fund. eastmoney. com/news/1590，20130304276343758_ 2. html。

年 3 月 28 日，我国信托行业共有 8 家公司取得了 QDII 资格，但是真正拥有 QDII 产品的信托公司很少，一个主要原因就是缺乏相应的金融人才和专业知识的欠缺①。同样，受限于衍生产品研究员和交易员的缺乏，基金公司进军股指期货市场的动力不足，投资者也无法通过专户理财对冲交易。这些都反映出我国金融机构在"走出去"过程中缺乏相应专业人才，而这一"短板"也正在日益成为限制中国金融机构提供差异化服务、发展成为国际金融集团的瓶颈。

4. 国际经济金融环境动荡与变化

全球经济环境不景气，各国货币超发对金融机构"走出去"形成制约。2007 年开始的美国次贷危机演化成的全球金融危机以及随后的欧洲国家主权债务危机对全球经济造成严重冲击，此次危机在为中国金融机构"走出去"带来机遇的同时，又使其面临着严峻挑战和压力。为了摆脱金融危机，实现经济复苏，许多国家采取了宽松的货币政策：一是美国从 2008 年 11 月开始，相继进行了四轮量化宽松的货币政策，向市场投入了大量流动性。二是 2013 年 4 月，日本中央银行于议息会后宣布每月将推出 7 万亿日元的量化宽松的货币政策金额，直至通胀达到 2% 为止。三是从 2008 年到 2012 年底，全球四大央行累计注入 6 万亿美元流动性，并且这一趋势正在蔓延。流动性泛滥的宏观环境使中国金融机构"走出去"面临严重挑战：第一，中国以外汇资产为主的资产储备面临严重的缩水风险，调整海外资产结构刻不容缓。第二，各主权国家超发货币，引起全球流动性过剩，导致全球货币供应量被无限放大，必然使得资产泡沫越积越大，虚拟经济严重脱离实体经济，全球金融体系脆弱，新的危机一触即发。第三，货币超发，流动性泛滥，必将引起各国通货膨胀率的上升，对金融机构"走出去"过程中的风险管理能力、投资业绩等提出了更高要求。这些反映出世界经济环境不景气以及主权国家货币超发对我国金融机构"走出去"构成了严重挑战。

后危机时代，国际金融监管环境变化对我国金融机构"走出去"的也产生了制约。2007 年开始的金融危机暴露出了各国监管的严重缺失和低效，同时也引起了人们对金融监管政策和监管当局的强烈批评和反思。金融危机之后，各国出台了一系列旨在加强金融监管的政策：次贷危机后，美国金融监管思路发生重大变革，2010 年 7 月生效的《多德—弗兰克华尔街改革和消费者保护法案》的改革力度与深度在美国金融监管史上更是空前；2008 年 2 月欧

---

① 资料来源：中信信托等信托公司官方网站。

盟提出全面金融监管改革的《德拉鲁西埃报告》，2009 年 6 月通过《欧洲金融监管改革方案》并于 2010 年生效。

2008 年 11 月，G20 峰会在华盛顿集会达成共识：强化金融市场透明度及责任、加强审慎监管、提升金融市场诚信和竞争公平性并加强国际合作。2009 年 9 月匹兹堡会议，G20 峰会商讨重建国际金融体系并同意建立强劲永续平衡的经济成长构架、强化金融监管体系、调整 IMF 与世界银行决策结构。

英国先后颁布《2009 年银行法》和《改革金融市场》白皮书，提出金融监管改革方案。2013 年 4 月起，英国金融企业全部开始接受"双峰金融监管"。巴塞尔银行监管委员会自 2008 年起讨论增修《新巴塞尔资本协议》。2010 年 9 月 12 日，巴塞尔银行监管委员会宣布，各方代表就《巴塞尔协议 III》的内容达成一致。以上政策的推出反映了国际金融监管范围更大，标准更严，对金融消费的保护更加重视。后危机时代，国际监管格局和监管政策的变化也给中国金融机构"走出去"带来了新的挑战。

四、金融机构"走出去"的路径分析和具体举措

（一）金融机构"走出去"的目标层级及应遵循的基本原则

1. 金融机构"走出去"的目标层级

中国金融机构应在"走出去"之前建立一个前瞻性、多层级、递进式的目标体系，并对"走出去"要有一个整体性、前瞻性的战略目标规划，依据当前自身所具备的条件和外部竞争环境及态势，明确当前目标处于哪一个层级，需要多长时间演进到下一个目标层级。

如图 3 - 11 所示，依据目标实现的难易程度，中国金融机构"走出去"的目标层级由易到难依次如下：

第一，在海外发行金融债券、股票，或者设立代表处，初步融入全球金融大舞台，学习海外资本运作的经验，收集大量政策、文化、法律、经济、金融方面的信息，为开展具体业务夯实基础。

第二，在海外设立代理行，迈开海外实质性经营的第一步，开始谋求网络布局。

第三，在海外设立分行、子行以及通过并购参股或者控股海外金融机构，配合国内客户延伸海外金融服务，不断提升核心竞争优势和风险管理能力，逐步完成重点区域布局。

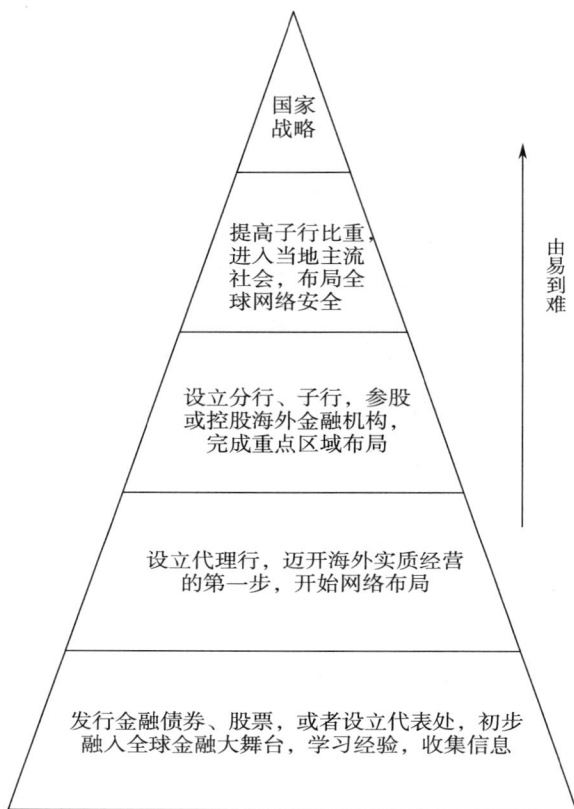

图 3-11 金融机构"走出去"目标体系的层级结构

第四，逐步提高子行的比重，对当地经济金融方面的法律和政策了如指掌，不断消弭文化隔阂，逐步进入当地主流社会。为当地企业和居民提供差异化、多元化和标准化的金融服务；与海外顶级金融机构建立战略联盟伙伴关系，联手开拓市场，形成良性的协同机制，布局全球式网络。

第五，引领国内企业海外扩张布局，为推进人民币国际化这一国家战略提供强有力支撑并作出有益贡献。

2. 金融机构"走出去"应遵循的基本原则

第一，积极谋划，树立"三个合拍"理念，审慎有序推进。

经济全球化是不可逆转的世界潮流，走出国门、参与国际竞争是中国金融机构的必然选择。唯有顺应历史潮流，主动迎接挑战，不断提升核心竞争力，中国金融机构才能求得生存与发展。可喜的是，后金融危机时代为中国金融机构"走出去"提供了难得的历史发展机遇。一方面，美国次贷危机演化成的全球金融危机和欧债危机所暴露出的问题给长期以来一直由西方金融集团主导的传统国际金融格局和旧有的国际金融监管体系提出了严峻的挑战。发展中国家发出了建立国际金融新秩序的强烈呼声，改革要求被提上日程。中国金融机构从而得以登上世界金融的大舞台，积极参与规则制定，不断提升建立国际金融新秩序的话语权。另一方面，欧美金融机构在受到国际金融危机的重创之后，将步入"去杠杆化"的长周期。较长时间的"去杠杆化"必然意味着欧美金融机构将会退出某些市场、收缩部分业务，这将为中国金融机构腾挪出一定的业务发展空间。同时，日益增强的综合国力和资本实力也为中国金融机构拓展海外市场奠定了坚实的基础。因此，中国金融机构要有"明知山有虎，偏向虎山行"的大无畏气概，牢牢树立前瞻意识，紧紧抓住难得的历史发展机遇，将"走出去"作为企业发展战略规划的重要一环，精心设计，积极谋划，迎难而上，勇于探索，尽快形成自身的核心竞争优势。否则，中国金融机构将可能丧失竞争的先机和优势，被时代抛在后面，甚至可能被逐步边缘化，痛失屹立于世界金融大舞台的良机。

　　然而，光有勇气是远远不够的。中国金融机构"走出去"需要审慎有序推进，主要表现为三个"合拍"。首先，中国金融机构"走出去"要与世界政治经济的大势变化合拍，做任何事情都应顺势而为。只有对世界政治经济的大势作出精确的判断，并根据大势来谋篇布局，这样，中国金融机构"走出去"战略才能立于不败之地。其次，中国金融机构"走出去"要与国内实体经济与产业链向海外延伸的节奏合拍。如果没有与国内实体经济海外拓展进程的良性互动，中国金融机构"走出去"无异于"无源之水、无本之木"。最后，中国金融机构"走出去"要与自身竞争能力提升的步骤合拍。俗语云："工欲善其事，必先利其器。"当前，与西方总体实力较强的金融集团相比，中国金融机构在资产定价和风险管理方面的能力还相当薄弱。而这些能力的提升绝不可能一蹴而就，需要循序渐进。只有逐步提升自身的竞争能力，才能在强者如云的世界金融大舞台上长袖善舞。因此，中国金融机构拓展海外市场，要树立"三个合拍"的理念，坚持审慎有序的原则，切忌冒进，要稳扎稳打，循序推进。

　　第二，内外呼应，统筹兼顾。

　　中国金融机构不能简单地将"走出去"理解为"一走了之"，只顾在海外市场拼杀而置国内市场于不顾是一种极其错误的思维。中国金融机构应坚持

"两条腿走路"，统筹好国内和海外两个市场。为此，必须清醒地认识到以下两点：首先，做大做强本土业务是中国金融机构在海外市场开疆拓土的前提条件。纵观汇丰、花旗、德意志银行这些西方顶尖金融集团的发展历程，它们无一不是在做大做强国内市场之后才开始开拓海外市场的。实际上，随着中国金融市场对外开放的进一步扩大，外资金融机构已大举进入国内市场，这里已然成为一个国际金融机构竞相角逐的舞台，这为国内金融机构提供了一个绝佳的练兵机会。只有在国内市场练就了一身真功夫，夯实了基础，巩固了核心竞争优势，才能到海外市场这个竞争更加激烈、环境更加险恶的"深水区"施展拳脚，否则将会无功而返。其次，中国金融机构要将国内和海外两个市场融会贯通起来，根据当前的实际情况分配两个市场在企业整体发展战略中的权重，让两个市场充分地关联和互动，内外呼应，充分发挥"1＋1＞2"的协同作用和风险分摊机制。

第三，目标明确，战略清晰，动态调整。

首先，中国金融机构不能跟风"走出去"，或者只是因单纯地看到金融危机之后海外市场的"价值洼地"而"走出去"，不能为了"走出去"而"走出去"，必须明确自身"走出去"的目标是什么，属于目标体系的哪一个层级。只有目标明确了，才能决定以后应采取什么行动，如在什么时候扩张、在什么地方扩张、以什么方式扩张、在什么业务领域扩张等。以扩张方式为例，如果国内金融机构"走出去"的目标只是想学习发达国家先进的金融服务理念和顶尖金融产品的开发与设计，然后回来在国内市场推广，那么可以与海外顶级金融机构建立合作伙伴关系；如果国内金融机构"走出去"的目标是想分享其他国家经济增长的盛宴，那么可以采取参股海外金融机构的方式；如果国内金融机构"走出去"的目标是建立全球化的市场体系、开展全球化业务，那么可以根据当前的条件建立代理行、代表处、分行、子行或者控股海外金融机构等。

其次，中国金融机构"走出去"要制定科学的清晰的战略。比如是采取稳健型战略还是发展型战略，是采取成本领先战略还是差异化战略，是采取多元化战略还是集中型战略等等。另外，战略的制定要有前瞻性，要形成一个依金融机构自身条件和竞争环境与形势变化的动态体系，并相机对战略进行动态调整。

工商银行在海外扩张的过程中极好地贯彻了上述三个原则。第一，工商银行积极谋划全球服务网络的建设，但坚持"立足亚太、辐射全球"的方针，审慎有序推进。在全部海外市场，截至 2012 年末，亚太地区机构数量和税前利润占比均最高，分别为 63% 和 64%，并基于亚太地区的牢固根基迅速向美洲扩张，在美洲的分支机构由 2011 年末的 10 个迅速增长至 127 个[①]。第二，工商银行坚持一体化发展策略，注重强化境内外联动、信息系统全球一体化延伸，推进全球产品线向纵深发展，不断增强跨境、跨市场、跨产品线风险防控，提升并表风险管理能力。第三，工商银行制定了明确的目标，计划在"十二五"期间将海外资产占比由期初的 3% 提高到 10%[②]。另外，工商银行还制定了海外扩张首选新兴市场的清晰战略。

（二）金融机构"走出去"的机制与模式选择

1. 金融机构"走出去"的机制与模式总体评述

从发达国家金融机构海外扩张的成功经验来看，由于所处的历史背景、经济环境和发展目标不同，英国、美国、日本的金融机构"走出去"各具特色，没有统一的模式。中国金融机构"走出去"不能盲目照搬发达国家的机制、模式，必须根据我国国情，在梳理和分析自身特点和约束条件并与发达国家进行综合比较的基础上，最终选择一个最适合自身的机制与模式。

（1）基于金融机构国际化战略的宏观视角。从金融机构国际化战略的宏观视角来看，需将金融机构"走出去"与"引进来"放在同一个系统框架中来考虑。

美国和英国基于其在世界经济中的特殊地位及其国内强大的市场容量，在金融机构国际化的战略规划中，采取了"走出去"与"引进来"两驾马车并驾齐驱的方针，如此形成了国内和国外两个市场良性互动的扁平化市场竞争格局。日本由于国内市场容量小，因此将"走出去"放在金融机构国际化战略的首要位置，而对"引进来"施以诸多限制，等到外部摩擦增大时，才逐步放开国内市场。

从总量上来看，我国现已成为世界第二大经济体，具有强大的实体经济基础，国内市场容量巨大。但是我国目前还是发展中国家，经济仍处于转轨时期，金融实力与美国、英国和日本相比还有很大差距，金融"防火墙"体系还很脆弱。综上所述，中国金融机构国际化既不能采取美国和英国那样的高度

---

① 资料来源：中国工商银行 2012 年年报。
② 资料来源：叶兰娣：《工行重拾海外扩张》，载《证券市场周刊》，2010-12-06。

自由的"走出去"和"引进来"并重模式，也不能采取日本那样的对外积极扩张，对海外金融机构"引进来"限制过紧、倒逼开放的方式。而应采取一种"走出去"和"引进来"并重、积极且谨慎、稳健且渐进的方式，有计划、分阶段、不同阶段制定不同的目标，对海外金融机构"引进来"要实行优惠政策与严格监管相结合。中国应以许多发展中国家采取激进式的金融机构海外扩张和国内引进策略，结果导致惨痛失败的事件作为前车之鉴。

（2）基于金融机构海外扩张的微观视角。从金融机构的微观视角来看，"走出去"总体上有两种方式：一种称为"内生性"海外扩张模式，即在海外新设分行或子行；另一种称为"外延性"海外扩张模式，即通过并购参股或控股海外金融机构。

金融危机之后，伴随着新一波"走出去"的浪潮，并购成为许多金融机构进行海外扩张青睐的方式。然而，一些中国金融机构盲目进行海外并购的案例值得我们警醒。2007年10月8日，民生银行正式公开将分三步收购美国联合银行，最终成为其第一大股东，并承诺其所持股份将锁定三年。然而，2009年11月6日，美国联合银行宣告倒闭，致使民生银行的美国扩张遭遇滑铁卢。

通过总结中国金融机构海外扩张的成功经验或失败教训，我们认为，在当前和今后较长一段时期内，中国的金融实力还无法与发达国家比拟。因此，中国金融机构"走出去"应首选"内生性"扩张模式。虽然，并购也是实现海外扩张的一种重要手段，但是不能太激进。在面临并购机会时，要对风险进行充分准确的评估，要考虑条件、时机和对象是否合适，要避免"捡便宜"的心态和"抄底"的冲动。

2. 金融机构"走出去"的机制模式细化分析

（1）时机的把握。中国金融机构在实施"走出去"战略时，必须清醒地认识到，在后危机时代，外部环境错综复杂，充满变数，随时都可能爆发货币战、贸易战和地缘政治战。因此，中国金融机构必须审时度势，并根据国内外时势谋篇布局。对什么时候进攻、什么时候退防都要做到心中有数，收放自如，既不盲目试险，也不放过良机，这样，"走出去"战略才能立于不败之地。

回顾历史，成功的经验和失败的教训都给我们以深深的启迪。美国次贷危机爆发之后，中投公司受"抄底"思维的左右，试图在金融海啸的中心进行扩张，入股黑石和摩根斯坦利，由于对危机的深度和广度判断不当、盲目试险以及对时机把握失准而导致巨亏。阴差阳错的是，中信证券在危机爆发后意欲收购贝尔斯登，但最终未果，侥幸躲过一劫①。同样是在危机之后，工商银行却采取了一种截然不同的思路，将目光瞄准了新兴经济体，准确预判到新兴经济体将成为全球经济复苏的"发动机"，收购南非标准银行20%的股权成为其第一大股东。之后，世界银行业的两只"大象"共舞，共创双赢②。

　　展望未来，中国金融机构应学会捕捉稍纵即逝的"走出去"时机。相对于传统金融服务而言，财富与资产管理是一种新金融业态，代表着金融业创新发展的新趋势，具有极大的发展潜力。当前，香港和新加坡正在努力打造国际性的财富与资产管理中心，大力发展财富与资产管理业务也是中国金融业未来发展的一个重要方向。可喜的是，国内政策和内外部环境可谓顺风顺水：国民财富不断增长，社会对资产保值增值的需求日益迫切，人民币国际化进程逐步加快，中国香港、新加坡、伦敦等人民币离岸市场建设风生水起，RQDII和RQFII业务不断扩大。因此，中国金融机构应该紧紧抓住这一有利时机，出海远航，在人民币离岸中心扩展财富与资产管理业务。

　　（2）地域的拓展。文化差异和冲突是影响中国金融机构"走出去"地域选择的一个关键变量。从理论层面来看，从20世纪60年代开始，荷兰的霍夫斯泰德教授就持续开展了一系列关于文化如何影响工作环境中的价值观的定量实证研究。研究样本包括来自70多个国家的IBM公司员工、来自23个国家的航空公司飞行员、来自14个国家的行政事务经理、来自15个国家的高端消费者和来自19个国家的杰出人物，提出了区分文化差异的5个维度：权力距离、个人主义与集体主义、男性气质与女性气质、不确定性规避、长期取向与短期取向，并由此开创了跨国管理学中的一个重要理论——文化距离理论③。从实践案例来看，麦肯锡咨询公司的一项调查表明，从全球看，60%的并购案例以失败告终，文化冲突正是诱发失败的关键因素之一④。另外，国际知名会计师事务所德勤通过对中国的一些并购案例进行统计分析，结果表明，有60%的并购案例是失败的，而在失败的案例中84%是由于文化冲突引起的⑤。

　　鉴于此，中国金融机构在进行"走出去"的地域选择时应遵循文化距离

---

　　①　资料来源：刘妍初：《收购贝尔斯登，中信证券海外扩张首战失利》，载《证券日报》，2011 - 01 - 19。

　　②　资料来源：戴磊：《工行收购南非标准银行20%股权》，载《金融时报》，2007 - 10 - 26。

　　③　资料来源：慈玉鹏：《霍夫斯泰德的国家文化维度模型》，载《管理学家》，2010（12）。

　　④　资料来源：尹海峰：《银行并购难题待解》，载《法人》，2011（4）。

　　⑤　资料来源：凌宏恩：《并购中的中西文化冲突》，http：//www.ccin.com.cn。

由近及远的原则，分步拓展。第一步，借助香港作为国际金融中心、国际财富与资产管理中心和人民币离岸中心的优势，将香港作为"走出去"的第一站，让其充当海外扩张理想的"试验田"和"练兵场"。第二步，基于中国—东盟自由贸易区的发展和对未来中日韩自由贸易区建立的愿景，中国金融机构可将海外扩张的地域向东亚和东南亚的中华文化圈延伸。第三步，以纽约、伦敦、苏黎世和法兰克福等国际金融中心为重点，将海外扩张的网络布局拓展至全球。

（3）业务的开拓。首先，中国金融机构"走出去"首先应做大做强自身的核心优势业务，待条件成熟后再谋求业务多元化的拓展。如果连自身的核心优势业务都不能做好，那么海外扩张战略无异于无本之木、无源之水。例如，工商银行是国内最早开展外币清算业务的商业银行之一，其清算业务实力已达到国际先进水平。工商银行在美国设立的第一家分行——纽约分行开业后，一改过去其在美国的美元清算业务主要依赖外资代理行的局面，利用自身的核心优势，大力推进纽约美元清算中心建设。美元清算业务量快速增长，其累计美元清算交易金额已突破1万亿美元[①]。其次，中国金融机构在海外开拓业务既要以中资企业为主要客户，又要增强为东道国企业和居民提供金融服务的能力，大力拓展中高端客户，逐步融入当地主流社会。在这方面，日本的经验和教训可供我们借鉴。20世纪80年代末，驻美日本银行购买了大部分美国国债和地方债，并向美国企业提供大量贷款，已融入当地主流金融市场。而日本证券公司在海外的扩张却采取了一种截然不同的做法，其大部分金融服务面向日本企业，对东道国企业和居民的渗透远不如日本银行。20世纪90年代初，日本经济泡沫破灭后，日本经济开始了"失去的10年"，日本企业陷入困境，因此，对日本企业过度依赖的日本证券公司在海外的业务也遭遇萎缩。再来看中国的经验。工商银行纽约分行除了为中资企业提供金融服务以外，还以"积极融入当地主流金融市场"为业务拓展的指导方针，努力与当地主流市场中的高端企业如沃尔玛、凯雷投资、波音等，建立全面的业务合作关系。

（4）机构类型的演进。按由先到后的时序或者由低到高的层次来说，海外机构设立的类型依次应是代表处、分行、子行。中国金融机构进行海外"内生性"扩张的第一步是设立代表处，初步融入全球金融大舞台，学习海外资本运作的经验，收集大量政策、文化、法律、经济、金融方面的信息，为开

---

① 资料来源：戴磊：《工行纽约分行美元清算量过万亿》，载《金融时报》，2011－05－19。

展具体业务做好前期准备。待条件成熟后，就可以开展具体业务了，将代表处升格为分行。分行是根据所在国法律设立的，是母行的有机组成部分，不具有所在国的法人资格，业务范围往往会受到一定限制。从长期看，当驻海外的金融机构已对当地经济金融方面的法律和政策了如指掌，不断消弭文化隔阂，逐步进入当地主流社会，海外经营的核心竞争优势已经确立，完善的风险管理体系已经建立，可考虑设立子行，并逐步提高子行的比重，为当地企业和居民提供差异化、多元化和标准化的金融服务；与海外顶级金融机构建立战略联盟伙伴关系，联手开拓市场，形成良性的协同机制。子行是根据东道国法律设立的，虽是母行的附属机构，但具有东道国的法人资格，业务限制较少。

20 世纪 80 年代是日本金融机构向海外迅速扩张的时期。如图 3－12 所示，从 1979 年末至 1991 年末，日本银行和证券公司在海外设立子行数量的增速均高于设立代表处和分行，特别是银行子行的增长尤为迅猛。在这 12 年间，在三种机构类型中，银行子行的比例从 16％增长至 29％，证券公司子行的比例从 45％增长至 56％①。

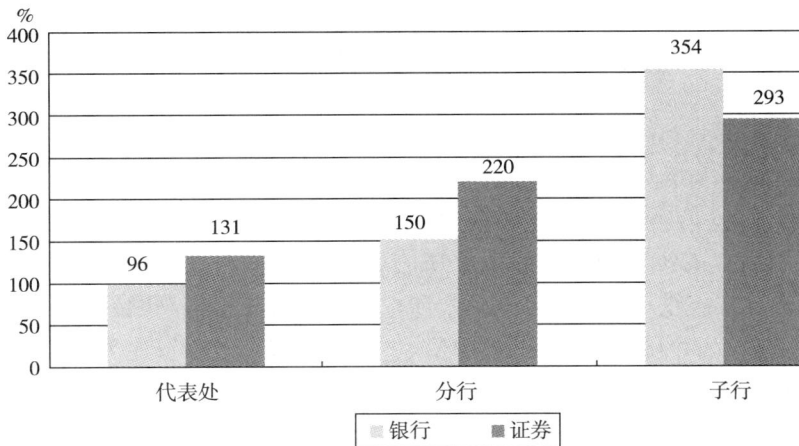

资料来源：刘振芳：《日本金融机构的国际化》，载《国际金融研究》，1995（1）。

**图 3－12　1979—1991 年日本银行
和证券公开发中心海外扩张各机构类型数量增速**

① 资料来源：刘振芳：《日本金融机构的国际化》，载《国际金融研究》，1995（1）。

（三）金融机构"走出去"的路径分析

1. 银行"走出去"的路径分析

（1）海外网络布局。有三个重要因素成为中资金融机构"走出去"进行海外网络布局的推力。第一，当前我国已成为世界第一大出口国和第二大进口国，贸易结构优化升级也正在促使我国逐步从贸易大国向贸易强国转变。这为中资金融机构抓住国际贸易链条的两端、提升全球贸易金融服务能力提供了持续动力。第二，中资企业加速"走出去"为中资金融机构"走出去"奠定了坚实的客户基础。2012 年，我国境内投资者共对全球 141 个国家和地区的4 425家境外企业进行了直接投资，累计实现非金融类直接投资772. 2 亿美元，同比增长 28.6%①。未来对外投资合作的规模和层次将会实现飞跃，一批具有强大竞争力的中资跨国集团将屹立于国际市场。另外，遍布世界的海外华人华侨也成为中资金融机构从事海外经营的稳固客户群。第三，在后危机时代，新兴市场有望引领全球经济复苏。根据 IMF 预测，在未来三年，全球经济增长的 78% 将来自新兴市场。统计数据表明，汇丰银行和花旗银行的利润增长主要来自新兴市场。因此，新兴市场将成为中资金融机构海外网络布局的重要战略区域②。

一般来说，金融机构进行海外网络布局是一个循序渐进的过程，不可能一蹴而就，一般会经历以下三个发展阶段。

①重点式布局阶段。在海外网络布局的起步阶段，金融机构应追随国内客户"走出去"的步伐和双边经贸发展的态势在国际金融中心和贸易中心设立分支机构，实施重点式布局。在这一阶段，由于金融机构刚刚融入国际金融体系，为了有效地控制未来不确定的风险，布局方式一般以自建为主，网点业务一般以对公服务为主。在进行重点式布局的地域选择时应遵循文化距离由近及远的原则，分期拓展。首先，在港澳地区进行早期重点式布局。中国金融机构应充分利用港澳与国内的空间和文化距离最近以及香港作为国际金融中心、国际财富与资产管理中心、人民币离岸中心和国际贸易中心的优势，将其作为全球重点式布局的跳板和"练兵场"。其次，在东亚和东南亚进行中期重点式布局。东亚和东南亚属于中华文化圈，其中有东盟自由贸易区、国际金融中心新

---

① 资料来源：中华人民共和国商务部网站，http：//www. mofcom. gov. cn。
② 资料来源：中国工商银行：《关于国际化发展情况的报告》。

加坡和东京。最后，在欧盟和北美进行长期重点式布局。这两个地区与中国有着重要的贸易往来，是全球金融业最为成熟和发达的地区，拥有纽约、伦敦、法兰克福等国际金融中心。通过在这两个地区开展重点式布局，金融机构可以紧密跟踪国际金融业创新发展的新趋势，学习到国际先进的金融服务理念、方法和技术，加强与不同文化的融合，建立与国际规范相适应的现代化管理体系，完善风险管理机制，提升核心竞争优势。②全球化布局阶段。当重点式布局阶段完成以后，随着海外经营经验和人才的积累以及核心竞争能力的不断提升，金融机构可以开始实施以重点区域为中心向外辐射与扩张的全球化网络布局，打造全球服务能力。一方面，网点业务由对公服务向对居民服务延伸，由对中资企业服务向对东道国企业和居民提供金融服务延伸，大力拓展中高端客户，逐步融入当地主流社会。另一方面，自建网点的内生性扩张方式难以满足快速进行全球化布局的战略要求，金融机构应选择并购整合这种外延性的扩张方式。这种方式不仅可以极大地拓展当地的客户基础，而且可以获得宝贵的市场经验，有效地推进战略合作，形成协同合力。在这一阶段，还要特别注重开拓诸如远东、中东、中亚、非洲、拉美和东欧这些战略重要性市场，加大布局力度。远东、中东和中亚这些地区的石油、天然气和矿产资源非常丰富，非洲、拉美和东欧这些新兴市场经济发展较快，有着极大的发展潜力。但是由于这些地区仍存在很大的政治经济风险，因此，金融机构在这些地区进行战略性布局时，要注意审慎推进，防范风险。③全球网络整合阶段。当全球化布局阶段完成以后，需要基于系统工程的理念对全球网络进行有机地整合和科学地管理，以期产生理想的协同效应。因此，在这一阶段，金融机构要以提升对全球客户的金融服务能力、全面挖掘全球市场的增长潜力为核心目标，着力推进经营方式和管理机制的转型，创新组织管理模式，逐步建立和健全在产品线管理、渠道管理、客户关系管理、财务管理、风险管理、信息系统管理、人力资源管理等各方面实现全球一体化的经营管理机制。

在我国所有的金融机构中，大型商业银行的海外扩张比较迅速，当前处于全球化布局阶段。而其他像证券、保险等非银行金融机构的海外扩张步伐则相对迟缓，当前仍处于重点式布局阶段，许多机构的布局重点还在港澳地区。

作为国有四大商业银行之一的中国工商银行，近年来积极拓展海外业务，以"壮大亚洲，巩固欧洲，突破美洲"作为其海外扩张战略。从布局上面向世界，覆盖主要国际金融中心，其全球化网络布局已初具规模，处于上述第二个发展阶段。截至 2012 年末，中国工商银行已在 39 个国家和地区设立了 383

个境外分支机构，与 138 个国家和地区的 1 630 个境外银行建立了代理行关系，形成了覆盖亚、非、拉、欧、美、澳六大洲的全球服务网络。在港澳设立了 169 个分支机构，在东南亚设立了 51 个分支机构，在东亚设立了 7 个分支机构，在北美设立了 23 个分支机构，在欧洲设立了 15 个分支机构，在澳洲设立了 4 个分支机构，在南非设立了 1 个分支机构，在拉美设立了 104 个分支机构，在中亚和中东设立了 6 个分支机构①。

除了自建分行和子行外，中国工商银行还通过并购的方式迅速推进全球化网络布局。2012 年，中国工商银行完成美国东亚银行 80% 股权收购交割工作，实现中资机构首次在美国收购银行控股权；完成阿根廷标准银行 80% 股权的收购交割工作，成为首家在境外控股当地主流商业银行的中资银行。随着全球化网络的不断拓展，中国工商银行海外机构的本土化能力也在不断提高，如工银亚洲、工银澳门、阿根廷标准银行、万象分行等均已成为当地的主流银行。

中国工商银行努力探索建立全球一体化的经营管理机制。早在 2006 年，该行就开始实践"协调统一、专业分工"的境外机构管理模式，并以此为基础对境外机构实行并表管理，自主研发并在全部境外机构中使用多币种、多语言、跨时区的境外一体化科技平台。

（2）以人民币计价的金融产品及业务创新。自跨境人民币业务启动以来，投融资业务规模呈现井喷式增长，涉及领域也迅速扩大，香港、新加坡、伦敦、纽约等境外离岸人民币市场加快形成，国际影响力不断扩大，这为中资银行"走出去"提供了有利的条件。

近年来，伴随着人民币"走出去"，中资银行充分发挥自身人民币负债业务量大、人民币资金清算便利等比较优势，"八仙过海，各显神通"，在海外为我国"走出去"企业和境外主体提供更多的以人民币计价的金融产品与业务，提高了国际化经营水平，提升了核心竞争优势，有力地助推了人民币国际化进程。有些产品与业务的开发具有里程碑意义。

2013 年 4 月初，中国工商银行在新加坡正式启动人民币清算行服务，新加坡和全球其他地区的商业银行将可以在工行新加坡分行开设的账户直接办理人民币业务，这是中国人民银行首次在海外选定人民币清算行。工商银行新加坡分行组建了以人民币业务为主的三大业务中心，即私人银行中心、大宗商品

---

① 中国工商银行 2012 年年报。

和结构化贸易融资中心及现金管理中心,开发出多种跨境人民币产品①。

（3）海外投融资。中资银行在海外进行投资,应紧紧跟踪全球经济发展的新动向,在实体经济领域大力发展海外产业投资基金。产业空心化和经济泡沫化是金融危机的最大推手。我们必须清醒地认识到,一方面,实体经济是经济发展的根基,在后危机时代,金融服务回归实体经济本位是大势所趋;另一方面,每一次金融危机都是对过去经济结构的一次深刻否定,它会倒逼着一个国家推进经济结构战略性调整,而战略性新兴产业决定着实体经济的未来,它已成为世界各国实现经济复苏的必然之选。因此,中资银行在海外应抢占先机,积极在新能源、物联网、新材料、生命科学、空间与海洋探索等战略性新兴产业发展产业投资基金,分享这些产业所带来的高成长性收益。

近年来,国家开发银行与国际上一些知名的私募股权投资基金,如 TPG、KKR、Permira 等,开展战略合作,在海外大力发展产业基金投资,采取直投和 FOF 相结合的方式。2012 年底,国家开发银行计划与英国的私募股权投资公司泰丰资本合作成立一个投资海外可再生能源项目的美元基金,这一基金的规模将在 30 亿美元至 50 亿美元②。

自 2001 年"走出去"上升为国家战略后,中国企业的海外投资呈现出如火如荼之势,这些企业的融资需求为中资银行的海外扩张提供了巨大的市场空间。在融资市场竞争日益激烈的情况下,如何满足不同企业的融资需求、降低融资成本、提高融资效率、创新融资方式成为金融机构提升核心竞争力的关键之举。在这方面,中信银行堪称典范,近年来不断探索海外融资服务创新,开发出了跨境人民币信用证"三合一"、人民币远期信用证、人民币转口贸易错币支付、人民币进口代付、人民币出口代偿、人民币内保外贷等海外融资服务产品,极大地提升了该行在海外的融资服务水平③。

另外,中资银行不能只满足于被动跟随中资企业的海外融资需求,还应积极主动地挖掘融资需求,引领国内企业在海外扩张布局,引导中国产业资本的全球化。例如,中国工商银行通过提供全面的金融服务方案,帮助国内优质工程企业和铁路企业开拓海外市场;通过提供贸易金融服务,帮助国内中小企业挖掘国际产业转移中的业务机会。如在阿姆斯特丹成功举办了"中国企业进

---

① 《工行正式启动新加坡人民币清算行服务》,新华网,2013 - 04 - 02。

② 资料来源:蒲俊:《泰丰资本拟牵手国开行投资海外清洁能源》,载《云南信息报》,2012 -
11 - 15。

③ 资料来源:中信银行:《跨境贸易人民币结算业务介绍》。

入欧洲市场的战略规划 CEO 圆桌研讨会",为中资企业"走出去"牵线搭桥①,中国工商银行还通过为印度移动运营商安排银团融资,帮助中国电信企业获得设备及运维合同。截至 2012 年底,工行已为我国企业"走出去"提供了 152 亿美元的贷款支持,地域覆盖全球五大洲的 38 个国家,服务了我国资源、能源、机械、电信、交通、石化、商贸等众多行业企业的海外发展②。又例如,国家开发银行站在更高的国家战略层面,从服务经济发展方式转变和经济结构调整的要求出发,支持中资企业"走出去",促进国内过剩产能的转移和产业的升级。

(4) 海外业务拓展。在新形势下,中资银行"走出去"应努力将业务领域由传统的存贷款、结算等服务领域向新金融领域拓展,力争在新金融领域实现突破。所谓新金融,是相对于银行、证券、保险等传统金融业态或业务而言的,是为了弥补传统金融服务的局限性而日渐兴起的创新型金融服务工具、模式及标准等,如金融衍生工具、私人银行、产业基金、离岸金融等。新金融业态代表着金融业创新发展的新趋势,具有广阔的发展空间。中资银行进行海外业务拓展的新方向主要有:①碳金融。所谓碳金融,是指服务于限制温室气体排放的低碳经济投融资活动,包括直接投融资和碳权交易等金融活动。在当前的后危机时代,发展低碳经济已成为世界各国寻求经济复苏、实现经济可持续发展的重要战略选择。近十年来,全球以二氧化碳排放权为标的的交易总额呈指数式增长。按照目前的发展速度,碳交易市场有望超过石油市场成为全球规模最大的商品交易市场。可见,在全球范围内,低碳经济和新能源产业将迎来重大的发展机遇期。并且,碳金融市场还是一个全新的领域,未来谁先抢滩这个领域,更多地渗透到这个领域,占领这个领域的制高点,谁就能收获这块宝藏所带来的巨大价值。然而,当前全球碳金融市场基本上是由欧美所主导,中资银行参与度极低。因此,中资银行应该抓住这一难得的历史机遇,在海外积极开拓碳金融业务,学习欧美的经验,积极开发与碳权交易相关的创新产品,积极参与节能减排领域的投融资活动,努力通过将人民币与碳交易绑定来提升人民币的国际地位,不断提升在这一新领域的定价能力和风险管理能力。

兴业银行是国内金融机构中积极探索碳金融业务创新的先行者之一。早在 2006 年 5 月,兴业银行就与国际金融公司合作推出了能源效率融资项目,成

---

① 资料来源:中国工商银行:《关于国际化发展情况的报告》。
② 资料来源:《工行为中国企业"出海"保驾护航》,金融界网站,2013 - 03 - 13。

为国内首家推出节能减排贷款的商业银行，并对"绿色信贷"业务进行大胆创新，在能源生产、能源输送和能源使用等各个产业链环节对各种创新型绿色融资模式进行实践探索，包括项目企业直接融资模式、节能服务商模式、金融租赁模式、CDM 项下信贷模式、节能减排设备制造商增产信贷模式、节能减排设备供应商买方信贷模式和公共事业服务商信贷模式等。2008 年 10 月 31 日，兴业银行正式公开承诺采纳赤道原则，成为中国首家"赤道银行"。2012 年，兴业银行升格可持续金融中心为总行一级部门，成立可持续金融部，全方位统筹发展"绿色金融"业务①。②私人银行。所谓私人银行业务，是指为高净值客户提供的以财富管理为核心的、私密性极强的、顶级专业化的一揽子服务，涵盖教育、投资、信托、税务、遗产安排、收藏等广泛领域。随着全球高净值人群财富的不断增长，全球私人银行业务有着极大的发展潜力。美国波士顿咨询公司的一份研究报告显示，近十年全球财富管理业务出现向新兴市场特别是亚太地区转移的趋势。2002—2009 年，亚太地区（除日本和澳大利亚）的财富管理规模年均增幅高达 25%，位居全球第一。随后依次为拉丁美洲（20%）、中东和非洲（10%）、日本和澳大利亚（8%）、欧洲（7%）和北美洲（6%）。预计亚太地区经济增长和财富创造水平将持续超过发达国家，2010—2014 年财富管理净值占比可能超过全球份额的 25%。虽然我国国内的私人银行业务还处在起步阶段，中资银行仍应紧紧抓住这一有利机遇，积极在海外拓展私人银行业务，学习欧美的先进经验，大胆参与全球竞争，一方面可以在全球私人财富管理这一发展空间巨大的市场上分一杯羹，另一方面还可以将学到的经验用到国内，使国内的私人银行业务快速成长。

2008 年 7 月，中国银行伦敦子行斥资 900 万瑞士法郎收购瑞士和瑞达基金管理公司 30% 的股份，并计划在后期进一步将持股比例大幅增加至 70%。由于中行的伦敦子行在形式上是一家英国公司，因此这次收购的进程较为顺利。和瑞达基金管理公司地处私人银行业务非常发达的日内瓦，中国银行此举意欲搭建其私人银行业务的海外发展平台②。③金融租赁。在发达国家，金融租赁渗透率为 15% ~30%，而据中国银行业协会金融租赁专业委员会估算，中国的金融租赁渗透率只在 4% ~5%③。

---

① 资料来源：兴业银行网站，http://www.cib.com.cn。
② 资料来源：《中行英国子行斥资 6 000 万元购瑞士基金公司 30% 股份》，载《上海证券报》，2008 - 08 - 12。
③ 资料来源：刘晓翠：《金融租赁成融资新宠》，载《上海国资》，2012（6）。

虽然金融租赁在中国还是个新兴行业，发展还比较稚嫩，但是从全球来看，金融租赁业还有着很大的发展潜力。中资银行除了在国内大力开展金融租赁业务之外，还应走出国门，积极参与国际竞争，苦练内功，在竞争中发展壮大，分享行业发展的红利。

金融租赁"走出去"可以将制造业、对外贸易和金融业有机地整合起来，在优化进出口和促进贸易平衡方面发挥重要作用。在出口方面，金融租赁公司可以从国内购买产品并租给国外企业，助推中国制造业走向世界；在进口方面，由于发达国家对于很多高技术产品是限制向中国出口的，而金融租赁公司可以通过融资租赁这种替代方式租入高技术产品。

随着自身金融租赁业务渐趋成熟，中国工商银行旗下的工银租赁积极走出国门参与全球竞争。2012 年 7 月，工银租赁从加拿大进出口银行获得融资支持，同总部位于瑞士的国际主要公务机运营商 VistaJet 达成了一项价值 2.1 亿美元的公务机融资租赁交易，租赁物是 5 架由庞巴迪公司生产的环球快车6000 型公务机。这次交易是中国金融租赁业首次试水国际公务机市场，承租人、租赁物、融资资金均来自海外，这对于中国金融租赁业海外扩张起到了急先锋和铺路石的作用①。

2. 证券类金融机构"走出去"的路径

（1）为中国企业海外并购和融资提供服务，谋划海外网络布局。作为本土最大的投资银行，中信证券扬帆出海，为中国企业在海外并购和融资提供服务，积极谋划海外网络布局。

金融危机之后，全球经济重构，跨境并购成为中国产业链整合的必然选择，中国企业的海外并购活动也日趋活跃，中信证券意欲将自己打造成"海外并购旗舰"②。2009 年，中信证券在香港的全资子公司——中信国际与一家以企业并购咨询为主业的美国投资银行 EVR 成立了一家合资公司，专注中国企业在海外的并购咨询服务。

通过近几年的"走出去"实践，中信证券已完成了海外市场的重点式布局：在亚太地区，中信证券购买了亚太区一流的研究和销售机构里昂证券；在欧洲，中信证券与法国农业信贷集团达成了战略合作协议；在拉丁美洲，中信证券与巴西最大的投行 BTG Pactual 开展战略合作。

---

① 资料来源：《工银租赁与 VistaJet 达成 2 亿美元公务机融资租赁》，载《环球飞行》，2012（8）。
② 资料来源：《中信证券"海外并购旗舰"浮出》，载《东方早报》，2009 - 03 - 17。

中信证券对后危机时代投资银行的商业模式和盈利模式变革有着自己独特的见解。在中信证券看来，未来投资银行的商业模式和盈利模式将回归到给客户提供有价值的、差异化的服务。中信证券将致力于创造一种独特的服务模式，在研究报告中为客户提供各种不同的观点，既有来自里昂证券的海外独立观点，也有来自中信证券的本土化分析，使得客户能够获得更全面和深入的信息，也建立了中资投行在海外的良好信用①。

（2）在海外承销以人民币计价的金融产品。2009 年 6 月，中信国际参与了汇丰银行（中国）10 亿元人民币债券的发行，这是在港发行的第一只人民币浮动利率债券。2011 年 4 月，作为唯一的财务顾问、联席主承销商和联合上市代理人，中信证券国际参与了香港第一个以人民币计价的 REITs 项目的发行②。

（3）QDII 业务。2007 年 6 月，中国证监会发布《合格境内机构投资者境外证券投资管理试行办法》，允许基金公司和证券公司等证券类金融市场机构在境内募集资金以资产组合方式进行境外证券投资。目前，无论是机构家数还是获批额度，在所有金融机构中，证券类金融机构都是最多的。中资证券类金融机构在海外开展 QDII 业务，应勇于创新，努力做到产品设计、产品发行、资产配置、投资研究、交易管理、风险控制等业务流程的全覆盖，不断提升核心竞争力。

（4）QFII 和 RQFII。QFII 和 RQFII 业务分别于 2002 年和 2011 年开始启动。RQFII（RMB Qualified Foreign Institutional Investors）指人民币合格境外投资者，其中 QFII（Qualified Foreign Institutional Investors）是合格的境外机构投资者的简称，QFII 机制是指外国专业投资机构到境内投资的资格认定制度。证监会允许符合一定资格条件的基金公司、证券公司在香港设立的子公司运用其在港募集的人民币资金在境内开展证券投资业务。

据新华网的公开信息，外管局将于 2013 年 4 月底启动新的 2 000 亿元 RQFII 额度，在港的中资基金公司、证券公司仍将获得优先审批权。面临新的机遇，各中资证券类金融机构都在摩拳擦掌，积极研发新产品。

（5）海外业务拓展——离岸资产证券化。所谓离岸资产证券化，是指国内企业利用海外的 SPV 在国外资本市场上发行 ABS 筹集资金。实际上早在

---

① 资料来源：刘兴龙：《中信证券副董事长殷可："走出去"须有清晰的战略》，载《中国证券报》，2012 - 11 - 29。

② 资料来源：《关心，中信证券开启中国金融机构海外扩张路》，载《证券日报》，2011 - 10 - 10。

1996 年 8 月, 我国就开始了第一次离岸资产证券化实践。当时, 广东省珠海市人民政府在开曼群岛注册了珠海市高速公路有限公司, 该公司以当地交通工具注册费和高速公路过路费作为支持发行了总额为 2 亿美元的 ABS。此次发行的国内策划人为中国国际金融公司, 承销商为世界知名投资银行摩根斯坦利①。

虽然我国在离岸资产证券化方面有过几次成功实践, 但总体而言我国的离岸资产证券化尚处于起步阶段, 实践不多, 中资投行的参与度也极低。我国国内的基础资产规模庞大, 通过资产证券化在海外融资还有很大的发展空间。中资投行完全可以采取一种从外到内的思维方法, 凭借后发优势, 通过利用国外成熟市场开展离岸资产证券化业务, 学习先进经验, 并将先进的技术和经验带回国内, 促进国内资产证券化业务的发展。

3. 保险类金融机构"走出去"的路径

(1) 跟随中资企业"走出去"的步伐, 进行海外布局。当前, 在我国的各类金融机构中, 保险类金融机构"走出去"的步伐较为缓慢, 海外网络布局的规模较少层次比较低。

在保险公司海外扩张的案例中, 较为典型的是中国平安收购富通集团一案。美国次贷危机爆发后, 在欧洲富通集团的股价经历了四次下跌之后, 中国平安于 2007 年 11 月 27 日在二级市场上第一次以每股 19 欧元的价格购买富通的股份, 之后经过几次增持已累计向欧洲富通集团投资人民币 238.74 亿元, 成为富通集团的最大单一股东。然而, 富通的股价仍持续大幅下挫, 至 2008 年最后一个交易日富通的股价仅报收于 0.93 欧元, 这使得平安这笔海外并购投资损失惨重, 价值缩水逾 95%②。

虽然中国平安的这次海外收购以失败而告终, 但是随着中国企业"走出去"步伐的逐步加快, 保险公司海外扩张的步伐绝不会因这一两次失败而停止, 曾经的失败反而会成为一笔宝贵的财富, 让中国的保险企业不断成长, 羽翼逐渐丰满, 从而在竞争激烈的海外市场占据一席之地。

(2) QDII 和 RQFII。自 2007 年保险的 QDII 业务启动以来, 截至 2013 年 2 月 28 日, 具有 QDII 资格的保险公司有 28 家, 获批额度为 239.67 亿美元③。

---

① 资料来源: 韦方亮:《高速公路建设资产证券化融资研究》, 北京交通大学硕士学位论文, 2009。

② 资料来源: 陈益锋:《平安收购富通: 冲动的惩罚》, 载《中国新时代》, 2009 (3)。

③ 资料来源: 国家外汇管理局网站, http://www.safe.gov.cn。

2013 年 3 月 6 日，中国证监会发布了《人民币合格境外机构投资者境内证券投资试点办法》和《关于实施人民币合格境外机构投资者境内证券投资试点办法的规定》。今后，境内保险公司在香港的子公司将可以参与 RQFII 试点。证监会同时还放宽了投资范围，允许机构根据市场情况自主决定产品类型。

（3）在海外发行以人民币计价的保险产品。2010 年 7 月，交通银行香港分行与中国人寿保险（海外）股份有限公司合作推出"交银十年期人民币储蓄保险计划"，这是在香港发行的首批以人民币结算的理财产品①。

（4）PE"走出去"的路径。中国企业在海外并购重组已成为一股潮流，但也会遭遇国外政府的壁垒。此时，PE 可以大力助推中国企业的海外并购。这是因为，PE 对国际的产业发展趋势有着敏锐的洞察力，可以给中资企业提供财务咨询服务和先进的管理理念，另外，PE 通过先占有海外目标企业的少数重要股权，等时机成熟后再转手给国内的战略投资者，从而减少政治风险，使海外并购成功率更高，实现双赢。2011 年 5 月，弘毅投资协助武钢集团收购马达加斯加铁矿项目，2012 年 1 月，三一重工联合中信产业投资基金收购德国工程机械企业普茨迈斯特，这些都是 PE 助力中国企业海外并购的经典案例②。

2012 年 2 月 16 日，国内最大规模的人民币 PE 基金——赛领国际投资基金在上海成立，其运作模式将突出境内外联动、投贷联动、基金运作与企业海外发展联动的特色，实现了国内金融服务的重大创新，被评为 2012 年度上海国际金融中心建设十大事件之一③。

4. 基于系统理论的金融机构"走出去"战略保障体系

"系统"一词来源于古希腊语，是由部分构成整体的意思。可见，早在遥远的古代，人类就具有朴素的系统观，试图用整体性的眼光来认识世界。经过漫长的历史积累，直到 20 世纪上半叶，系统思想才逐步发展演进为一门科学的理论。学术界公认，系统论作为一门科学，是由奥地利生物学家贝塔朗菲创立的。1937 年，贝塔朗菲提出了一般系统论原理，奠定了系统科学的理论基础。

一般系统论将系统定义为由若干要素以一定结构形式联结构成的具有某种

---

① 资料来源：《交通银行与中国人寿携手在港推人民币储蓄保险计划》，新华网，2010 - 07 - 23。

② 资料来源：李叶：《海外并购的 PE"功效"》，载《投资与合作》，2012（7）。

③ 资料来源：高改芳：《国内最大规模的人民币国际投贷基金启航》，载《中国证券报》，2012 - 03 - 01。

功能的有机整体，这个定义包含了系统、要素、结构和功能四个概念。一般系统论的核心思想包括以下几个方面：①整体性。整体性表明要素与系统的关系。亚里士多德认为整体性就是"整体大于部分之和"。贝塔朗菲认为，系统是一个有机的整体，系统的整体功能不等于所组成要素各自功能的总和，而是具有各要素在孤立状态下所没有的新质。②关联性。关联性表明要素与要素之间的相互依存关系。③适应性。适应性表明系统与环境的关系，是指系统随环境的改变而改变其结构和功能的能力。

下面，我们从顶层机制设计的角度，运用一般系统论的核心思想探索提出构建一个有效的金融机构"走出去"战略保障体系的具体举措。

（1）积极营造一个有利的经济、金融及社会大环境。系统理论表明，开放系统与外部环境相互依存、相互影响。因此，积极营造一个有利的经济、金融及社会大环境是构建一个有效的金融机构"走出去"战略保障体系的重要一环。改革是中国最大的红利，也是实现这一目标的最大推动力，具体来说，涉及以下几个层面：

第一，通过改革，努力保持经济稳定增长。金融国际化是中国实现现代化的必由之路。国际金融中心建设、国际财富与资产管理中心建设、金融机构"走出去"等等都是中国金融国际化战略的重要环节，而要实现这一战略目标，保持经济稳定增长是前提条件。历史发展经验表明，正是由于国民经济的快速崛起，才使得美国、西欧和日本成为金融机构海外扩张的霸主。改革开放三十余年来，依靠政府主导的以投资驱动和出口导向为基本特征的经济发展方式，借助改革红利、人口红利和全球化红利，中国经济保持了令世界瞩目的高速增长。目前，我国经济总量跃居世界第二，仅次于美国，人均 GDP 达到5 000多美元，已跻身中等收入国家行列。全球金融危机爆发以后，世界经济步入调整周期，中国经济也处于底部区域，这使得我国宏观经济中一些深层次、结构性的矛盾逐渐暴露。要保持我国经济稳定增长，成功跨越"中等收入陷阱"，必须继续深化改革，推进创新，以提高经济增长质量和效益为中心，加快经济结构调整和经济发展方式转型，增强经济发展的内生活力和动力，实现经济持续健康发展。

第二，纵观历史发展的脉络，金融发展决定大国兴衰，因此，必须继续深化金融体制机制改革，健全促进宏观经济稳定、支持实体经济发展的现代金融体系，发展多层次资本市场，稳步推进人民币国际化进程和利率、汇率市场化改革，稳妥有序推进资本项目可兑换，完善金融监管，推进金融创新，维护金融稳定。

第三，通过改革，中国必须在重建国际经济政治新秩序中有所作为，努力提升中国软实力。国际金融危机所暴露出的问题给长期以来一直由西方国家主导的传统国际经济政治格局提出了严峻的挑战，发展中国家发出了建立国际经济政治新秩序的强烈呼声。中国必须继续深化改革，积极跻身世界经济政治的大舞台，参与规则制定，掌握建立国际经济政治新秩序的话语权，在各个领域不断提升中国的软实力。如在政治上相互尊重，平等协商，共同推进国际关系民主化；在经济上相互合作，优势互补，共同推进经济全球化朝着均衡、普惠和共赢的方向发展；在文化上相互借鉴，求同存异，包容并蓄，消弭隔阂，减少冲突，增进互信对话机制，共同促进人类文明繁荣进步。

第四，通过改革，努力营造一个良好的法治环境，进一步完善我国的涉外金融法律制度，为我国金融机构持续健康地进行海外经营提供法律保障。

（2）政府监管与支持。从历史经验来看，在 20 世纪 70 年代和 80 年代，香港和新加坡均采取了政府推动和市场自发相结合的模式实施金融国际化战略，并取得了巨大成功。鉴于我国当前的国情，金融机构"走出去"也适宜采取政府推动和市场自发相结合的模式，坚持市场化方向，但同时也离不开政府的监管和支持。政府在此过程中不可缺位，应主动承担职责，与金融机构携手，形成合力。

一方面，政府应正确引导金融机构有计划、有目的地实施海外扩张战略，对金融机构"走出去"要设定一定的准入门槛，进行必要的资质审核和风险预估，避免盲目扩张。另外，在金融机构海外经营的过程中要进行风险实时监控，建立风险应急预案，逐步健全风险预警体系。

另一方面，政府应鼓励金融机构"走出去"，在政策上给予倾斜和支持，在税收、信贷、外汇管理、人才聘用等方面给予优惠，激发金融机构海外经营的内生活力与动力；在审批环节上进一步简化流程，提高效率，避免坐失稍纵即逝的难得机遇，通过灵活的公共关系处理和政治互信对话手段，运用软实力为金融机构的海外经营保驾护航。

（3）金融机构努力提升海外经营的能力。系统理论表明，要使整个系统正常运转，必须充分发挥各要素的作用。虽然有利的外部环境和政府的大力支持能够极大地帮助金融机构开展海外经营，但"打铁还需自身硬"，努力提升自身的海外经营能力才是关键之道。第一，金融机构海外扩张要增强主观能动性，不能等和靠，要主动出击，以市场为导向，积极寻找机会。第二，金融机构必须紧密跟踪国际金融业创新发展的新趋势，学习国际先进的金融服务理念、方法和技术，加强不同文化的融合，主动融入东道国的主流社会，建立与国际规范相适应的现代化管理体系，完善风险管理机制。第三，金融业是一个典型的智力密集型行业，金融人才是金融业发展的第一资源。因此，金融机构要高度重视对跨国经营金融人才的培养，推动人才本土化，打造德才兼备、具有强大凝聚力和战斗力的人才堡垒。例如，中国工商银行驻海外机构已拥有一支当地雇员占90%以上的国际化人才队伍，未来计划用10年时间培养约2 000名高端的国际化人才。从2011年开始，该行每年派出约200名管理人员和业务骨干赴海外院校研修。第四，金融机构走出国门，在一定程度上代表着国家的品牌和形象，因此，金融机构在海外经营的过程中还要肩负塑造国家品牌和形象的重任，坚定维护国家利益。

（4）建立健全协调互动、互惠共赢的合作机制。系统理论认为，只有通过要素之间的协调合作，才能实现系统的同一性和整体功能的最优化。因此，建立健全协调互动、互惠共赢的合作机制对于金融机构"走出去"战略的成功实施具有重要意义。一方面，无论是中资还是外资，金融机构之间要开展高层次的战略合作，建立战略联盟，积极探索合作的新形式，取长补短，互通有无，形成协同合力。另一方面，各国政府之间要建立平等协商的互信对话机制，加强监管的国际协调与合作，增进相互认证和谅解。

协同合作是一种软实力，这种软实力的构建和提升需要智慧。这里举一个例子。2007年10月，中国工商银行收购南非标准银行20%的股权成为其第一大股东，由此，两家世界知名银行开始了合作之旅。南非标准银行是一家经营稳健、管理团队优秀、公司治理良好、深受西方管理文化影响的银行。中国工商银行认识到，在当前条件下，自身的管理体制及文化与南非标准银行还有很大差异，如果强行参与直接管理，势必会导致冲突。在这样的情况下，中国工商银行采取了一种较为智慧的做法，对南非标准银行更多的是实行一种间接管理，如及时监测南非标准银行的经营情况、维护中国工商银行的股东权益与投资安全等。这种管理上的智慧使得中国工商银行与南非标准银行之间的合作关系更加亲密和牢靠，开创了两家银行协调合作、互惠共赢的良好局面[1]。

综上所述，建立一个有效的金融机构"走出去"战略保障体系，必须贯彻顶层设计的原则，包括宏观政策引导、企业制度优化、市场体系完善和机制

---

[1] 资料来源：梁宵：《工行并购南非标准银行两只大象共舞》，载《中国经营报》，2012 - 09 - 15。

体制改革四个方面。在政策引导、市场推动及企业自发相结合的基础上，通过上述战略保障体系建设举措的实施，产生巨大的合力，推动国内金融机构在"走出去"的过程中不断增强自身的市场化、国际化和专业化能力。

（5）金融机构"走出去"效果的综合评价指标体系。为了对"走出去"的效果进行直观的判断，下面我们构建一个较为全面的综合评价指标体系。如表3-6所示，该指标体系由四个维度（一级指标）构成，每一个维度又由若干个二级指标构成，具体说明如下。

①维度1：海外网络布局。一方面，对金融机构海外网络布局的广度进行评价，如海外网络覆盖亚、非、拉、美、欧、澳六大洲中的哪些洲，覆盖多少国家和地区；另一方面，由于美国和英国是当今世界金融业最为发达的国家，因此采用在美国和英国设立的机构数量作为衡量金融机构海外网络布局深度的重要指标。例如，在20世纪80年代，日本经济快速膨胀，日元资本在全球疯狂扩张，日本成为美国第一大债权国，全世界都在惊叹日本似乎要买下整个美国。日本银行对美国和英国这两个金融强国渗透极深。截至1990年末，日本银行在美国设立代表处26家，分行126家，子行55家；驻美日本银行资本约占美国银行总资本的10%。日本银行在英国设立的机构数量虽然只有驻美国的1/3，但驻英银行资本却占英国银行总资本的20%[1]。

②维度2：海外扩张的规模和层次。此维度可分解为代表处、代理行、分行和子行这四种不同海外机构类型及层次的数量和所占比重。

③维度3：海外经营绩效。此维度可分解为以下7个二级指标：（a）海外总资产及在海内外总资产中所占的比重。（b）盈利能力，可根据所在的金融行业采用资本利润率、资产利润率、净资产收益率、成本收入比、收入利润率等指标进行量化评价。（c）偿债能力，可根据所在的金融行业采用资本充足率、核心资本充足率、偿债能力充足率、资产负债率、净资本负债率等指标进行量化评价。（d）经营增长能力，可采用利润增长率、经济利润率等指标进行量化评价。（e）协同合作能力，衡量金融机构开展业务战略合作和有效处理冲突的软实力。（f）业务渗透能力，衡量金融机构融入当地主流市场的程度。（g）资产质量，可根据所在的金融行业采用不良贷款率、拨备覆盖率、认可资产率、应收账款比率、净资本与风险准备比率、净资本与净资产比率等指标进行量化评价。

---

[1]　资料来源：刘振芳：《日本金融机构的国际化》，载《国际金融研究》，1995（1）。

④维度4：人力资源水平。此维度可分解为以下5个二级指标：（a）高层决策人员素质水平。对高层决策人员的战略前瞻性、创新思维、统筹全局、文化建设、沟通合作等素质进行综合评价。（b）员工素质水平，对员工的年龄结构、学历结构、外语熟练程度、海外工作经历等进行综合评价。（c）人才本土化水平，可采用在海外机构所有员工中外籍员工所占的比重这个指标进行量化评价。（d）人才的激励约束机制，对人才的激励约束机制、方式和效果进行综合评价。（e）人才的培养机制。对人才培养的机制、方式和效果进行综合评价。

以上只是提出了金融机构"走出去"效果综合评价指标体系的一个基本框架，在实际应用中还需要考虑如何设定各一级指标和二级指标的权重、如何将定性指标进行量化处理、运用何种统计技术来进行综合量化评分等细节问题。

表3-6　　金融机构"走出去"效果的综合评价指标体系

一级指标	二级指标	评价方式
1. 海外网络布局	1.1 覆盖亚、非、拉、美、欧、澳六大洲中的哪些洲	定量
	1.2 覆盖多少国家和地区	定量
	1.3 在美国和英国设立的机构数量	定量
2. 海外扩张的规模和层次	2.1 代表处的数量及所占比重	定量
	2.2 代理行的数量及所占比重	定量
	2.3 分行的数量及所占比重	定量
	2.4 子行的数量及所占比重	定量
3. 海外经营绩效	3.1 海外总资产及在海内外总资产中所占比重	定量
	3.2 盈利能力	定量
	3.3 偿债能力	定量
	3.4 经营增长能力	定量
	3.5 协同合作能力	定性、定量
	3.6 业务渗透能力	定性、定量
	3.7 资产质量	定量
4. 人力资源水平	4.1 高层决策人员素质水平	定性、定量
	4.2 员工素质水平	定性、定量
	4.3 人才本土化水平	定量
	4.4 人才的激励约束机制	定性、定量
	4.5 人才的培养机制	定性、定量

五、国内金融机构"走出去"的实践与探索

（一）工商银行海外战略布局

1. 工商银行海外布局现状及成果

经过二十年的国际化发展实践，工商银行跨国经营取得了很大的成绩。在跨国经营网络建设上，工商银行自主设立机构与代理行方式互为补充，相得益彰，同时也考虑在某些不具备实体机构条件的国家和地区设立非实体机构以拓展业务。工商银行始终坚信，在境外设立实体机构对于国家实施"走出去"战略以及商业银行自身发展具有重要作用，单纯依赖代理行业务合作或者通过非经营性机构的形式在服务成本、效率、深度上远远不能完全满足"走出去"企业的全方面业务要求。截至 2012 年 6 月末，工商银行建成了覆盖 34 个国家和地区、由 252 家境外机构组成的牌照完备、运营高效、服务优良的全球网络，并通过持有标准银行集团 20% 股权实现战略布局非洲大陆。正是依托于如此完备广泛的实体网点，工商银行的国际化业务得以全面展开：

全面推动国家的"走出去"战略。由于工商银行在海外成立实体机构，拿到全牌照经营许可，加入本地清算网络，可以在境外当地办理在岸金融业务，经营范围较广，一方面支持"走出去"企业境外项目贷款，支持企业"走出去"；另一方面，托全球服务能力全面满足中资企业跨国金融需求，不仅能为"走出去"企业办理信贷、国际结算、清算等基础业务，还可在资金、投行、托管、现金管理和理财等新兴业务领域提供综合服务。

支持人民币国际化发展。在人民币国际化进程中，为增强海外机构或企业持有人民币的意愿，需要中资银行在境外打造畅通的人民币投融资渠道和相应的配套避险工具，这一过程必须通过中资银行的境外实体稳步推进，承担人民币清算行的重任。经过境内外机构共同努力，工商银行各境内外机构共开立跨境人民币账户 295 户，其中为外资代理行开立 205 户。工商银行跨境人民币清算网络已覆盖全球 59 个国家和地区，账户开立数目稳居同业之首。

内外联动提升银行全球产品线的核心竞争力。工商银行境内外机构所处的经营环境不同，牌照功能互补，内外联动业务发展空间很大。以纽约分行为例，纽约分行 2011 年末共拥有美国 500 强客户近 50 家，其中超过半数都是新客户，对工商银行现有的大客户群体形成了良好的补充，而且大多数的公司都有或者都在积极考虑中国业务，这也为潜在的其他业务和贡献埋下了伏笔。

2012年以来工商银行仅纽约分行接洽与开展的内外联动项目，月均就在30个以上，持续保持活跃水平。同时，工商银行在香港设立的全资投资银行工银国际，参与多个具有全球影响的IPO项目，截至2012年上半年，开办投行业务的境外机构区域覆盖率达到75%，"商投互动、融顾结合"的跨境并购服务模式初步形成，跨境并购服务能力显著提升。工商银行在中资同业中率先推出了全球现金管理业务，与2 800余家客户建立了合作关系，依托境外机构成立了亚太区现金管理中心和中非现金管理平台，具备了"多国家、主办行"的全球服务能力。

2. 工商银行海外布局战略经验

1992年以来，工商银行通过申设方式进入了30个国家和地区，实现了低成本、低风险的稳健网络扩展。在坚持自主申设的同时，按照风险可控制、成本可接受和机构可整合的思路选择战略并购对象，推进以绝对控股或相对控股为目的的战略导向型并购。稳步开展中小型银行的收购与整合，谨慎对待并先后放弃了二十余起大型银行（包括不少美资、欧资银行在内）的并购机会，宁可进行多次收购整合，也确保每一步走的稳妥，确保每一次收购的成功，已进行的11次跨国并购均取得了成功。其中最为突出的是2007年，工商银行以55亿美元收购非洲最大银行——南非标准银行20%股权，成为标准银行的单一最大股东。

在目标市场选择上，新兴市场与成熟市场兼顾。重点拓展亚太地区高成长性市场，持续强化在包括"金砖五国"在内的新兴市场的市场地位和竞争实力，积极关注欧美等成熟市场的拓展机遇。

在机构建设定位上，致力于可持续发展与本地化经营。充分考虑境外机构差异，一行一策地支持境外机构背靠全行、立足当地，积极探索有利于可持续发展能力提升的特色商业模式，使其逐步成为当地有影响力的主流银行，或在当地一些主要业务中取得主流地位。

在科技平台搭建上，坚持机构建设与系统建设同步。工商银行在中资同业中首家建立了全球统一科技平台，并实现了与境内系统的互联互通，在全球机构间共享客户、产品和数据资源，提升境外机构的产品供给、业务拓展和风险控制能力。

在渠道拓宽方式上，坚持物理网点与电子网络的有机结合。在拓展物理网点的同时，辅以ATM、银行卡、网上银行、电话银行、手机银行等虚拟服务渠道，形成客户经理、网上银行、自助银行和物理网点互为补充，一般网点和理财中心差别服务的渠道结构，解决境外营业网点少、服务区域大的问题。

在全球布局导向上，工商银行坚持网络拓展和业务拓展结合。根据自身经营特点，在中国香港、中国澳门、东南亚等有零售业务条件的地区重点做好零售业务线，在全球大力发展全球信贷和融资业务，同时着力做好资本管理与风险控制工作，努力突破全球资本市场、金融市场、金融资产服务等新兴业务，逐步形成集团多元业务优势；通过发挥机构协同效应，或借助并购进入新的业务领域，实现全球业务线拓展和产品线整合；综合考虑各境外机构的地缘优势、牌照范围、业务资源，通过扩充业务功能，把一些具备条件的境外机构打造成全行的海外业务中心。

（二）国开行"走出去"的案例

1. 国开行海外投资现状及成果

1993 年 12 月 25 日，国务院发布《国务院关于金融体制改革的决定》及其他文件，提出深化金融体制改革，将工商银行、农业银行、中国银行、建设银行由专业性银行转变为全国大型商业银行。为此，从四大行中剥离了政策性业务，成立三家专门执行政策业务的专业性银行，而 1994 年 3 月成立的中国国家开发银行便是其中之一。1998 年，陈元出任国开行行长，确立了"市场环境下，银行框架内"的运作思路，瞄准国际标准，锐意改革，开发性金融得到蓬勃发展。与此同时，国开行取得良好发展业绩，各项经营指标均达到国际先进水平。早在 2003 年，国开行就开始探索支持国家"走出去"战略。次贷危机期间，国开行更是利用危机带来的机会，加快了在全球范围内寻找投资机会的进程。到 2012 年 9 月，国开行的国际合作业务已经遍及 113 个国家，外汇贷款余额达到 1 800 多亿美元，占到全行总资产的 20% 以上，市场份额稳居同业首位（见图 3 - 13）。

以服务国家外交战略，维护能源安全为主线。次贷危机期间，正当大部分其他主要经济体都陷入衰退之际，中国却利用自身相对较强的财力大举出击。国开行紧紧抓住国际能源和资源价格大幅下跌的历史机遇，短期内成功运作了中俄石油、中巴石油等一大批具有国际影响力的战略性重大项目。这些举措有望提升中国在全球大宗商品行业的地位。这场国际金融危机给中国带来了绝佳的机会，也令各种有关能源资产的收购谈判进行得更快更顺利。在国际金融危机的大环境下，对于中国来说，通过贷款把部分美元资产转换成油气等资源性资产，比坐等美元贬值要强得多。此种方式对于解决外汇储备的多元化、抵御

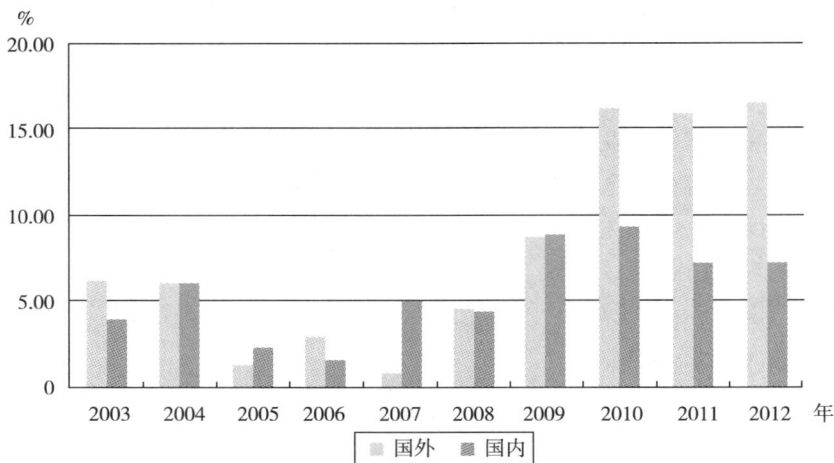

图 3-13　国开行贷款余额分布

金融风险，不失为一种明智的选择。

　　长期以来，以油气为代表的能源"走出去"项目一直是国开行支持的重点。截至 2011 年末，海外能源资源类项目累计贷款余额 900 余亿美元，约占全行国际合作项目贷款余额的三分之二。通过对能源"走出去"项目的融资支持，每年可为中国换回约 7 500 万吨石油、500 亿立方米天然气以及 1 600 万吨煤炭，同时在海外获得了超过 170 亿桶石油开采权益和 16 亿吨的煤炭储量。这些措施为打破西方能源资源垄断、缓解中国能源资源瓶颈制约起到了积极作用。

　　护航中国企业"走出去"。支持国内企业"走出去"不但有利于提升其创新能力和竞争能力，同时可以将我国过剩的产能向国外转移，推动我国经济结构的转变。国开行为华为、中兴"走出去"提供融资支持，是新形势下探索的一种高效、大额、可持续发展的新型融资模式。华为与中兴通讯能笑傲国际市场，与企业较强的技术创新能力和市场开拓能力有关。然而，这背后，以国开行为主的金融支持也功不可没。

　　国开行对华为的贷款业务由来已久。早在 1998 年，当国开行的贷款客户全是清一色的大型国有企业时，陈元董事长就决定打破常规毅然决定通过贷款支持华为、中兴通讯等民族名牌企业的发展。金融危机期间，世界经济受到严重打击，西方金融机构流动性缩紧，银行的惜贷政策导致部分国外供应商竞争能力大幅下降。华为看到这一契机，希望国开行进一步加大"走出去"贷款融资支持力度。对此，国开行积极创新融资方式，助力华为拓展海外市场，在国际产业分工中走向高端。在国开行大额融资推动下，2008年华为逆势增长46%，销售额达233亿美元，国际市场收入占比超过75%。2009年，虽然全球经济金融环境尚未明显改善，华为仍然实现销售额302亿美元，较上年增长30%。中兴同样抓住机遇，抢占传统上为西方竞争对手所占据的欧洲、印度、南美电信市场，成功实现逆势上扬。

2. 国开行"走出去"特色及经验

通过以上分析可见，国开行作为大型国家政策性银行的历史背景使其在"走出去"过程中特点鲜明：首先，以服务国家外交战略和经济发展战略为目标，而非纯粹地谋取商业利益。中俄、中巴、中委、中厄等能源协议均是国开行"以贷款换石油"、"以贷款换市场"等政策的构成部分，而这些政策的背后却是中国的国家利益和在全球的经济战略布局。为华为、中兴等企业提供大额贷款，在提高利润的同时，也为转移我国过剩产能、促进产业结构升级的国家经济政策服务。其次，国开行在"走出去"过程中具有很强的资金和规模优势：2012年末，国开行资产总额为7.5万亿元人民币，贷款余额为6.2万亿元人民币，其中国外贷款余额占比16.5%，即10 230亿元人民币。若将其视为一国的GDP产值，则国开行在2012年世界各国GDP排名中位列第50名。如此庞大的资金规模，可以使国开行在"走出去"的过程中参与范围更大、参与程度更深，也更能起到高屋建瓴、把握全局、顶层设计的作用，在全球范围内构建中国未来几年甚至几十年的经济战略布局，为我国金融机构和实体企业"走出去"指引方向。

国开行作为由大型国家和政策性银行转型的商业性金融机构，在"走出去"的过程中其主要职责仍然是为国家的经济发展战略服务。目前，我国在金融机构和实体经济"走出去"方面并未形成具体的战略规划，而国开行利用其自身的资金规模优势和特殊的职能定位，在一定程度上弥补了我国金融和经济实体"走出去"过程中的顶层设计和宏观规划不足。国开行这一具有前瞻性的战略规划和自身定位符合我国国家利益，形成了我国经济结构性调整和向世界经济强国迈进的巨大推手。随着时间的推移，这些业务在促进我国经济稳定发展中的作用将越发明显。

（三）交通银行"走出去"案例分析

1. 交通银行"走出去"的动因、目的和国际化业务现状交通银行为了夯实客户基础、进一步扩大与客户的合作基础与业务范围，提升能力，积极推动金融产品由单纯的信贷融资、账户管理、结算支付等基础性业务，转向以客户为导向的全方位的国际化金融服务；同时为了打造品牌，提高国际声誉，分享企业跨国经营中派生出的业务机会，拓宽盈利渠道，分散风险，形成多元化、多功能的业务结构。五年前，交通银行确立了"两化一行"的发展战略，即走国际化、综合化道路，建设以财富管理为特色的一流公众持股银行集团，以此作为百年华诞后改革发展的新目标和新方向。五年来，交通银行国际化发展快速推进，全球金融服务能力不断提升，"以亚太为主体、欧美为两翼"的境外机构布局基本形成。截至 2012 年，其境外资产占比达到 7.67%，在五大行中排名第二，仅次于中国银行。同时，交通银行积极抢抓中国企业"走出去"和人民币国际化的机遇，加速发展跨境人民币业务，加强境内外业务联动。交通银行—汇丰战略合作不断深化，互相分享各自优势资源。

①境外银行业务。不同于工商银行的并购扩张策略，交通银行在海外发展较为倚重自设网点。目前，交通银行共在中国香港、纽约、东京、新加坡、首尔、法兰克福、澳门、胡志明市、伦敦、悉尼、旧金山、台北设立了 12 家分（子）行，境外经营网点达到 55 个；境外代理行达 1 565 家，遍布 144 个国家和地区，"以亚太为主体、欧美为两翼"的国际化经营网络进一步完善。

②境内外联动业务。紧密围绕"上海两个中心建设"、"两岸金融合作"、"粤港澳金融联动"，交通银行的跨境协同能力不断提高，竞争优势愈加明显。2012 年，交通银行共办理联动业务 513.20 亿美元，同比增长 1.16 倍；结合境内外市场情况设计有针对性的服务方案，推出代理跨境结算、融资、清算、境外业务咨询等服务，累计服务客户近 3 万户；为同业提供代理金融服务，为个人客户留学、旅游等提供出国金融"一站式"服务。

③跨境人民币业务。积极推进业务产品创新，推出了跨境人民币协议付款、协议融资、委托汇兑等多项新业务。以人民币向法兰克福分行增拨营运资金，首开中资金融机构人民币资本境外输出先河。跨境人民币业务范围覆盖经常项目和投融资项目，服务体系从单一的跨境贸易结算扩大到包含投融资、代理结算、财富管理、账户服务和投资银行等六大系列 20 项品种，获香港 2012 年首届人民币业务杰出大奖。2012 年，境内机构办理跨境人民币结算量达人民币 2 374 亿元，同比增长 49%；境外机构办理跨境人民币结算量达人民币

2 176亿元，同比增长48%。

④离岸业务。加快创新转型，强化离岸、在岸联动，离岸业务实现新突破。截至2012年末，离岸业务资产规模达105.10亿美元，较年初增长62.47%；国际结算量达1 242.18亿美元。离岸资产规模和离岸贷款余额继续保持市场占比第一。

2. 交通银行国际化业务特色

交通银行于2009年获得首批跨境人民币业务试点资格，相继在5个试点城市为当地试点企业提供了跨境贸易人民币结算服务。随着2011年8月跨境人民币境内结算试点的全国开放，交通银行凭借覆盖境内经济发达地区和中心城市的机构网络，实现了跨境人民币结算服务的全覆盖。交通银行拥有"以亚太为主体、欧美为两翼"的全球经营网络。截至目前，交通银行已与全球五大洲146个国家和地区的1 500家银行建立了代理行关系，与汇丰、东方汇理、法国巴黎、标准、花旗等银行在项目融资和银团贷款方面建立了良好的合作机制，广泛的代理行网络和良好的同业合作关系是交通银行国际业务的良好基础。同时，交通银行是国内仅有的4家开办离岸银行业务的商业银行之一。完善的全球网络使交通银行不仅能直接在境外开展跨境人民币业务，也为境内分行更好地为客户服务提供了有力保障。

依托于外部战略发展和内部政策支持，交通银行紧抓机遇，积极创新，建立了较为成熟的跨境人民币业务产品线。经过近几年的运行，交通银行在跨境贸易、跨境投融资、同业账户融资、清算、投行、政策咨询等领域形成了综合化的跨境人民币系列产品线。除结算外，交通银行可根据客户需求提供人民币对外担保、国际保理、贸易融资、跨境投融资、协议付款等服务。特别是在跨境投融资综合服务方面，交通银行可在外商投资领域为企业提供境外募集资金、股东贷款、跨境结算等一站式金融服务，在对外直接投资领域为企业提供国家风险管理、咨询服务、NRA账户服务、全球财富管理、跨境融资为一体的综合金融服务，在证券投资领域为客户提供人民币证券发行、承销、财务顾问、财务代理、RQFII全球托管和境内托管等业务。

同时，交通银行为人民币国际化提供各种创新性技术支持：加强电子化建设，自主研发跨境人民币业务处理系统，对接支撑上海人民币全球清算中心建设；自主开发跨境人民币信息报送平台，实现首家与人民银行人民币跨境收付信息管理系统（RCPMIS）直联；为境外机构投资境内人民币银行间债券市场提供服务；为人民币合格境外投资者（RQFII）提供托管服务；深入开展人民币国际化研究，与中国人民大学合作首创推出人民币国际化指数。

3. 交通银行"走出去"的经验

第一，配合国家整体走出去战略，确定对重点行业及企业的扶持计划，为相关企业提供配套的一站式综合服务方案。第二，跟随企业"走出去"的境外扩张步伐，加速海外布局，不断完善"以亚太为主体，欧美为两翼"的国际化网络布局，全方位满足走出去企业的海外金融需求。第三，加强产品创新和服务创新，敏锐察觉企业日益多元化、复杂化、多元化的金融需求，不断提高为"走出去"企业的服务能力及水平。第四，逐步完善海外机构的管理机制，通过学习国际先进金融机构的管理经验，熟悉各地监管机构的监管要求，提高海外机构风险管理、财务管理、人力资源管理等各项管理能力和管理水平，确保海外机构合规有序，持续发展。第五，将国际业务与公司、零售和同业三大业务有机结合，实现了客户和渠道的资源共享，强化了境内外、离在岸业务的联动，完善了国际业务产品经理 + 各条线客户经理的营销机制。

（四）上海国际集团系统内的"走出去"案例分析

1. 上海浦东发展银行（简称浦发银行）"走出去"

（1）浦发银行的国际化战略和"走出去"现状。经过多年的发展，浦发银行已经从一家中小型银行迈入大中型银行的行列，综合实力、市场地位和社会影响力显著提升。浦发银行已经基本具备了向"全球化企业"发展的条件。作为跨境服务平台、创新平台和国际化平台，浦发银行在境外设立了香港分行，另有伦敦代表处正在筹建中。在成立至今一年半的时间里，香港分行充分发挥对全行的战略配合和业务联动作用，大力开展境内外联动业务，稳步推进本地及跨国公司客户群，抓住人民币国际化机遇，实现了稳健快速发展。香港分行目前已开展包括银团贷款、双边贷款、海外代付、信用证贴现、内保外贷、代客资金（外汇掉期、人民币不交收合约、即期外汇交易、不交割远期外汇买卖、利率掉期）、跨境人民币结算等多项业务。截至 2012 年末，香港分行总资产超过 180 亿港元。在发展业务的同时，香港分行不断加强基础建设，建立健全组织架构和治理体系，细化和完善内部规章制度，完善全面风险管理体系，业务运营情况良好，内部管控机制健全，未发生过不良贷款或重大风险事件。

（2）浦发银行"走出去"的经验。①坚持从整体战略出发，推进国际化战略。在推进国际化战略过程中，坚持了以下几项原则：一是战略中心原则：

国际化发展必须以全行发展战略为中心，服从、服务于全行整体业务发展需要，以国际化发展支持"以客户为中心"、"以创新为驱动"的发展战略，提升全行综合竞争实力，从而推动全行整体发展战略的实现。二是跟随客户原则：以"满足客户需求"为国际化的根本战略目标。跟随客户"走出去"，服务客户对外贸易、海外投融资和全球资产配置和管理的跨境金融需求。通过国际化引进金融创新产品、学习先进经营管理经验，提升服务客户的能力和水平。三是市场集中原则：实施重点区域重点突破的区域策略，选择现有国际业务相对集中的地区、金融市场相对发达的地区、当地市场发展情况相对较好的地区，从重要性、代表性、辐射性等方面进行综合权衡，将有限的资源投入到最为重点的区域。四是稳健审慎原则：充分认识国际化对自身能力的要求和挑战，全面辨识和把握国际化的潜在风险，根据本行的资源和能力积极稳妥地推进与本行战略目标相统一、与客户需求相匹配、与国内金融改革进程相适应、与人民币国际化进程相符合的国际化进程。五是战略协同原则：以境内的客户和业务资源支持境外机构的发展，以境外的产品创新和先进经验促进境内经营管理水平的提高，充分发挥境内外机构之间的战略协同，推动境内外机构一体化协调发展，实现全行整体效益最大化。

②建立完善的管理架构，加强境外机构管理。规范的管理是有序推进国际化战略，促进境外机构健康发展的前提和基础。浦发银行在设立香港分行的同时，推进了整体境外机构管理体系的建设，制定了相关管理办法，对境外机构管理的各个方面进行了详细明确的规定。

2. 国泰君安"走出去"

（1）国泰君安"走出去"现状分析。1995 年 6 月，国泰君安在香港设立全资子公司，为投资者提供证券及期货经纪业务、企业融资、资产及基金管理、融资融券、证券投资顾问和外汇业务等全方位服务，各项业务处于香港中资券商前列。2010 年，子公司国泰君安金融控股有限公司旗下的国泰君安国际控股有限公司在香港联交所上市交易（HK. 1788），实现了内地券商旗下公司在港 IPO 零的突破，并于 2011 年 3 月正式进入香港恒生综合指数金融成分股，成为唯一一只中资券商成分股。

国泰君安金融控股有限公司的全球"一站式"网上交易平台现可支持 9 个国际证券市场（包括中国香港、美国、日本、伦敦、加拿大、新加坡、中国台湾、澳大利亚、上海 B 股及深圳 B 股）、18 个全球期货市场及外汇买卖。成立至今成功完成了多个标志性保荐项目，包括首家在港上市的 A 股公司

（中兴通讯），首家在港上市的 A 股及 B 股上市公司（晨鸣纸业），首家在港上市的德国公司（星亮控股股份公司）。作为最早在港提供资产管理服务的中资券商，2007 年首只公募基金"国泰君安大中华增长基金"在香港成立，并被列入香港政府"资本投资者入境计划"的获许投资资产名单；2011 年 12 月获 RQFII 试点资格，并成为首家获批 RQFII 产品的中资证券公司。

国泰君安国际业务部凭借先进的交易清算平台、强有力的研究支持、国内及海外市场丰富经验的团队成员以及自身对市场的深刻认识，可根据客户需求，度身定制，为其提供包括各类金融产品的经纪、投行、研究、资产管理等全方位的服务；服务的客户涵盖美国、欧洲、日本、韩国、中国台湾各地的资产管理公司、投资银行和商业银行。QFII 客户市值已近 300 亿元人民币，各项业务指标名列国内前茅。

（2）国泰君安"走出去"未来战略。2013—2015 年公司发展的总体战略是持续创新，加快转型，全面发展，跨境突破。战略目标是健全投资银行基础功能，提升综合金融服务能力，努力把国泰君安打造成为行业领先的综合金融服务商。在"走出去"方面，国泰君安制定了中期国际化战略，坚持"以我为主、循序渐进、安全可控"原则，从组织、机制、业务和资本等几个方面加快公司国际化进程。同时，深挖公司投行、经纪业务潜能，发挥公司创新业务优势；充分利用公司在香港的平台资源，外引内联，协同开展国际业务。到规划期末，公司国际业务综合收入占比力争达到行业领先水平。近期内，国泰君安为推进国际化战略有以下工作安排：进一步加强母子公司之间、境内外业务单元之间的业务协同与合作。优化调整公司现有国际业务组织架构和运行机制，使之成为两地信息沟通的平台和业务协作的桥梁。尽快建立两地信息共享、业务合作和利益分配联动机制，努力实现两地客户的有序联动和在相关项目上的携手运作。以落实战略规划和《子公司管理办法》为抓手，积极推进母子公司间的战略协同和业务协作，提高公司对客户的一体化服务和跨境服务能力。努力开发内地赴港项目，以"B 转 H"为契机对接两地投行业务。建立 QFII、RQFII 和 QDII 合作模式，对接两地资产管理业务。进一步协调香港子公司与境内经纪业务线开展深层合作。香港子公司要继续推进经纪业务、融资业务、投行业务和资产管理业务全面发展，进一步提升在中资券商中的领先地位。围绕公司"打造全能型投资银行"这一目标，加快打造具有全面金融服务能力的区域性国际金融服务公司。充分发挥自身地域和平台优势，外引内联，协同公司相关业务跨境发展。

3. 上海国际集团（香港）公司"走出去"

（1）上海国际集团"走出去"现状分析。为积极参与上海国际金融中心建设，并进一步提升上海国际集团金融国资平台功能，集团在市委市政府和市金融办确定的战略规划框架下，谋划搭建集团香港平台，拟以"市场化、国际化"为原则，连接贯通上海和香港两地资本市场，盘活集团固化资产，做大做强集团金融主业。目前，由上海国际集团直接管理的子公司海外资产包括：全资控股的上海国际集团（香港）有限公司，主营进出口贸易、招商引资业务，注册资本 669 万美元，目前主要配合集团进行海外资产清理工作。通过国资公司全资控股的香港鼎通投资有限公司，主营投资控股、咨询服务业务，注册资本 2 730 万港元。该公司为壳公司，目前由集团香港公司托管。集团系统全资控股的香港沪光国际投资管理有限公司，主营资产管理业务，注册资本 800 万港元。该公司目前管理的港交所上市的"上海发展基金"（HK0770）主要投资于上海及内地的非上市公司股权；2009 年 10 月设立的"海峡两岸基金"，主要投资于台资企业的可转换债券。通过上海信托间接持有上海商业银行股权。上海信托通过持有申联国际（特殊目的公司）16.5%股权，间接持有上海商业银行3.7%股权。上海商业银行成立于1950年，主营零售及商业银行服务，为香港注册金融机构，注册资本 20 亿港元。

（2）上海国际集团"走出去"未来战略。上海国际集团香港平台的中短期目标为：一年内，整合现有资产，搭建经营管理团队和主营业务板块，形成稳定的盈利来源，解决自身生存问题；三年内，做强主营业务，形成具有行业优势的主营业务盈利模式，初步具备香港本地上市基础；五年内，实现香港本地上市；打通国内外融资通道，盘活集团固化资产；为集团整体 H 股上市做前期准备。未来几年，上海国际集团香港平台将从以下几方面具体实施中短期战略。

①整合海外资产，搭建上市架构。集团香港平台主要采用香港本地上市模式：整合系统内原日本、美国、香港的海外资产以及沪光国际、鼎通公司等，纳入集团香港平台统筹运作，逐步形成以资产管理、直接投资、金融综合交易等为主营业务的业务板块格局与上市架构。

②拓展主营业务。集团香港平台依托沪光国际开展资产管理业务（海外和国内股权基金业务），具体业务包括：引入国际知名的战略投资者，在国内设立合资子管理公司，设立并管理国内 QFLP 基金和纯人民币基金；管理运作香港上市的上海发展基金；积极拓展海外基金业务。同时，集团香港以鼎通公

司为载体，通过对鼎通投资，积极推进直接投资业务，具体业务包括：在价格合适的情况下，择机投资目前由沪光国际管理的香港上市基金——上海发展基金股份或参与其增发；与沪光国际合作，成为沪光国际所管理的其他股权基金的 LP 投资者或以跟投形式与沪光国际共同对项目进行投资；与其他股权投资者合作开展项目直接投资，可适当考虑如低碳环保、消费升级等领域的股权投资机会。

　　未来，集团香港平台初步设想市场化收购香港金融机构，逐渐形成可以并表的金融主业，收购重点包括设有综合性交易平台的金融机构，适时构建适合于集团业务运作的金融综合交易平台，为未来集团系统包括上海证券、上海信托、浦发银行等机构拓展服务于高端客户的海外私人银行业务奠定基础。

（五）股权投资基金"走出去"的案例分析

　　随着国际金融危机和欧洲债务危机的发生和蔓延，西方发达国家的经济受到重创。为尽快摆脱经济衰退的阴影走上复苏的道路，这些国家都在力图寻找新兴市场国家的资本注入。危机前后，生产要素加速流动，企业重组过程加快，以此来调整经济结构；同时金融危机使海外企业的收购价格估值较低，现在是企业并购的比较好的时间点。可以说，此次金融危机为我国的海外并购提供了良好的机遇。与此同时，随着国内经济转型升级，我国对外经济有"走出去"的必要：一方面，我国诸多行业出现产能过剩；另一方面，与其相关的基本能源和资源出现短缺，每年需花费大量价钱和运输费用从国外进口。这一矛盾在客观上要求我国企业利用这一时机大步"走出去"，既可以利用后危机时代相对低廉的收购价格购买大量的海外矿产和能源，也能借此机会将国内过剩产品销售到海外，可谓一举两得。再者，中国不断增长的外汇储备以及客观上对对外资产结构的调整，无疑为股权投资基金提供了强大的资金支持。

　　1. 中投公司：国家主权财富基金模式

　　随着中国贸易顺差的进一步积累，在 2007 年第一季度的时候我国的外汇储备已经高达 1.2 万亿美元。在如此高的外汇储备的情况下，国家需要有一个专门的机构来管理如此庞大的外汇储备。因此在 2007 年 6 月 29 日财政部发行了 1.55 万亿元人民币特别国债的议案。按照当前美元兑人民币汇率，这一特别国债数额相当于 2 000 亿美元，成为中投公司的资金来源。相应地中投公司也就充当了国家外汇投资公司的角色。

　　中投公司的投资主要分为两个阶段：第一阶段，2007 年到 2008 年以北美和欧洲的金融市场为主要投资方向，最著名的两项投资案例——黑石集团项目和摩根士丹利项目至今仍处于亏损状态。第二阶段，自 2009 年开始，公司转而投资境内外新兴市场，主要向资源、地产等更具抗通胀能力的非金融资产投资。中投公司在选择投资对象时有以下标准：①财务稳健，资信良好，风险控制指标符合所在国家或地区法律规定和监管机构的要求；②经营资产管理业务达到一定年限，管理资产达到一定规模；③从业人员符合所在国家或者地区的有关从业资格要求；④有健全的治理结构和完善的内控制度，经营行为规范；⑤近 3 年未受到所在国家或者地区监管机构的重大处罚。然而，单纯以这些指标作为投资标的的标准，难免不再次造成黑石和摩根士丹利投资失误的结果，所以选择适合的市场和行业显得尤为重要。

　　未来，随着新兴市场经济的发展，中投公司将有投资新兴市场的趋势。从行业投资角度来看，中投公司倾向于投资资源和地产等具有抗通胀能力的非金融资产。同时随着进一步的对外投资，中投公司需要在境外设立更多的办事机构，如目前的多伦多办事处和中投国际（香港）公司。

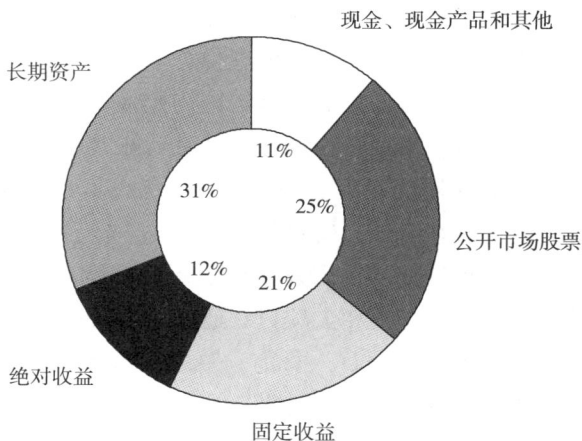

境外投资组合分布
（2011年12月31日）

现金、现金产品和其他

长期资产

11%

31%

25%

12%

21%

公开市场股票

绝对收益

固定收益

图 3 - 14　中投集团 2011 年境外投资组合公布

　　2. 赛领资本：境内人民币国际投贷基金模式

　　赛领国际发展投资基金是根据中国人民银行指导意见，在上海市政府的大力支持下，由上海国际集团发起设立的人民币国际投贷基金。赛领国际发展投

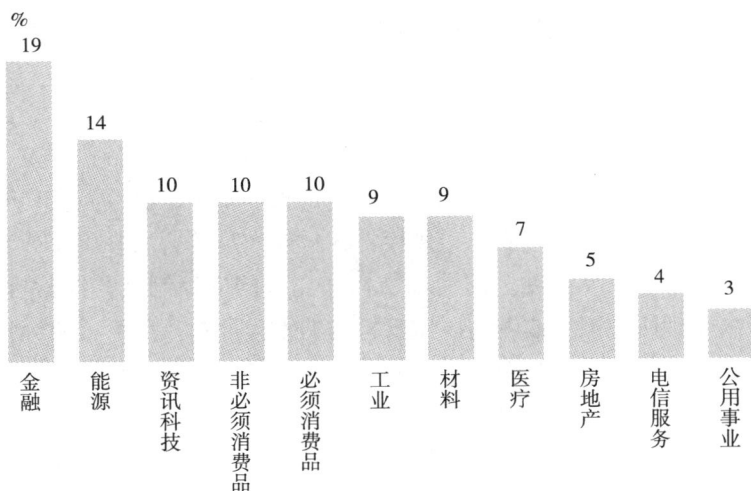

图 3 – 15   中投集团 2011 年投资行业分布百分比

资基金旨在为国内企业海外投资和并购提供市场化的操作平台和专业化的投融资综合服务，使国内企业能够以基金形式投资海外市场，并通过基金实现资金杠杆效应，降低市场风险；同时通过带动人民币资本输出，有助于对冲国际热钱流入对我国实体经济和金融体系的冲击，加速实现人民币国际化的国家金融战略，并积极推动上海国际金融中心建设进程。

赛领基金主要面向具有海外投资需求的国内企业募集，最低认缴出资额 5 亿元，且该企业资信良好，市场行为理性，且有较好的历史投资业绩。该基金通过旗下子基金开展境内外投资及境外贷款业务，投资项目通过境内外上市、并购、转让等方式退出。在海外投资对象的选择上，赛领基金会聘请专业咨询人员，根据数据库等资料研究当前宏观形势、国际并购趋势以及价格等因素，确定行业，然后围绕该行业寻找相关项目，通过对项目进行经济分析，选择进入价格较低、谈判条件较好的项目。目前，赛领基金倾向的行业有资源开发、先进制造、现代服务、生物医药、新材料、消费品和农业等等。赛领基金的特色可以总结为三大联动：境内外联动、投贷联动以及基金与企业海外发展联动。境内外联动是指分别在海内外设立两只子基金，境外基金是海外投资主体，承担长期投资任务；境内基金主要在业绩上平衡境外基金，以回馈投资者。投贷联动是指境外基金可以同时开展境外投资和贷款业务，包括境外项目股权投资、并购和境外项目贷款等。基金与企业海外发展联动，即赛领与股东企业联合成立基金，投资与股东海外业务发展相关的境外项目。

这些特色是国内其他基金所不具备的。不仅如此,赛领基金将通过母子基金、投贷结合以及发行债券等多级放大方式扩大投资规模,未来发展前景可观。

3. 弘毅投资:境内私募股权基金模式

弘毅投资成立于 2003 年,是联想控股成员企业中专事股权投资及管理业务的公司。资金规模为 450 亿元人民币,从成立至今专注于中国境内的国企以及民企的投资,同时兼顾海外投资。弘毅投资是"土生土长"的中国 PE 投资公司,其好处是最高管理层充分地了解中国国情,能够更好地把握中国的宏观经济的趋势,更加准确地了解中国企业的发展状况和企业文化。

依托于联想的支持,弘毅投资主要投资于国内的企业,从而驰骋国内战场。在前期对中国玻璃投资成功的基础上,弘毅投资相继投资于先声药业、济南跃德汽配、中联重科、林洋新能源、巨石集团、石药集团等行业知名的企业,并且屡战屡胜。在行业选择上,弘毅资本较为关注规模较大、成长空间广阔的行业。目前该公司已进入的行业包括建材、医药、装备制造、消费品、新能源、新材料、商业连锁、文化传媒、金融服务;除此以外,弘毅还特别希望将投资业务拓展到医疗服务、环保、矿产资源等行业。得益于联想集团的支持和自身对国内环境的熟识,弘毅投资未来将会继续投资于成熟行业中的成熟型企业和新兴行业中的成长型企业。与此同时,弘毅将会关注适合并购投资和改制的国有企业和快速成长的民营企业,以及具有跨境投资需求的中国及海外企业,从而在充分了解海外宏观经济环境和公司运营状况的前提下平稳成功地"走出去"。

4. 中信资本:境外私募股权基金模式

中信资本控股有限公司(简称中信资本)成立于 2002 年,是一家主攻另类投资的投资管理及顾问公司。其核心业务包括直接投资、房地产基金、结构融资、资产管理及创业投资,管理资金超过 40 亿美元。中信资本现有员工200 多名,在香港、上海、北京、东京和纽约等地设有子公司或办事处。

5. 为全球的投资者的资金负责

与中国投资有限责任公司不同,中信资本不是政府部门的一部分,而是总部在境外的投资机构。其资金来源也不是国家直接拨款,而是大部分来自美国、日本、欧洲及东南亚的机构投资者,只有不足 20% 的资金来自现有股东及管理层。相比较中国投资有限责任公司,中信资本所管理的数目也只有 44 亿美元,规模远远小于中国投资有限责任公司。

灵活利用母公司中信集团的内外资源和品牌发展直接投资基金是中信资本的一大特色。中信资本旗下的直接投资基金，是中国最活跃的直接投资基金之一。中信资本利用在中国市场的独特地位，竭力提高企业价值，针对在全球各地具有长期盈利记录的企业，开展兼并收购业务。公司成立至今，通过旗下管理的基金，已分别在中国、日本及美国完成多宗投资，涉及企业价值约52亿美元。目前，旗下管理基金的资金总额达26亿美元。中信资本在直接投资基金的领域内拥有多方面的优势。中信资本深谙本地文化和市场，能确保与所投资公司管理层的顺畅沟通。中信资本同时也得到政府、银行和公众等多方面的支持，加上中信集团的国内外资源和品牌，能帮助中国企业突破地域限制，建立全国及全球性的市场网络。配合中信资本在全球各地网罗的专才，中信资本在国际投资、兼并收购和国际商务合作等方面都有丰富的网络资源和经验。

（六）信托公司"走出去"的案例分析

自2007年银监会和国家外汇管理局印发了《信托公司受托境外理财业务管理暂行办法》（以下简称《办法》）之后，信托公司QDII正式获得制度的承认，信托QDII开始扬帆出海。在监管机关看来，信托行业无论资金还是外汇人才储备整体实力较银行为弱，对信托公司境外理财资金运用的审慎规定较为严格，因此，信托QDII有以下特点：第一，进入门槛高。《办法》对信托公司从事QDII业务设立了较高的门槛：除了公司治理、人才等要求外，只有注资最低为10亿元人民币的信托公司才能进入QDII方阵。与此形成鲜明对比的是商业银行的最低注资仅为1亿元。第二，业务门槛高。《办法》要求信托公司接受客户委托每单最低为100万元，不仅高于银行普遍执行的5万元人民币或1万美元标准，也高于现时其他任何金融机构。可以想见，在相当长的时期内信托公司的QDII业务的目标市场将定位于高端客户。第三，投资范围窄。根据《办法》规定，信托公司境外理财的资金运用范围基本限定为银行存款、债券、银行票据、大额可转让存单、货币市场基金等固定收益产品，而且要求这些投资产品的信用在"国际公认评级机构评级至少为投资级以上"，并不能投资银行系、基金系、券商系QDII均能涉足的股票市场。

截至目前，获批QDII额度的信托公司共有8家，总投资额度为49亿元（见表3-7）。然而整体来看，有额度的8家信托公司海外投资的进程较为缓慢，多家信托公司虽然获得QDII牌照，但多年来一直未推出相应的产品，或是由于缺乏相应专业人才，推出的产品在运作上也不如公募基金QDII。

表3-7 信托公司 QDII 投资额度审批表

机构名称	投资额度获批时间	获批额度（亿元）
中诚信托有限责任公司	2009.12.08	10.00
上海国际信托有限公司	2009.12.08	10.00
中海信托股份有限公司	2009.12.30	2.00
平安信托有限责任公司	2011.09.30	3.00
大连华信信托股份有限公司	2011.12.20	3.00
华宝信托有限责任公司	2012.07.17	5.00
中信信托有限责任公司	2012.11.21	11.50
新华信托股份有限公司	2013.01.24	4.50
信托类合计		49.00

资料来源：国家外汇管理局。

就目前来看，信托 QDII 的未来似乎堪忧，信托公司的特殊情况为其 QDII 业务设定了诸多限制，但信托公司目前无疑是最能全面运行信托理财工具的专门机构。在今后一个时期，由于监管政策的引导和自身市场定位，信托公司将会日益发挥高端化、长期化和个性化的特色。国内信托公司的 QDII 的信托产品主要投资于国外的金融产品。作为第一批获得 QDII 投资额度的信托公司，上海国际信托公司发行了多个 QDII 产品。截至 2012 年底，公司共发行了 23 只 QDII 产品，总规模近 2.3 亿美元。在国内信托公司 QDII 产品均投资于海外金融产品时，新华信托拟投资实业。目前新华信托 QDII 资格已经获得中国银监会的批准，使新华信托组团收购 AIG 旗下飞机租赁业务一事目前又有重大进展。这意味着该起中国信托界有史以来最大跨国并购案已取得资金出海的"通行证"。信托 QDII 有望成为并购资金的重要来源。

六、促进我国金融机构"走出去"的政策建议

（一）对政府与监管部门的建议

1. 坚持"走出去"战略与人民币国际化相结合，在国际贸易和投资中扩大人民币的国际影响力，尽快制定金融机构"走出去"战略的顶层设计。在经济金融全球化的背景下，金融机构"走出去"的问题已不仅是自身发展问题，而且是在具有更为深刻的国家民族利益全局性背景下的战略发展议题，金融机构海外发展战略推进实施的背后实质是国家之间实力的较量。人民币国际化成为国家战略是中国重新崛起的标志，也是国家经济、金融保持持续强盛的

重要的保障。进一步发挥金融机构"走出去"对人民币国际化的促进作用必须坚持把金融机构"走出去"战略与人民币国际化战略相结合，优化金融机构在全球的布局，提升金融产品创新能力和服务水平；尽快构建有效的金融机构"走出去"的顶层设计，在宏观上对金融机构"走出去"予以规划指导；确定银行、证券、保险、投资基金等在中国金融市场国际化和"走出去"战略实施中的角色定位、业务分工和合作关系。扩大人民币在国际贸易和投资中的国际影响力。

2. 完善国内金融市场，为金融机构"走出去"奠定基础。金融机构向国外进军，必须要有国内坚实的金融市场作基础，目前国内金融市场仍有待开放和改进。以债券市场为例，我国的债券市场无法做到在世界范围内发行买卖完全自由进出，由此，这个市场上的定价就不能代表世界价格；同时，国内债券种类数量不平衡，期限有偏，无法构造出一个健全正常的债券市场，因此无法作为有效的参照。

3. 构建金融机构支持实体经济的平台和支持体系、保障体系。在对外投资的法律支持、金融支持、政策支持方面也需要规划建设，根据《2010 年中国企业对外投资现状及意向调查报告》，企业目前对外投资的规模总体较小，原因主要是对外投资融资难①，支持体系还不健全。在国际上，美国不仅以《对外援助法》为中心形成了多层次、多领域管辖的法律体系，还通过政策和金融支持为本国企业提供融资便利。如美国政府不仅提供资金支持与援助，还设立了海外投资保险。近年来，金融支持方式更是趋于多样化，金融工具和金融产品不断创新。如花旗银行不仅提供基本的现金管理、外汇交易和贷款服务，还提供项目融资、债券与国债交易服务、金融衍生品、证券托管、资产证券化等高端金融服务。日本设立了专门的政策性金融机构，为本国企业海外投资提供优惠的政策性信贷支持。

4. 放松管制，规范金融机构走出去的监管制度。建议政府部门借鉴国际经验，进一步放松管制、扩大对外开放与完善内外部环境。国务院办公厅转发发改委等八部委《关于加快培育国际合作和竞争新优势指导意见的通知》（国办发〔2012〕32 号，2012 年 5 月 24 日）标志着我国金融改革步入了国际化的轨道。对推动金融机构"走出去"有着重要的指导意义，进一步扩大金融领域的开放。监管部门应根据文件精神，进一步扩大金融领域的开放，加大对符

---

① 《2010 年中国企业对外投资现状及意向调查报告》，载《中华工商时报》，2010 – 05 – 19。

合国际化条件的金融机构海外发展的政策支持力度；

（1）放松管制。放宽企业跨国经营的外汇管制，加快资本和外汇流动自由化，为企业"走出去"松绑；应提高企业用汇的便利性，积极发展外汇市场，增加外汇市场产品，便于"走出去"企业规避汇率、利率等风险；鼓励境内银行、金融资产管理公司、租赁、信托、基金、期货、证券、保险等各类金融机构加大金融创新力度，提高金融服务效率，为企业"走出去"提供多元化、全方位、高质量的金融服务。

（2）规范金融机构"走出去"的各类监管，加强走出去的政策协调。第一，根据各类金融机构的实际情况，制定一套科学标准以认定金融机构是否符合海外发展的条件，形成梯次化的监管标准。第二，简化审批程序，提高审批环节的效率。金融机构"走出去"的审批环节涉及国资委、发改委、外汇管理局、商务委等方方面面，政府部门应加强协调，研究和制定企业"走出去"的战略规划和政策框架。第三，进一步明确细化各项跨境监管的要求。包括并表管理的要求、风险管理的要求以及高管任职资格的要求等等，增强各项监管要求的针对性和可操作性，降低金融机构的监管成本和合规成本。

5. 加强国际合作，建立国际合作机制。建议我国的监管机构与海外的监管机构要密切合作，形成合作备忘录，取得监管方面相互的谅解，既避免监管的真空，又防止重复监管，为金融机构国际化发展创造良好的外部环境。通过建立双边、多边的金融合作机制，与有关国家签订经济金融合作意向条款，加强金融业的国家政府间协同合作，建立高效的国家间对话合作机制，切实为中国金融机构"走出去"提供有利的内外联动政策协调保障平台，形成对金融机构在国外经营合法权益的保护，为国际化发展战略的实施营造更好的外部环境，实现金融机构"走出去"战略实施的可持续化。

（二）对金融机构的建议

我国金融机构为企业海外投资提供的金融服务还刚刚起步，创新业务品种不多。银行海外分支机构提供的金融服务同样以传统业务为主，金融服务的不足已经成为我国企业海外拓展的关键约束。为充分利用"两个市场、两种资源"，实现我国企业"引进来"和"走出去"双向互动，需要推动银行、金融资产管理公司、租赁、信托、基金等各类金融机构的金融创新力度，不断创新传统金融服务模式，不断丰富多元化、多渠道融资手段，不断完善和丰富金融服务功能与产品，按照市场化原则，加大对"走出去"企业提供多元化金融服务的创新力度，拓展金融服务的市场空间。

1. 以跨境人民币结算业务为先导积极参与海外人民币业务，在条件成熟的国家和地区积极发展跨境贸易人民币结算以外的海外人民币业务。在人民币国际化的初级阶段，金融机构特别是银行等金融机构主要获得的是海外人民币业务机会，而跨境贸易人民币结算业务是各项海外人民币业务大规模发展的基础，能够带动人民币清算、兑换、存款、贷款等各项境外人民币业务发展，也是人民币走出国门的主要渠道。以此为先导，确立整体的先发和领先优势，不断建设清算渠道、丰富产品、积累海外人民币资金和客户，为海外人民币业务的全面发展奠定基础。人民币结算业务的试点为人民币国际结算和贸易融资业务形成规模提供了新的机遇。金融机构应当积极配合国家政策的调整，加快建设覆盖全球的清算网络，加大相关产品的研发和创新力度，积极向国内客户营销宣传跨境人民币结算业务，尽快做大业务规模，为推动人民币国际化奠定坚实的基础。

2. 积极利用现有海外布局，通过业务创新、产品创新从微观层次更好地服务于实体经济的"走出去"，在推进人民币国际化的进程中，促进我国产业结构的升级和经济结构调整。我国金融创新总体上落后于实体经济发展的需要，金融工具种类仍然偏少，品种体系还不够完善，金融制度和组织结构创新力度不足，金融企业同质化的竞争还比较突出，影响了金融体系结构的改善，需要有与实体经济相协调的金融创新。另外，要积极支持优质企业兼并收购境外企业。在经济全球化的趋势下，生产要素在全球范围内流动和配置，产业结构重新调整组合也涉及全球范围。特别是随着能源和大宗商品价格波动加大，国际贸易摩擦加剧，全球产业竞争与整合加速，国内企业通过"走出去"参与国际竞争势在必行。金融机构要立足于我国经济"走出去"的需要，通过银行信贷、国内资本市场融资等多种形式，提供及时全面的金融服务，积极支持优质企业兼并收购境外企业。同时，鼓励有条件的金融机构拓展海外业务，稳步扩大海外布局，不断提高中国企业利用国际、国内两个市场配置资源的能力。

3. 加大与人民币国际化相关的产品创新力度，建设上海人民币产品中心。加大与人民币国际化相关的产品创新力度，加快跨境人民币结算及相关派生产品的创新，建设上海人民币产品中心。跨境贸易人民币结算业务涉及的产品范围广泛，包括客户的结算、贸易融资、贷款、存款等业务，以及面向金融机构客户的账户管理、清算、投资等产品。各类产品创新的空间都很大，创新的速度和质量决定了我国金融机构的竞争能力和市场地位。在企业客户的服务方面，要加大与跨境贸易人民币结算相配套的人民币贸易融资产品的创新和推广，加强跨境贸易人民币结算项下融资与资金产品组合方案的研发和设计，加快基于人民币离岸账户的存款和融资产品的创新，加快境外人民币贷款和人民币境外投资配套产品和服务方案的创新。在服务金融机构客户方面，要完善金融机构人民币账户的管理和服务，根据政策积极推出代理行人民币账户理财产品，完善人民币资金购售产品，发展境外人民币资金拆借业务，丰富代理行的人民币账户产品和服务选择。在产品创新方面，要根据国家政策的统一安排有序推进，在国家政策允许的范围内积极推出各类人民币投资产品，增加客户持有人民币的投资选择。通过各类人民币产品的创新，积极推动上海人民币产品中心建设。

4. 发挥我国金融机构的协同作用，增强金融机构竞争力，增强金融机构在国际市场话语权。中国金融业和非金融业在对外投资中应进行战略协同，形成金融机构"走出去"与企业"走出去"的协调发展。通过金融机构多层次、全方位的"走出去"，加大金融机构对企业"走出去"的支持力度。同时，商业银行、政策性金融机构、保险公司等金融机构之间通过并购、参股境外机构，扩大海外版图，积极拓展国际化视野。也可以通过与外资银行建立战略合作伙伴关系，加强海外业务合作，在海外银团贷款、金融授信、全球资产管理、海外并购等多个领域开展合作。在金融机构"走出去"的战略中，要重视发挥中资金融机构之间的战略协同、业务上相互配合的作用，增强中资金融机构竞争力，增强金融机构在国际市场的话语权。

5. 反思"走出去"的失败案例，增强投资能力。对外投资损失是金融业实施"走出去"战略以来，面临的最严峻的问题。国际经验显示，60%的海外并购都以失败告终，而中国企业海外并购成功率不到25%。之所以如此，关键在于企业的投资能力在并购之后难以解决企业整合后遇到的各类复杂和艰难的问题。在金融产品投资方面，国内银行、基金、信托等金融机构的多款QDII产品投资失利，值得金融机构反思。金融机构要防范对外投资中暗藏的巨大风险。金融机构的产品创新、国际化的金融服务和风险控制是金融机构实施"走出去"战略的有力支撑，重点是要培育具有国际投资水准的金融人才，增强投资能力。

6. 借鉴国际经验，为实体经济"走出去"提供更好的金融服务。从典型案例来看，日本20世纪七八十年代面临的经济发展状况与我国当前情况相似。

日本金融机构作为日本企业海外上下游的重要整合者，在加快日本金融资产的海外布局中发挥了重要作用，不仅实现资产的快速升值，而且利用产业的国际转移加快了本国经济结构调整，其经验值得我们借鉴。

（三）关于金融机构"走出去"促进上海国际金融中心建设的建议

1. 发挥上海的金融中心建设的优势，加快建设对外投资平台。经济全球化是世界经济发展的必然趋势，海外投资中心建设是落实《上海国际金融中心建设"十二五"规划》要求的具体举措，但目前仍然处于平台和制度建设的起步阶段。政策法律的规范、金融放松管制、政策试点等仍然需要在上海国际金融中心建设的总体框架下的顶层设计，微观经济活动活力增强也需要更有利的经济环境。企业进入国际市场不论是贸易式进入、契约式进入还是投资式进入，都需要对外投资的平台。政府应当加快建设海外投资的支持平台，搭建全球性的资金、技术、信息、人才等要素交流配置平台，把国外的多种投资和需求信息反馈到国内，实现各类企业资讯及资源对接，提高海外投资的效率。

2. 完善对外投资风险控制体系，建立风险评估中心。企业"走出去"面临着各类风险，中石油、中国五矿、中粮、华为等企业在海外并购屡屡被拒，中东、北非局势动荡给企业在这些地区的投资带来了巨大的损失。欧债危机后，对外投资的难度及风险加大，一些国家设置的投资壁垒也提高了海外投资成本，如美国扩大了外国投资审查委员会审查范围，一些发展中国家的投资政策不稳定等。2012 年 1—2 月，商务部驻亚洲、欧洲、西亚、非洲的机构发布的预警提示多达 20 条。面对这一情况，上海应当建设企业"走出去"风险控制体系，建立风险评估中心，对企业"走出去"可能面临的政治、经济、法律、文化等风险进行测评，为国内资金安全保驾护航。

3. 鼓励民间金融"走出去"。民营资本"走出去"应成为中国经济战略转型的重要组成部分，国家应积极引导和鼓励民营资本在更大范围、更广领域和更高层次参与全球合作，做强、做大民营资本。在"走出去"过程中不能全是国企，应该多鼓励民企和私人的参与。企业对外投资面临着资金短缺、人才匮乏、经验不足、信息不畅等问题的困扰，民企"走出去"更是遇到审批慢、政策严的问题，只有简化、完善相关手续才能为民企的对外投资提供便利、消除障碍。近年来居民个人境外直接投资的需求也快速增加，个人通过非规范渠道获取外汇在境外投资的行为屡见不鲜，适时开放居民个人境外投资，有利于拓宽这些资金的流出渠道。

4. 积极推动上海市属金融机构"走出去"。上海市属金融机构的国际化是推动上海国际金融中心建设的重要力量,推动上海市属金融机构"走出去"对提高上海金融业的竞争力、影响力、推动上海经济发展模式的转型具有关键作用。目前,上海市属金融机构"走出去"尚在起步阶段。为适应国际化趋势,金融机构需要应对挑战,增强能力。此外,各级政府应当加快国内金融监管体制和市属金融机构体制机制的改革创新,为金融机构特别是上海市属金融机构"走出去"创造良好的竞争环境。

第四章 商业银行

一、当前商业银行的人民币业务和产品

(一) 商业银行离岸人民币业务创新现状

1. 人民币 NRA 业务。NRA（Non – Resident Account，非居民账户），又叫做境内外汇账户，是指境内银行为境外机构开立的境内账户。国家外汇管理局于 2009 年 7 月 13 日发布的《国家外汇管理局关于境外机构境内外汇账户管理有关问题的通知》，允许境内银行为境外机构开立境内外汇账户。该账户的开立一方面可以便利我国的境外投资企业管理境外资金，另一方面也有利于商业银行对融资企业境外资金进行监控，防范信贷风险。在促进贸易投资便利化的同时有效地防范金融风险。其中外向型的中资企业是该项业务的最大受益者。

人民银行 2010 年 10 月下发《境外机构人民币银行结算账户管理办法》后，NRA 账户的吸存范围从外币扩展到了本外币，这一举措为 NRA 账户吸收人民币存款打开了通路，也形成了一条境外人民币资金的回流通道。以某大型国有商业银行为例，2010 年办法下发后两个月时间就开立人民币账户上百个，存款余额近 20 亿元。该业务发展迅速，一方面是由于香港市场人民币投资渠道较少，导致人民币在港市场利率一直低于内地市场利率；另一方面更重要的因素是由于境外企业能够通过开立人民币 NRA 账户获得美元贷款，赚取利差收益。

2. 跨境人民币远期信用证境外融资业务。跨境人民币远期信用证境外融资是指在跨境贸易人民币结算方式下，银行为境内客户开出受益人为境外关联企业的跨境人民币信用证，境外机构申请在海外银行办理出口融资，同时在海外银行办理 NDF 汇率锁定，而境外银行以该笔信用证承兑后的应收款项为担保，向境外企业（多为境内企业关联公司）发放外币贷款，信用证到期日由

银行汇出该笔跨境人民币信用证资金偿付海外银行的融资方式，适用于进口企业在境外有全球采购平台，直接从境外的采购平台进行集中采购，使用美元远期信用证作为境外采购结算工具的情况。

与普通的外币信用证相比，人民币信用证不占用银行外债指标。该项业务同时也会套做 NDF 业务，以锁定汇率。通过办理该项业务，境内外企业不仅可以获得境内人民币存款利率高于境外外币融资利率的收益，还可获得人民币远期升水的收益。该产品有如下优势：境内客户交易对手在境外获取低成本融资，锁定企业汇率风险，可赚取人民币理财收益；开证期限长，不受短期外债指标的控制。

3. 人民币代付业务。人民币代付业务，又称买方付息贴现业务，是境内银行根据进口商的资信情况、财务状况和资金回流时间，在进口商出具信托收据并承担融资费用的前提下，依据核定的海外代付额度，为进口企业提供最佳的海外代付期限，指示海外银行代进口商用信用证、进口代收、T/T 付款等结算方式支付进口款项所提供的短期融资方式。

近年来，随着持续的人民币升值预期以及国内信贷规模普遍偏紧，国内外汇贷款大幅增加，外汇流动性趋紧，融资价格普遍升高，境内外资金差价逐渐拉大。目前，各家商业银行信贷规模普遍偏紧，无法用自有资金满足进口企业融资需求。通过人民币海外代付业务，境内银行不仅可以满足客户融资需求，提高客户忠诚度，也可以在代付行报价的基础上加上自己合理的利润空间，取得利差收益，获取可观的中间业务收入。同时，为避免远期售汇汇率波动风险，锁定交易成本，海外代付产品组合可为经办银行带来可观的远期售汇业务，充分享受人民币远期升值的好处。此外，通过办理100%保证金存款或银行承兑汇票质押的海外代付产品组合，境内银行不仅可以获取人民币升值、利差、汇差等收益，而且还可以增加可观的人民币保证金存款或托收回款沉淀资金，大大拓宽了吸收对公存款的有效渠道。各商业银行为了应对各企业远期购汇意愿强烈的现状，积极推出人民币海外代付业务以及相应的产品组合，大力拓展盈利空间和业务渠道，以便抓住这次市场机遇。

4. 跨境购汇业务。跨境购汇业务指业务行通过大额支付系统将客户购汇所需的人民币资金汇入该行境外合作行的账户，再由该行境外合作行协助客户在境外市场购汇。考虑到境外购汇价格低于国内购汇价格的市场特点，银行推出这项新业务可以吸引需要对外付汇的企业，有效地为企业降低购汇成本。这类企业普遍对财务成本较为敏感，对跨境购汇业务有着很大的市场需求。银行则一方面从中获取佣金收益，充分发挥海外各分行的作用，另一方面则能从竞争对手那里抢到更多的客户。跨境购汇业务对于完善银行的产品线，紧密银行和境内外企业的联系有很大的意义。在国际贸易、国际经济日益发展的今天，境外消费和境外贸易有很大的人民币需求，尤其是在人民币国际化进程使得人民币的国际地位越来越高的今天，这一点显得尤为重要。推出跨境购汇业务能够提高商业银行与离岸市场其他银行或机构的竞争力，在人民币国际化的进程中，凭借本土银行的优势获得更多的利益。

（二）离岸人民币市场与人民币国际化

自 2009 年我国政府着手推进人民币的跨境流通，通过多渠道、全方位的改革措施使得境外人民币存量大幅、快速增长，由此催生了一系列的境外人民币金融产品交易市场——人民币离岸金融市场，例如中国香港、中国台湾、新加坡、伦敦、芝加哥等人民币离岸金融市场。在这些相继涌现出来的人民币离岸金融市场，中国香港凭借着得天独厚的地理位置、中央政府的政策支持以及作为大陆同世界紧密联系的桥梁等优势，在诸多现有人民币离岸金融市场脱颖而出。因此，本节对离岸人民币市场的讨论主要围绕香港人民币离岸金融市场展开。

1. 离岸人民币业务对人民币国际化的影响

香港离岸人民币市场的建立过程总体上分为三个阶段，即萌芽阶段（2003年底—2008 年底）、形成阶段（2009 年初至 2011 年中）和全面建设阶段（2011 年 8 月以来）。香港离岸人民币市场的建立和发展得益于中央政府的政策推动和管制放松，香港离岸人民币金融业务经历了由易到难逐步推进的过程。

（1）离岸人民币存贷款业务：人民币国际化的基础。人民币存款类业务吸收了跨境人民币结算和其他渠道的大量人民币，实现人民币境外流通所必需的条件——境外人民币存量，同时可以集中境外人民币资产为后续运用提供灵活可靠的支持；人民币贷款业务可以为境外人民币资产短缺方提供人民币融资，提高境外的人民币使用效率，同时是人民币存款业务利息收入的重要来源之一。因此，离岸人民币存贷款类业务是离岸人民币金融业务的基础，是人民币国际化的初始平台和必要条件。

当前，离岸人民币存贷款业务发生量已成为衡量人民币离岸金融市场发展程度的重要指标。香港是当前发展最为成熟的离岸人民币市场，其人民币存款业务在 2004 年就开始出现，2010 年以后得到迅速发展；贷款业务则主要从

2009 年开始起步，但进展相对缓慢。

存款业务方面，从资金来源看，香港离岸市场上的人民币存款主要来自跨境贸易人民币结算、人民币境外直接投资和其他境外地区的人民币流入。其中，跨境贸易人民币结算是香港人民币存款的最主要来源，其以货物贸易为主。通过跨境贸易人民币结算，中国境内大量的人民币被输出，并且主要滞留在香港地区沉淀为人民币存款。此外，中国对外直接投资的迅速发展为对外直接投资人民币结算业务的开展奠定了坚实的基础。在"走出去"政策的指导下，我国对外直接投资的发展速度很快，且大量投资都流向了中国香港、东南亚等市场，这在很大程度上增加了香港离岸人民币存款。最后，由于政策和地域等因素的综合作用，香港发展离岸人民币业务有着独特的优势，并已成为当前离岸人民币的交易中心和定价中心，吸引了大量其他境外地区的人民币流入寻找交易和投资机会，这也造成了香港市场上人民币存款量的增加。

贷款业务方面，目前香港人民币贷款业务主要有贸易融资贷款、流动性贷款以及银团贷款等形式。2009 年，中银香港办理了首笔跨境贸易人民币融资业务；2010 年，中银香港和恒生银行牵头分别办理了首笔离岸人民币流动资金贷款和首笔离岸人民币银团贷款业务。当前，人民币贷款业务的规模还较小，这与 2011 年中以前长期存在的人民币升值预期和尚不完善的人民币回流渠道有一定的关系。随着升值预期的减弱与人民币回流渠道的完善，加之香港离岸市场人民币需求量的持续加大，未来离岸人民币贷款业务有着较大的发展空间。

（2）离岸人民币债券市场：扩大人民币海外影响力。离岸人民币债券相关业务的开展为境外人民币资金提供了优质的投资渠道，人民币债券类金融资产良好、稳定的收益率提高了市场参与者的人民币持有意愿。当前商业银行离岸人民币债券相关业务发展势头良好，未来人民币回流渠道的拓宽、人民币债券评级体系的进一步完善和离岸人民币债券二级市场的加速发展将吸引更多的有人民币资金需求的企业赴港发行人民币债券，也将吸引更多的人民币持有者积极参与人民币债券投资，这对人民币在海外影响力的扩大和人民币国际化进程的深化有积极的推动作用。

上述重要意义使得发展离岸人民币债券业务成为继开展香港离岸人民币存款业务之后，中央政府为促进香港人民币离岸金融市场的形成所采取的重要举措。2007 年 1 月 10 日，中央政府同意内地机构在香港发行人民币计价的金融债券，中国人民银行为此制定了《境内金融机构赴香港特别行政区发行人民币债券管理暂行办法》。2007 年 7 月，国家开发银行在香港发行了首只人民币债券。与国内债券发行市场相对严格的条件相比，只要符合参与香港债券市场一般要求的任何实体（无论中资或外资）均可在港发行人民币债券。发行实体将所得人民币兑换为其他货币方面没有限制，并且将收益汇回境内也并不困难。

香港离岸人民币债券业务的发展得到了我国中央政府与香港特别行政区政府的大力支持。从发行特征来看，离岸人民币债券主要包括两种，即点心债与合成债。点心债是以人民币计价、以人民币结算的债券，是完全性的离岸人民币债券；而合成债是以人民币计价、以美元结算的债券。人民币点心债是香港离岸人民币债券市场的主体，其发行量在 2011 年底约占人民币债券总发行量的九成之多。从发行主体来看，离岸人民币债券包括金融债、政府债、企业债、国际组织债等几种类型。其中，金融债是最先出现的人民币债券，政府债、企业债和国际组织债随之出现，丰富了离岸人民币债券市场的发行主体类别。此外，香港离岸人民币债券的承销机构数量日益增长，承销业务的竞争也日益加剧。中资商业银行当前的市场份额较小，但随着服务质量和人才实力的提升，加之对人民币回流等本土化操作有着丰富的经验，其在离岸人民币债券承销市场上的竞争力有增强的趋势。

（3）离岸人民币衍生品市场：促进人民币国际化的良性发展。随着人民币国际化的深入推进，市场参与者对其持有的人民币资产的避险需求日益强烈，在离岸市场发展与汇率和利率相关的衍生品业务很好地契合了这方面的市场需求，丰富了离岸人民币市场的产品线，进一步激活了离岸人民币市场。与此同时，通过衍生产品的价格发现功能，人民币衍生产品市场的发展还将促使人民币货币价值和以人民币计价资产价值进一步得到真实反映，这对人民币国际化的良性发展意义重大。

香港离岸人民币资金交易类业务的发展与离岸人民币金融产品的创新密切相关，当前香港离岸人民币市场已经推出了无本金交割人民币远期（NDF）、可交割人民币远期（DF）、可交割人民币期权、离岸人民币外汇掉期等多种离岸人民币汇率衍生品和可交割人民币利率互换、可交割人民币利率互换期权等离岸人民币利率衍生品。这其中，最重要的衍生品当属无本金交割人民币远期和可交割人民币远期两个类别。

20 世纪 90 年代中期，无本金交割人民币远期已经在新加坡和香港出现。2002 年 9 月以来，人民币面临较大的升值压力，NDF 吸引了更多全球投资者和投机者的关注，投机需求带动了人民币 NDF 交易额的稳步上升，使得人民币 NDF 市场的活跃程度稳步增加。离岸可交割远期合约（DF）于 2010 年 7 月在香港出现，其出现意味着香港离岸人民币远期外汇市场交易产品有了重要的发展，香港离岸人民币远期外汇市场也步入到新的发展阶段。

（4）离岸人民币资产管理业务：推动人民币国际化进程。随着人民币国际化的深化和境外人民币的集聚，传统的人民币存款类产品已经无法满足市场参与者日益多样化的财富管理需求，人民币资产管理类业务应运而生。总体而言，离岸人民币资产管理类业务的深入开展拓宽了境外人民币的投资渠道，使得离岸人民币市场产品线日趋完整，这对人民币国际化进程有着积极的推动作用。

香港离岸人民币资产管理类业务主要包括离岸人民币保险业务和离岸人民币基金业务。中国人寿保险（海外）股份有限公司于 2010 年推出了人民币储蓄保险，取得了较好的市场反响。此后，汇丰保险、中银人寿、交通银行香港分行等也相继推出了多款人民币人寿储蓄保险产品。在香港保险业中，银行保险占有重要的市场份额，各商业银行往往通过股权纽带涉足香港保险业务。例如中银保险由中银香港全资设立，中银保险全资控股中银人寿；汇丰集团全资控股汇丰保险和汇丰人寿等。这种银行保险模式为离岸人民币保险业务的发展提供了一定的有利条件，香港离岸人民币保险业务可以通过相应银行的支持而得到快速发展。

在离岸人民币基金业务方面，从海通资产管理（香港）公司于 2010 年 8 月发行首只离岸人民币基金算起，香港离岸市场上已经有多只以人民币计价的公募、私募基金，这些基金的出现增加了香港市场及海外市场的人民币投资渠道。当前，香港人民币基金包括债券基金、定息基金、收益基金等形式，并主要投资于人民币债券和人民币存款两类人民币产品。由于香港离岸市场上人民币金融产品的期限较短，投资于这些产品的人民币基金的平均存续期也相应较短，大致在 1 到 3 年之间。与此同时，离岸人民币基金年收益率也较低，还常常出现收益率为负的情况，这应该与当前离岸市场上人民币产品的单一性和较低的投资回报率有直接关系。

2. 离岸人民币业务发展史和影响因素分析。香港是当前最大的离岸人民币市场，但是香港人民币离岸市场的发展并不一帆风顺。众所周知，香港在这一次离岸人民币市场建设中脱颖而出是由很多的因素造就的，其中不可否认的是中央政府的政策倾斜发挥了重要作用，但仅有政策的支持是否足以支撑其遥遥领先。自然而然我们会有这样的问题：香港人民币离岸市场的发展情况如何？影响其成功的因素是什么？为此，我们有充分的理由为香港人民币离岸市场的发展过程做一次复盘。

可以看出，在相关政策稳步推进、市场容量不断扩大的背景下，香港离岸人民币市场在初期经历了一个快速的发展历程。2011年中以来，香港市场上商业银行离岸人民币业务的增长出现了一定的停滞，这种情况既受商业银行和相关企业自身利益驱动的影响，也与香港离岸市场的市场环境和价格形成机制有一定关系。

（1）跨境人民币结算业务的历程及影响因素。香港是目前跨境人民币结算的主要市场，图4－1按月度展示了近年来香港跨境贸易人民币结算的相关情况。可以看到，从2010年中到2011年中的一年时间内，香港跨境贸易人民币结算额呈现了较快的增长势头；从2011年中到2012年底，香港跨境人民币结算额的增长则逐渐趋于停滞。从比例上看，香港跨境贸易人民币结算额占香港跨境贸易结算总额之比在2012年下半年存在着下降的趋势，从2012年中的93.1%下降到12月的74.1%。图4－2按季度显示了香港跨境贸易人民币结算的相关情况，跨境贸易人民币结算额及其占比的季度变化趋势与前述月度变化趋势相似。但可以肯定的是，人民币仍是当前香港跨境贸易结算使用比例最大的货币。

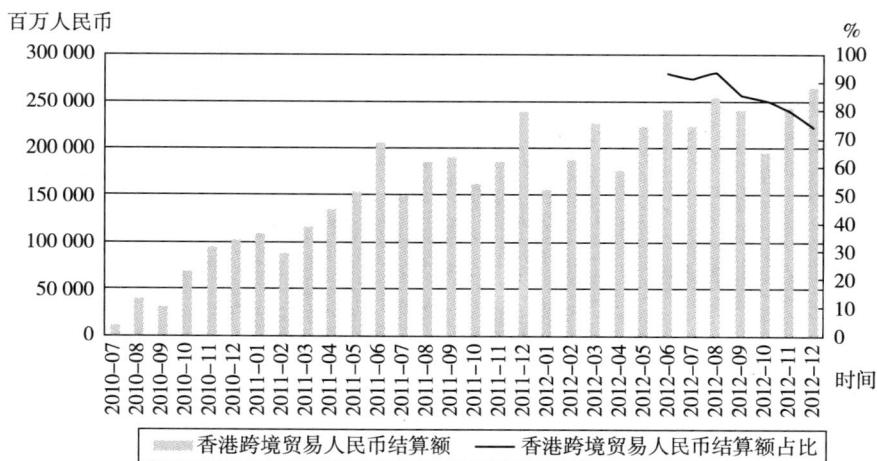

资料来源：CEIC。

图4－1　香港跨境贸易人民币结算情况——月度

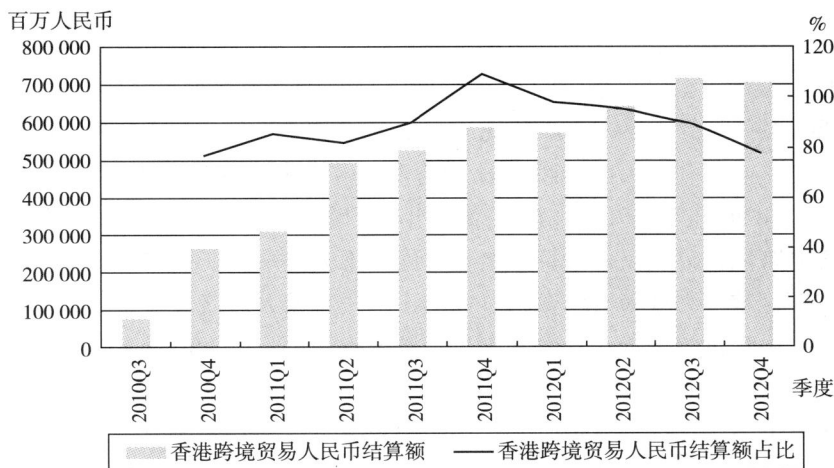

资料来源：CEIC。

图4-2 香港跨境贸易人民币结算情况

（2）离岸人民币存贷款业务的历程及影响因素。离岸人民币存款。近年来，香港离岸人民币市场快速发展，到2012年底，香港人民币存款已上升至6 030亿元。图4-3显示了历年来香港离岸市场上人民币存款的变化情况。从历史情况看，存款业务量在2010年底到2011年初经历了一个爆发式的上升

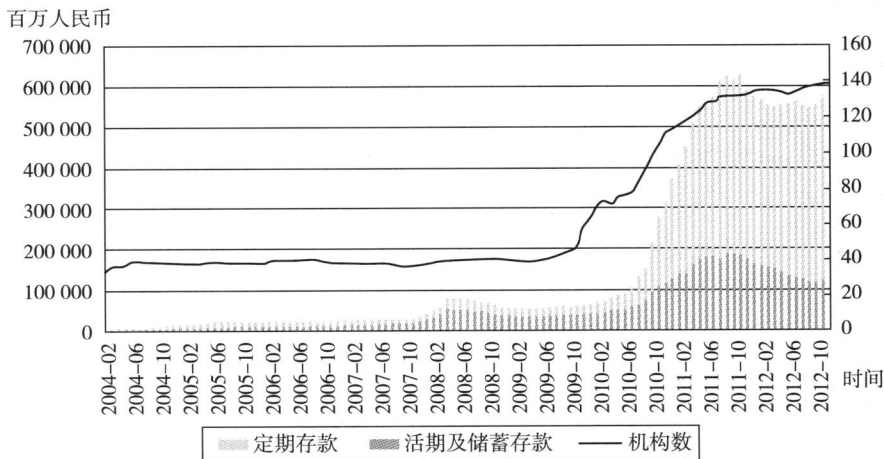

资料来源：香港金融管理局。

图4-3 香港人民币存款情况

期。何帆等（2011）的调查研究表明，香港离岸人民币市场存款业务的变化情况是和跨境人民币结算业务密切相关的，香港人民币存量在 2010 年急剧上升，主要归因于企业客户通过跨境贸易结算而收到大量人民币，2010 年香港企业人民币存款的增量（约 1 760 亿元）绝大部分来自 2010 年香港企业在跨境贸易结算试点中收到的人民币净支付（约 1 500 亿元）。在 2010 年的飙升之后，从 2011 年中期开始，人民币存款余额出现了增长停滞甚至倒退的现象，这与同期香港跨境贸易人民币结算额增长的停滞不无关系。在存款结构方面，可以看到定期存款占香港人民币存款总量的比重一直较大，这凸显出了香港离岸市场以人民币计价的投资产品发展不足、居民与企业不得不把新增的人民币以定期方式存入银行的事实。

在香港离岸市场上，持有人民币存款的回报率——存款利率一直非常低，图 4-4 展示了香港离岸人民币存款利率的历史变动情况。可以看出，香港离岸人民币存款利率一直保持低位运行。何帆等（2011）的调查研究表明，香港人民币存款的低利率在很大程度上是由现行的离岸人民币清算行机制决定的。目前，中银香港是香港人民币业务的单一清算行。香港市场上其他人民币业务参加行将多余的头寸存放于中银香港，中银香港再将其存入中国人民银行深圳中心支行。中银香港可获得 0.99% 的利息，在扣除一定费用后，中银香港再向其他参加行支付 0.865% 的利息。这就决定了香港银行业所提供人民币

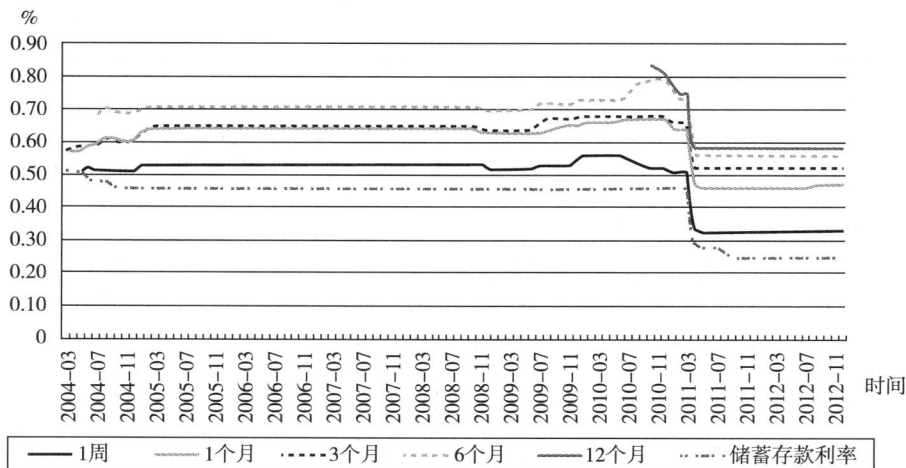

资料来源：香港金融管理局。

注释：图中"1 周"、"1 个月"、"3 个月"等均对应少于 10 万元人民币的相应期限存款利率。

图 4-4 香港人民币存款利率情况

存款利率的上限。进一步地，离岸人民币存款利率从 2011 年初到 2011 年中期显著地大幅下跌。以储蓄存款为例，其利率从 2011 年 3 月的 0.46% 下降到 2011 年 9 月的 0.25%，下跌近一半。结合同期跨境贸易人民币结算额增长停滞、人民币存款余额不增反降的事实，我们有理由推测，当前以跨境结算拉动的人民币存款量已经趋于饱和，过低的存款利率阻碍了人民币存款业务的进一步发展。

总体而言，从相关业务数据来看，除政策因素外，香港跨境贸易人民币结算额、离岸人民币存款利率和香港离岸市场以人民币计价的投资产品市场发展都对香港离岸人民币存贷款有着重要的直接影响。

离岸人民币贷款。从 2010 年起，香港离岸市场人民币贷款的数量经历了跨越式的增长。CEIC 数据库的数据显示，2010 年香港人民币贷款仅为 18 亿元，到 2011 年增长至 308 亿元，到 2012 年底，香港人民币贷款总额已增长到 790 亿元的规模。虽然增幅巨大，但在绝对量上，香港离岸市场人民币贷款规模还很小。以 2012 年为例，790 亿元的贷款规模只占当年离岸人民币存款余额 6 030 亿元的 13.1%。根据作者的调研，较少的离岸人民币贷款余额与商业银行的利益动机有密切关系。由于香港离岸市场上人民币贷款的利率较境内更低，商业银行缺乏发放离岸人民币贷款的动机，离岸人民币贷款业务未来的发展前景在很大程度上取决于利率市场化相关政策的推进情况。

（3）离岸人民币债券市场业务的历程及影响因素。离岸人民币债券市场是离岸人民币资金的重要投资渠道。当前，香港作为国际金融中心，主流债券品种是美元债。近年来，随着人民币国际化的推进，香港成为最大的离岸人民币中心，离岸人民币债券市场已经形成。据 Wind 资讯统计，2012 年香港市场共发行人民币债券 1 050.60 亿元，其中金融债 349.62 亿元，企业债 353.25 亿元。公司、机构类客户为主要发行体。债券期限方面，1 到 3 年的 693.67 亿元，为主流发行期限。截至 2012 年末，市场存量债券 2 474.65 亿元，其中企业债金额占比 56.58%，只数占比 65.28%，企业类客户为主要发行体。

图 4-5 显示了由债务工具中央结算系统托管及结算的人民币债务工具余额及相关情况，可见人民币债务工具余额在 2012 年中前基本保持了稳步上升的趋势，在 2012 年下半年则趋于停滞，有几个月还略有下降。与此同时，定息人民币债务工具占人民币债务工具总额的绝大多数，浮息人民币债务工具的绝对量和相对量都非常小。

从图 4-5 中还可以看出，债务工具中央结算系统托管及结算的人民币债

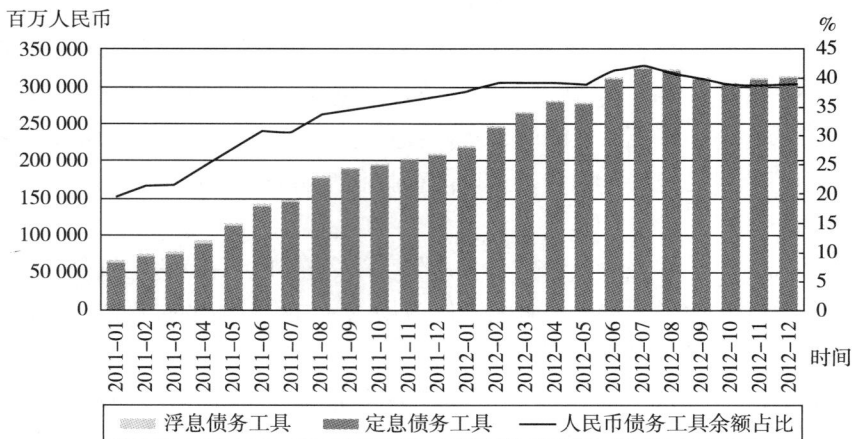

资料来源：香港金融管理局。

图 4 – 5　由债务工具中央结算系统托管及结算的人民币债务工具余额情况

务工具余额占系统中所有债务工具余额之比较高，到 2012 年末，已达到了月 40%的水平，这意味着人民币债务工具在香港债券市场已经占据了重要地位。香港离岸人民币债券体量的扩张可以从供给和需求两方面来解释。

在供给方面，在香港离岸市场上，对债券发行人而言，发行纯人民币债券与合成式人民币债券相对发行美元债券而言在承销费用和发行人评级的要求上有着一定的优势（见表 4 – 1），这提供人民币债券发行供给量攀升。此外，发行离岸人民币债券的企业可以获得远低于境内发行的利率，能大幅降低融资成本。根据作者的调研，有人民币融资需求的企业对在香港市场上发行人民币债券的兴趣较大，然而由于我国相关政策还未完全放开，当前人民币回流渠道并不十分顺畅，这在一定程度上阻碍了离岸人民币债券发行量的进一步扩大。

表 4 – 1　　　　　　　　　　　　在港发行债券情况对比

	美元债券	纯人民币债券	合成式人民币债券
汇率风险	有	无	有
承销费用	最高	最低	两者之间
发行人要求	必须有国际评级	最好有国际评级	有国内信用评级，有国际信用评级尤佳
投资者	美元资产充足	人民币资产充足	缺人民币资金

资料来源：作者调研。

　　在需求方面，前已述及当前香港离岸市场上人民币投资渠道匮乏，人民币存款利率很低，投资人民币债券可以获取更高收益。根据何帆等（2011）的统计，其调研时间内香港发行的人民币债券的年收益率位于 0.95% 到 5.25% 的区间内，高于香港离岸市场上的人民币存款利率，这对于持有人民币的投资者有较大的吸引力。

　　从交易量来看，人民币债务工具相关数据的发展趋势还不明显，经历了2011 年初的上升后，由债务工具中央结算系统托管及结算的人民币债务工具在二级市场的成交量基本呈现出震荡运行、起伏交替的发展特征（见图 4 - 6）。此外，与人民币债务工具余额的情况类似，人民币债务工具的成交量基本上都是由定息债务工具的交易贡献的，浮息债务工具的交易量非常小。

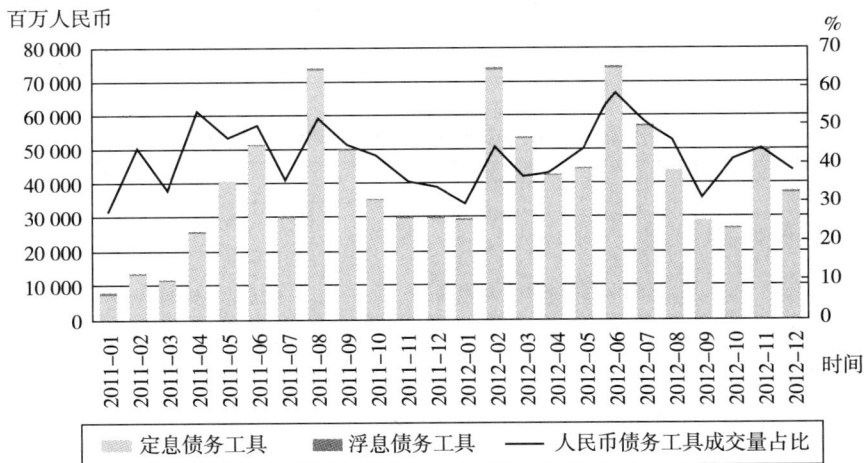

资料来源：香港金融管理局。

图 4 - 6　由债务工具中央结算系统托管及结算的
人民币债务工具在二级市场的成交量情况

　　总体而言，从余额和成交量上看，人民币债务工具已经成为香港债务工具市场上不可忽视的组成部分。商业银行在人民币债务工具市场上扮演着重要角色，对人民币的国际化进程的推进起到了重要作用。当前，有资格和条件的商业银行可以通过其投资银行部门从事（超）短期融资融券、中期票据/私募债、中小企业集合票据、资产支持票据、金融债/市政债、企业债/公司债配套服务、信用衍生品创设与销售等多项债务融资相关业务。在境外发行人民币债券的全过程中，有资质的商业银行可以扮演安排行/簿记行、承销行、财务代理和后期资金管理等多重角色。

作为债券发行前期的安排行/簿记行，商业银行可以协助发行人制定发行策略及结构，并在销售过程中建簿、分配订单及最终定价，协助发行人与其他发债项目团队人员的沟通。作为债券发行的承销行，若债券以包销形式发行，相关海外分支机构可按承销的条款，确保发行成功。作为债券发行的财务代理，商业银行可以帮助发行人完成债券发行的交割工作，并将发债资金汇入发行人指定账户。与此同时，商业银行还应提前通知发行人每期利息派发及到期金额，让发行人准备批文（如有）汇款到境外发行地，帮助其支付债券本息。作为债券发行资金的后期管理机构，商业银行还可以将发行所得资金转到客户指定的账户，为客户提供合适的风险对冲建议等。通过提供上述全方位、多角度的服务，商业银行在取得良好回报、满足发行人需要的同时，也推动了人民币的国际化进程。表4-2简要对比了境内发行人民币债券和香港发行人民币债券的相关情况。

表4-2　　　　　中国境内和香港市场发行人民币债券情况对比

		中国境内	香港市场
发行主体	注册地	境内	境外注册或境内注册但经国家发展改革委审批
	行业	有限制（如房地产、钢铁等）	一般无特殊限制
	会计准则	适用境内会计准则	适用国际会计准则或香港会计准则
	资金用途	相对较严格，一般不可用于资本项下	相对较宽松，可用于资本项下
发行额度		根据债券品种，受公司合并报表净资产限制	一般无特殊限制
承销方式		余额包销为主，代销为辅	代销为主，包销为辅
销售方式		机构投资者申购、簿记建档	向各类投资者推介、路演
定价方式		发行利率有指导价	市场化
投资者范围		境内	全球
资金划付		境内自由划付	跨境划付需外管等部门批准
发行费用	承销费	一年以内0.4%/年，一年以上0.3%/年	包销0.5%~3%，代销0.2%，一次性收费
	律师费	一般10万元左右	境内外律师，一般250万元左右
	评级费	一般首次25万元	与境外评级机构协商
	其他	会费等	路演实报实销；财务代理费10万元/年；印刷费20万元

资料来源：作者调研。

（4）离岸人民币衍生品市场的历程及影响因素。

①CNH市场。香港人民币市场快速发展始于2010年7月，这是因为当时中国人民银行与香港金融管理局就扩大人民币贸易结算安排签订了补充合作备忘录，拓宽了潜在人民币持有者的来源范围和人民币金融产品种类。在此基础上，香港金融管理局在要求参加行"根据监管及香港市场条件要求开发人民币业务，只要这些业务不造成资金流回大陆"。与此同时，香港金融管理局明确指出参加行"可以参照银行开展其他外币业务的通行做法，开展人民币业务"。目前CNH市场的产品包括即期、远期、期权、债券、基金以及结构性产品等。CHN市场的供给来源于香港居民购买、人民币贸易结算以及中央银行的互换协议，参与者包括贸易商、境外金融机构、对冲基金、香港居民等，CNH市场的价格基本反映了香港离岸市场的外汇供求信息。

②NDF市场。无本金交割远期外汇市场是相对于传统的外汇交割远期而言的，是一种柜台交易的衍生产品，交易双方并不是以基础货币对来进行交割，而是根据合同确定的远期汇率与到期时实际即期汇率之间的差额，用可自由兑换货币（通常为美元）进行净额支付。作为新兴市场国家的法定货币，人民币汇率尚未实现自由浮动，我国金融监管部门对国外投资者进入境内人民币市场也有一定程度的限制，这使得国际投资者或者贸易商难以对人民币进行风险规避，无本金交割远期就此应运而生，为国外投资者提供了一个能够完成人民币汇率风险规避功能的离岸机制。人民币NDF市场于1996年产生于新加坡，目前新加坡和香港是全球最大的人民币衍生产品市场，境外大银行和投资机构为其客户进行服务。相关客户主要是在中国有大量人民币收入的跨国公司，也包括总部设在香港的中国内地企业，另外还有一些对冲基金和其他投资者，其市场需求则基本与CNH市场的需求重合。NDF市场的价格反映了境外投资者的人民币汇率变动预期。

③NDIRS市场。无本金交割利率互换市场是离岸的利率衍生品市场，其交易商包括花旗集团、摩根大通、汇丰银行、渣打银行等国际知名银行，其交易标的货币除人民币外还有印度卢比、泰铢、菲律宾比索等，且多为美元结算。

二、商业银行推进人民币离岸业务的动机与意义

（一）商业银行内部竞争加速人民币离岸业务发展

我国银行业经历了飞速发展，银行业的生存和发展环境也变得更加复杂，

不仅有来自各方面的巨大压力，银行业之间以及非银行金融业之间的竞争也将变得更加激烈。未来几年，国有商业银行仍将居于主导地位，全国股份制商业银行竞争力将日渐增强，外资银行的发展、城市商业银行的跨区域发展再加上其他金融机构的发展使得商业银行不得不改变其战略，重新规划业务格局，而离岸人民币业务无疑是一个很大的突破口。

1. 离岸市场与在岸市场资金流动渠道的竞争。人民币离岸市场的出现打破了传统金融市场的封闭状态，拓宽了资金的融资渠道，推动资金在全球内流动，为各国跨国银行和跨国企业发展提供了更加丰富的资金来源。与此同时，人民币离岸金融市场的发展打破了国际金融活动的时空限制，使得资金的运行速度大大加快，再加上各种优惠措施以及批量交易，交易成本和资金使用成本大大降低。

离岸金融市场的人民币资金能够高速度低成本地流动，成了跨国公司和企业的重要融资渠道，并且避税型的离岸市场能够规避监管从而使得跨国公司能够获取更大的利润。人民币离岸市场的存在，和传统的在岸市场产生了激烈的竞争，分流了商业银行的在岸业务。随着中国金融市场的发展，资本管制的逐渐弱化，这种情况将会变得更加严重，商业银行被迫加入人民币离岸业务的竞争。

2. 离岸人民币产品的竞争。在央行和各类金融监管机构的政策规则下，市场上离岸人民币业务产品的种类也大致趋同。但各银行由于各自的专业化优势，所提供的人民币产品也存在很大差异。以面向公司客户的人民币产品为例，目前市场上这类产品主要有人民币账户管理、人民币外汇交易、人民币融资需求、人民币投资产品以及相关风险管理等等。由于不同客户有不同的产品需求，不同的银行也有各自的优势业务，各类离岸人民币产品之间形成了激烈的竞争。

以中银香港为例，其是香港主要的商业银行集团之一，也是香港银行业中最早提供人民币相关服务的机构。中银香港在香港有着优秀的分销网络、深厚的客户基础以及广泛的业务联系。其开办了香港首笔人民币贸易结算和融资业务及人民币流动资金贷款（包括人民币跨境双币银团贷款）、香港首笔对内地的人民币直接投资和内地对香港的人民币直接投资、香港首笔非货物贸易人民币结算业务和内地人民币股息汇入香港等业务。具体产品见表4-3。

表 4 - 3　　　　　　　　　　　中银香港离岸人民币产品

离岸人民币产品	优势或特点
人民币储蓄及支票账户	拥有超过 270 家分支机构，便捷性高
人民币存款	提供支票、储蓄账户及"跃息存款"、"约价存款"等存款品种
人民币贸易结算及融资	包括开立信用证、出口信用证项下买单、打包放款、进口发票融资、出口发票贴现、福费廷及保理等；港元或美元贸易融资直接转为等值人民币额度等
人民币贷款	各类商业贷款
人民币兑换	贸易项下及非贸易项下兑换服务
人民币汇款	可为客户实时联通内地人民币清算系统，并建立了全球五大洲人民币汇款代理网络
人民币理财产品	人民币远期交易（CNY DF）
无本金交割远期交易（NDF）	规避汇率波动风险
人民币债券	承销了 14 笔已发行的人民币债券中的 12 笔；是为香港企业发行首笔企业人民币债券的银行，具有领导市场的优势

资料来源：中银香港。

3. 境内外优质客户资源的竞争。随着各银行间产品竞争日趋激烈，银行各业务的规模的不停扩大，客户资源将在银行竞争中发挥越来越大的作用。率先开设客户需要的人民币业务能够吸引更多的客户，在某项业务上能提供更好的服务也能给客户资源的开拓提供更好的保障。随着客户能选择的融资渠道及风险管理工具等的增加，传统业务的相对稳定和饱和，产品对客户的吸引力则成了这个阶段竞争的关键因素。随着人民币国际化程度的加深，中国银行业海外产品、客户结构和客户基础都发生了根本性的变化。从过去的简单存款、汇款扩展到理财产品、兼并收购贷款、人民币产品、衍生产品和投资银行产品等等；从主要服务于"走出去"的中资企业到为当地企业、大型金融机构等中高端客户提供多样化服务，市场对人民币计价产品的需求将越来越大。

不仅是新用户的拓展，老客户的维护也需要不断地拓宽人民币产品线。我国银行业的发展在这一块还具有非常巨大的空间。中国的经济实力不断地增强，金融服务业的实力也必须与之匹配。在国际金融业，目前拥有话语权的主要还是西方的一些大型银行、投行等，中国银行业进军人民币产品，争夺境内外优质客户资源，有利于社会资源的更好的分配，巩固和提高中国银行业的地位。

（二）人民币国际化给商业银行带来的发展机遇

1. 给商业银行带来更多中间业务收入来源

20 世纪 50 年代以来，中间业务在西方银行业中得到了迅猛发展，以中间业务收入为代表的非利息收入占银行全部收入的比重逐年提高。中间业务以其成本低、风险小、收益高的特点得以快速发展，逐渐改变着中国银行业以存贷利差为主要收入的格局。在发达国家银行中间业务的发展，与其发达的国际贸易和货币的国际化密不可分。中国经济快速发展和人民币国际地位提高，会带来中国的国际贸易、人民币国际支付以及资本市场资金注入的大幅增加。相应地，中资银行可以通过国际结算、国际银行卡、基金托管等业务，大力发展国际中间业务，分享经济高速发展和人民币国际化带来的稳定收益。

我国商业银行在承销境外主体发行的人民币证券时比国外金融机构更具有效率以及成本优势，因此境外企业或政府在国际或者我国境内开展发行人民币证券的融资活动时，就给我国商业银行中间业务的发展创造了机会。同时，我国商业银行在人民币国际结算、人民币国际银行卡和人民币基金托管等业务上也有很大的优势，可以获得相当的中间业务收入。

在商业银行进行资产负债管理的背景下，金融衍生产品业务等中间业务属于表外业务，既不影响资产、负债状况，又能带来手续费收入。在人民币国际化的背景下，中资银行可以更好地发展货币类金融衍生产品，如远期外汇合约、外汇期货、外汇期权、货币互换等，从而转变中资商业银行的业务类型，提高其金融产品创新和获取低风险利润的能力。但是与此同时，隐藏在资产负债比之下的风险则不停地考验着中国的商业银行，促使其不断变革。

2. 丰富境外融资渠道，推动负债业务发展

随着中国资本项目的逐步开放和人民币国际化的推进，人民币离岸存款业务蓬勃发展，深受世界各国欢迎。这不仅有利于人民币国际化进程的加快，也有利于人民币回流机制的完善。对于商业银行来说，这是一个非常大的机遇。由于在岸市场和离岸市场利差的存在，离岸市场可以获得更加廉价的人民币。商业银行可以在国际市场上以较低的成本吸收人民币存款，然后以较高的利率发放人民币国际贷款或进行投资，赚取其中的利差。

近年来由于受到美元贬值趋势以及国际货币多元化的影响，美元存款需求有所减小。另外，根据美元国际化的经验，在交易成本和利息收益的双重推动下，欧洲美元市场货币储备中的人民币需求大幅增加，人民币离岸存款等业务

的发展在一定程度上会分流各国的美元存款，同时也降低商业银行面临的汇率风险。

值得注意的是，在人民币离岸市场，不存在法定准备金的限制，因此商业银行凭借在境外的人民币存款可以进行更大的存款创造，由此可以获得更多的派生贷款和派生利差。

3. 丰富资产业务，转型盈利模式

随着人民币国际化进程的推进，人民币升值趋势逐步趋稳，人民币在国际上的影响和地位已经得到大幅提升，因此境外对人民币贷款业务的需求增加较为明显。由于人民币国际化带来的人民币流通范围和影响力的扩大以及国内银行出于竞争的需要而提供的离岸贷款优惠利率，境外人民币贷款的份额将逐渐扩大，并对其他币种的贷款形成一定程度上的替代。

西方发达国家的信用制度相较中国国内完善，信用风险相对较小，因此，拓展人民币海外信用放款业务具有更好的安全性。相对完善的信用制度可以使海外中资银行机构的普通放款、透支放款、消费放款等人民币信用放款业务在低风险的条件下得到快速发展，从而分享人民币国际化和海外业务带来的丰厚收益。因此，从信用体制环境的角度分析，境外人民币贷款业务的增加将有利于人民币贷款质量的提高。

相对于外国银行来说，我国商业银行人民币融资的成本会更低，效率会更高，也更加容易，这必将大大增强其发放境外投资贸易贷款的能力。另外，我国银行的境外人民币贷款还可获得安全保障上的比较优势。由于中国人民银行作为"最后贷款人"，可以为我国银行的境外人民币贷款提供强大的人民币资金支持，同时也只有我国银行能够进入由中国政府提供的人民币金融安全网，如进入贴现窗口等，这也会大大提高我国银行的人民币国际贷款能力。

4. 开辟人民币跨境业务新领地，完成国际化布局

随着人民币国际化的展开，银行的国际化也必须顺着这潮流，才能够在当前银行业的激烈竞争中争取更大的权益。人民币逐步流入境外市场，需要一个吸收人民币存款、办理人民币贷款和结算的中心，才能保证境外主体稳定持有人民币及人民币资产。正是人民币的境外存放、流通和转让促进了我国银行的国际化。与此同时，居民和非居民对于离岸人民币产品的需求也越来越大，迫使银行不得不进行金融创新，改变自己的业务格局，在与外资银行和其他金融机构的竞争中占据有利的位置。如果我国商业银行无法提供创新性的人民币产品，则大量的非居民甚至我国居民的人民币业务就可能落入外资银行手中。并

且，境内的商业银行可以通过人民币离岸市场灵活地调节人民币资金的头寸，降低宏观经济环境给银行经营带来的不利影响，不停地通过人民币衍生产品的创新进行境内外的扩张，在国际金融的大环境里获取更多的利益。

（三）发展人民币离岸业务和产品的现实意义

1. 宏观因素

（1）国际货币体系改革的历史机遇。美国的次贷危机引发的全球性金融危机凸显当前国际货币体系的内在缺陷和系统性风险，表明国际货币体系的改革势在必行，这给人民币国际化提供了难得的外部机遇和发展环境。金融危机导致全球经济动荡，对以美元为中心的现代国际货币体系也产生了不容忽视的冲击。首先是现行货币体系下美元发行的无约束性（刘仁伍、刘华，2009）。美元大量发行的深层次原因在于，通过刺激内需、平衡外贸赤字，继续赚取巨额的铸币税利益，稳固世界财富分配的主导权。美元泛滥导致物价上涨、资产稀释和货币贬值。大量金融衍生产品的发行和交易，本质上也是变形的美元发行。其次是国际收支平衡调节机制的失效性。当前国际货币体系中基本不存在国际收支失衡的调整机制，国际收支不平衡成为当前国际货币体系的常态和典型特征（巴曙松，2010）。自20世纪80年代以来，美国国际收支占GDP的比重长期为负，与此相反，中国等新兴经济体国际收支却长期顺差，形成过度积累的外汇储备。最后是国际货币基金组织中的不平等性。在2010年11月IMF执行董事会通过的份额改革方案中，美国仍然占有17.4%的份额和16.5%的投票权，保留了其对需要85%以上投票支持的重大事项所拥有的一票否决权。

金融危机的爆发客观上推进了人民币区域化的进程（中国工商银行城市金融研究所课题组，2010）。在此背景下，重构国际金融格局、改革国际金融体系的呼声日益高涨，构造区域性货币以降低区域经济发展对美元过度依赖的声音也开始出现。国际货币体系的这种变革使得世界各国对人民币的需求逐渐扩大。而中国的商业银行则在这个时间点遇到了前所未有的机遇与挑战。

（2）中国经济崛起的内部机遇。随着中国经济的崛起，中国在国际贸易、对外投资及国际金融中的影响力日益加强。作为中国国家战略的重要组成部分，人民币从本币走向国际化货币具有深远意义。中国经济实力与日俱增为中国银行的国际化奠定了坚实的经济基础，并提供了强大的信心。金融危机后，世界呼唤一个以实体经济为支撑的货币加入到国际货币体系中来，中国与日俱增的资金实力为中国银行在国际金融体系中谋得一席之地打下了良好的基础。

再者人民币汇率长期保持相对稳定，离岸人民币业务的开展并不会给银行带来太大的汇率风险。货币发行国的通货膨胀率是影响货币作为国际价值尺度和计账单位的重要因素。而近十年来，中国政府对物价的调控能力不断增强，保持了较低的通货膨胀率。本次金融危机最严重的时候，许多国家货币对美元大幅贬值，而人民币汇率依然保持基本稳定，为抵御国际金融危机发挥了重要作用。

中国政府逐渐地放开资本管制，使得金融业日趋开放。中国的金融机构近年来也积极跨出国门谋求海外发展。截至 2010 年底，中国 5 家大型商业银行在亚洲、欧洲、美洲、非洲和大洋洲共设有 89 家一级境外营业性机构，收购（或）参股 10 家境外机构（中国银行业监督管理委员会 2010 年年报）。逐渐深化的金融体系改革为离岸人民币业务的开展提供了体制上的保障。目前，中国的人民币经常项目已实现完全可兑换，资本项目下企业对外直接投资、企业和个人通过合格境内机构投资者（QDII）投资海外资本市场等渠道已开辟，促进了市场化、国际化的资本市场制度创新。国有商业银行股份制改革已取得突破性进展，利率市场化稳步推进，金融工具日益丰富，金融机构抗风险能力增强，金融服务体系日益健全。

（3）国内金融体系升级转型。中国的金融体系成长速度飞快，几十年间走过了西方几百年的发展路程，这无疑留下很多后遗症，譬如金融的低效率、人才的短缺等。但是我们可以看到国内金融体系已经走上了变革之路。政府正在逐渐放宽利率汇率方面的管制，依靠市场的力量引导资本市场按正常轨迹运转。以近期大火大热的互联网金融产品为例，类余额宝产品的出现，已经在逐渐地蚕食银行的存贷差收益，迫使银行被动地或者通过其他变相的方式提高存款利率，就等政府政策的松动，一切将水到渠成。

单独的管制已经无法阻挡境内金融体系的变革，而通过金融创新来开辟新的市场和吸引更加优质的客户则成了当前银行迫切的任务。人民币离岸业务则给中国的银行业带来了契机，通过离岸人民币产品的创新能够优化资产业务、负债业务以及表外业务。随着外资商业银行以及其他金融机构加入这场角逐，围绕人民币离岸业务的竞争将会变得越来越激烈。

"克强经济学"指出，金融体系要服务于实体经济的发展，不能只是空转。中央也出台了相关的政策支持，上海自贸区的设定就是一个很好的例子。上海自贸区依托上海雄厚的经济实力基础，带动金融体系的变革，逐渐去除利率双轨制，放宽金融准入条件，使得更多的机构和个人能够参与金融体系的变革。而商业银行则正是其中的领头羊，离岸人民币业务则是这一轮变革的一个重要的突破口。

2. 微观因素

（1）进出口企业规避风险方式的需求。由于国内金融体系发展步伐缓慢，再加上国内严厉的资本管制，人民币产品创新缺乏，中国参与外贸的进出口企业一直缺乏足够的汇率风险保障措施。在以前的结售汇体系下，加上人民银行一直保持盯住美元的汇率政策，保障进出口业务的有序进行，那时企业面临的汇率风险还相对较小。但是随着美国次贷危机以来的国际经济形势发生的变化，国际货币体系格局突变，中国政府长期维持的人民币对外贬值对内升值现状已经无法持续。政府出台了大量政策，逐渐放开资本管制，例如扩大每日人民币汇率波动浮动幅度，有序放开存贷款利率管制，允许更多的金融机构参与国际金融舞台。国内的进出口企业迫切地需要足够的合适的金融产品帮助其对冲汇率风险。

作为金融业的一员，商业银行面对如此巨大的客户新需求，有动力不停地创新人民币产品来满足他们的需求，与此同时，巩固自身的地位，开拓新的市场，吸引新的客户，完成自身的国际布局。

（2）提供全方位的投资渠道。不仅是进出口企业的避险需求需要更多的人民币产品，众多机构和个人的投资需求也使得人民币产品的需求大大增加。有实力的机构和个人通过参与离岸人民币业务能够优化自己的资产组合，赚取更多的收益。而这个过程则有利于市场的价格发现，促使金融体系更加完善。

三、商业银行在人民币国际化进程中的人民币产品创新

（一）商业银行人民币产品创新的路径选择

商业银行作为重要的金融产品和服务供应商，在人民币国际化的过程中具有重要作用，承担了推动人民币进行国际结算计价、投资交易的职能。但商业银行作为独立的经济体，首当其冲的目标应是最大化自己的商业利益。为此，商业银行如果要想在人民币国际化的历史机遇中分得一杯羹，其必须具有明晰的操作框架和实施路径。

商业银行可以从人民币国际化过程中获得一定的利益空间已是广泛的共识；但同时人民币想要实现国际化也离不开商业银行的推动，甚至可以说商业银行是人民币国际化业务中最主要的环节之一，因此可以说两者是相辅相成、

相互促进的关系。作为推进人民币国际化的主要环节，和商业银行提供的其他金融服务相比所遵循的路径既有普遍性，也有特殊性。推进人民币国际化商业银行提供相关金融服务可以从跨境交易和离岸市场两方面入手。在跨境交易中，商业银行的主要任务是，既要通过创新业务为企业提供跨境贸易与投资的便利，又要为海外投资者提供人民币回流投资的渠道和金融产品；在离岸市场的发展中，则需要扩大海外人民币市场的规模，同时统筹海外人民币的使用、提升资金效率。总的来说，和商业银行所提供的其他金融服务相比，推进人民币国际化所遵循的路径既有普遍性也有特殊性，具体包括三个维度：

1. 市场维度

由于目前全球市场中已经存在美元、欧元等国际货币，人民币的国际化很难在全球各个地区同步推进。因此，人民币的国际推广应在不同地区采取不同策略：在亚非发展中国家和地区，人民币的国际化主要应集中在贸易和投资等实体经济领域；在欧美发达国家和地区，人民币国际化应以开拓金融交易为主。原因如下。

第一，中国已成为东亚地区的"最终消费市场"。尽管从总体上看，中国仍然是贸易顺差大国，2012 年贸易顺差为 2 311 亿美元，但是其顺差主要发生在对美欧贸易上（见图 4 - 7）。而在东亚地区，除了香港之外，中国对日本、韩国、东盟和中国台湾地区都基本保持着逆差，而且这种趋势不断在加强。2012 年，中国对上述国家和地区的贸易逆差总额达到 2 003 亿美元，是 2001 年 358 亿美元的 5.6 倍。中国在东亚地区已经扮演了"最终市场提供者"的角

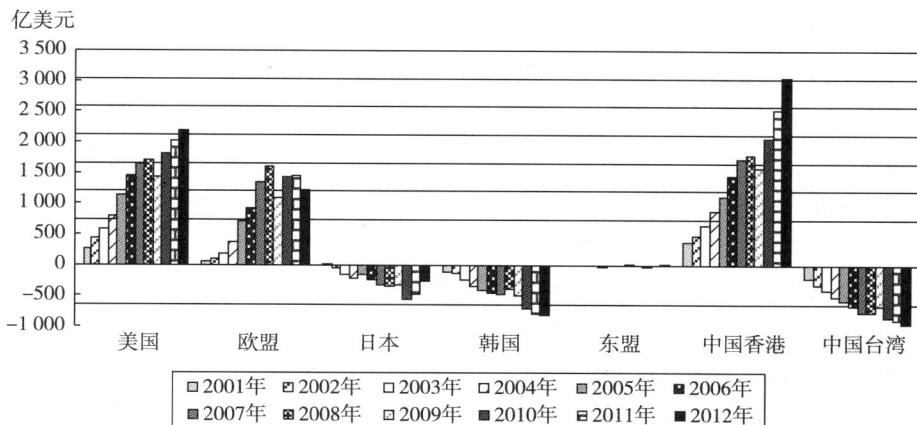

资料来源：Wind 资讯，中国银行国际金融研究所。

图 4 - 7　中国对各国/地区贸易差额

色。从中长期来看，随着中国—东盟自由贸易区的如期建成，中国和东亚各国的贸易规模一定会持续扩大，将有利于人民币通过经常项目流入东亚各经济体，促进东亚地区各国对人民币的接受和使用，从而推动跨境贸易人民币规模的扩大。

第二，中国对非洲各国经济发展的支持力度不断增强。我国对非援助资金的使用方式主要包括无偿援助、无息贷款和优惠贷款三种方式，从项目实施情况看，受援国在项目资金使用、本金偿还和支付利息等方面已经基本实现了以人民币结算。随着中国对非洲援助项目的逐渐增多，今后需要加强人民币在国际多边援助体系中的使用，推动人民币从对外援助渠道更多地进入非洲各国。

第三，人民币离岸市场为人民币金融产品的开发奠定了基础。由于欧美发达国家的企业技术较为领先、又处在全球供应链的最高端，在贸易中具有较强的货币计价的选择权，因此很难在和欧美国家的贸易中扩大人民币的结算规模。我们可以考虑利用它们金融市场成熟、交易规模大的特点，来扩大人民币的交易规模，提升人民币在全球各大国际金融中心的地位。

当前，香港的人民币市场已经初具规模，不仅人民币资金沉淀较多，而且人民币的债券、股票、保险和理财等金融产品也取得了一定发展。另外，伦敦、新加坡、东京、芝加哥等国际金融中心也正在积极筹备人民币离岸中心的建设。未来将会出现以香港为总中心，其他金融中心为区域中心的人民币离岸市场体系，促进人民币在国际金融市场的交易。

从人民币在不同国家和地区发展的重点不同来看，商业银行应采取不同模式，重点推出有针对性的金融服务。

2. 客户维度

客户是金融服务的主体。人民币国际化业务所涉及的客户可以分为三类：一是中国"走出去"的企业，以及出国留学、经商和定居的个人客户；二是和与中国有经贸往来的国外企业和个人客户；三是第三方之间经贸往来或金融交易中对人民币有需求的国外企业和个人客户。

首先，中国"走出去"企业，以及与中国有经济和贸易往来的其他国家和地区的企业是当前跨境人民币业务需求的主体。随着中国经济实力日益强大以及经济转型和结构调整改革的深化，国内企业"走出去"和外资企业"走进来"的步伐都会加快。加上人民币比值稳定且具有升值空间，企业在进行投资合作的过程中，将会更加倾向使用人民币进行计价和结算。与此同时，和这些企业相关的上下游企业和相关金融机构，也成为人民币国际化业务的客户基础。

其次，境内外个人客户的人民币金融服务需求种类会逐渐增加。随着中国和世界各国在经贸、文化等领域的交流、合作的增加，国内外的个人客户在留学访问、经商或定居的过程中，对人民币兑换、汇款、贷款等基础金融服务的需求将不断增加。同时，随着中国金融改革和融入全球金融市场步伐的加快，国内居民投资海外资本市场、境外居民投资国内资本市场的范围和规模将逐步扩大，对人民币投资理财的衍生金融服务也会越来越多。

最后，第三方之间对人民币金融服务需求不可忽视。随着人民币国际化的深入发展，在某一区域甚至全球范围内可能会出现人民币交易的网络。这意味着不仅中国和其他国家和地区之间会使用人民币交易，在第三方国家和地区之间使用人民币交易的需求也会出现。例如，东南亚、非洲区域内很多国家都接受了我国的对外援助。这些国家之间的经贸往来频繁，对于人民币的使用存在很大的需求，在这些地区就可能形成人民币多边支付的网络体系。

3. 资金维度

研究表明，一国货币成为国际货币，基本遵循两种模式（见图 4 - 8）。一种模式是具有国际货币发行权的国家（中心国）通过直接投资和对外援助的方式向其他国家（外围国）输出货币，外围国拿到这种国际货币以后购买中心国家的商品和服务，或者在外围国之间进行支付交易。二战之后的美国曾采用过这样的模式，即通过"马歇尔计划"向欧洲和亚洲的盟友提供美元资金。另外一种模式是上述中心国通过购买外围国家的商品和服务对外输出国际货币，外围国家拿到这种国际货币以后，购买中心国的金融资产，或者在外围国家之间使用。"布雷顿森林体系"解体后，美国在维护美元的国际地位过程中采取了这种模式，也就是通过长期的经常项目逆差向世界提供美元流动性，同时利用国内发达的资本市场吸收各国多余的美元储备。

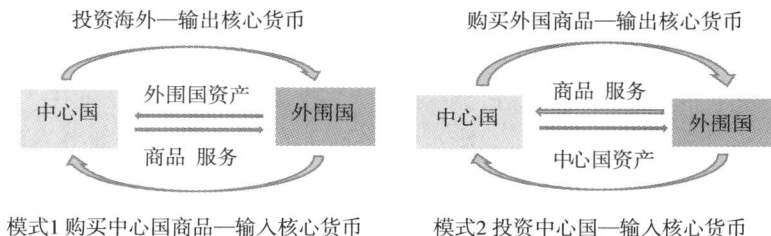

模式1 购买中心国商品—输入核心货币　　　模式2 投资中心国—输入核心货币

资料来源：中国银行国际金融研究所。

图 4 - 8　国际货币循环的两种模式

这说明，一种货币想要成为国际货币，就需要在国际市场保有该种货币充足的流动性，以支持其他国家（外围国）的各种结算和投资需要。由于目前人民币国际化仍处在初级阶段，海外的人民币存量十分有限。与此同时，在人民币接受程度较高的韩国、马来西亚、新加坡、越南等地，企业的人民币融资需求增长很快，但是因当地缺少人民币资金，人民币的国际化业务受到较大限制。

鉴于我国的全球贸易格局以及我国资本市场的现状，我国应当因地制宜——对不同的国家地区采取不同的策略：如对外援助可采取模式1，对东亚地区可使用模式2。但模式2一个先天不足是我国资本市场欠发达，无法满足境外拥有人民币资产的投资者找到充足的投资渠道。这需要我国大力发展国内资本市场以及人民币离岸金融市场，否则模式2无法持续，自2011年中起香港人民币存款存量几乎停滞不前就是一个警钟。

（二）商业银行在人民币产品创新过程中应采取的措施

商业银行为了适应人民币走出国门在更广范围内使用的新形势，就必须与时俱进开发相应的人民币产品，特别是离岸人民币产品。已有的成熟的国际货币对商业银行进行人民币产品创新有很大的借鉴意义，但是鉴于我国当前的金融生态环境，对商业银行而言仍存在很大的挑战；相对于商业银行的国内业务和传统的国际业务，在人民币国际化过程中的人民币产品创新所涉及的因素具有其特殊性，不仅市场和客户群体更加多样，而且需求也更加多元，同时对如何调配资金、满足流动性需求也提出了新的要求。为此我们认为，为了更好地实现人民币国际化的宏伟蓝图，商业银行应在产品设计和推广、建设清算渠道、加强机构合作等方面采取措施。

1. 加快产品的完善和创新。应该说，商业银行现有的国际结算和贸易融资产品均适用于跨境人民币业务。与此同时，商业银行还应挖掘多元化服务潜能，利用投行、基金、保险、投资等多元化平台的协同效应，为客户提供在岸/离岸的全面金融服务，促进企业在贸易、投资和金融领域中使用人民币。

第一，完善跨境产品体系，满足差异化需求。跨境人民币业务发展的速度最快、规模也最大，是人民币国际化发展的基础。具体来看，企业对跨境人民币业务需求因类型不同略有差异。涉及跨境人民币业务的企业主要有四种：贸易型企业、投资型企业、劳务型企业和跨国企业。贸易型企业可能会考虑人民币国际结算、贸易融资以及资金服务，投资型企业则较为关注项目贷款融资、债券发行等涉及资金成本类的服务以及保障资金安全的托管类服务，劳务型企业更看重在工程承包、设备采购、中国员工发薪等环节的项目贷款以及配套的结算服务支持，跨国企业尤为关注在应对汇率波动、优化资金配置、加强财务管理等方面所能提供的更优选择。

对于有跨境人民币服务需求的金融机构客户，商业银行的服务重点在于提供人民币购售、账户融资和资金拆借等涉及资金调配的服务，人民币合格境外机构投资者（RQFII）投资国内市场的托管服务等。涉及个人客户的跨境人民币服务则主要包括个人跨境人民币汇款和海外个人人民币理财产品等服务。

总之，商业银行应根据国内外企业不同需求，提供覆盖所有业务流程的跨境人民币业务解决方案，提供包括人民币国际结算、人民币对外直接投资、境外人民币贸易融资及贷款、人民币跨境供应链金融产品、人民币融资托管以及理财等在内的全面跨境人民币金融产品和服务（见表4-4）。

表4-4　　　　　　　　　　商业银行可提供的跨境人民币产品

序号	客户类别		产品
1	工商企业	贸易金融类	跨境人民币结算、人民币进出口融资、跨境人民币担保、跨境人民币代付、人民币供应链融资、跨境人民币保理、跨境人民币福费廷、跨境汇利达
2		公司金融类	人民币存款、跨境人民币直贷、人民币出口买方信贷、跨境人民币项目贷款、跨境人民币咨询顾问
3		现金管理类	快捷开户、跨境人民币现金管理、境外机构账户服务、人民币理财、人民币票据
4		市场交易类	人民币即期购售、人民币远期购售、人民币掉期产品、人民币境外发债、人民币基金产品、人民币代理投资
5	金融机构		人民币购售、账户融资、资金拆借、资金托管、现钞配送
6	个人		人民币兑换、汇款、理财

资料来源：中国银行国际金融研究所。

第二，加强产品创新，提供多元化服务。随着人民币在国际上接受程度的不断提升，不同客户对于涉及人民币的金融产品和服务的需求将会更加多样。如随着人民币汇率波幅加大，对人民币汇率避险工具的需求开始增加，进出口商迫切需要多元化的、成熟的风险规避工具。2012年9月17日，香港交易所就推出了和人民币汇率挂钩的外汇期货产品。不过推出以来，交易并不活跃，合约成交量维持日均300张左右（见图4-9）。这样的问题在离岸人民币债券、股票、离岸人民币 CDs 融资、基金和保险等产品中也较常见。因此，商业银行一方面需要抓住离岸人民币产品快速发展的市场机遇，大力开发人民币资金交易类产品及衍生产品。另一方面，在产品设计、研发、推介等方面也需要和其他政府部门或者金融机构全力合作，促进人民币新的金融产品尽快被投资者所熟悉和信任，促使人民币离岸中心向纵深发展。

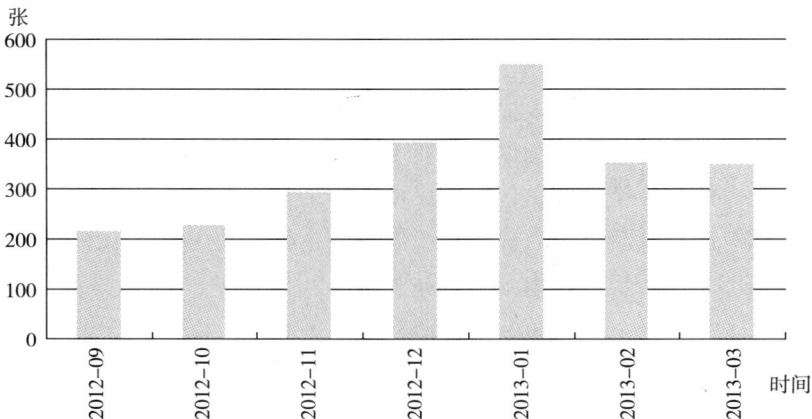

资料来源：港交所。

图 4 – 9　香港交易所人民币兑美元期货日成交合约

2. 标准化产品与个性化产品相结合。在中国政府主导的人民币国际化进程中，中国企业在国际贸易中拥有更多议价能力的无疑是规模较大或者以对外贸易为主导的外贸型企业。在初始阶段，商业银行面对的客户群体大多需求各异，较为适宜的策略就是面对不同的客户需求开发不同的跨境人民币服务和离岸人民币服务。

但是随着人民币国际化的纵深发展，越来越多的国家和地区愿意接受人民币作为贸易和金融产品的计价和结算货币。国内的中小型企业对外贸易在一定程度上也会选择人民币作为贸易计价和结算货币，同时由于其规模的原因其有更多的需求进行风险对冲。此时，如果商业银行依然针对不同的客户进行个性化服务会增加自身的经营成本，所以提供标准化产品将成为商业银行满足中小型企业的必要选择。在下文所述的我国某大型国有商业银行的人民币产品案例中，可以看到现阶段我国商业银行在人民币标准化产品的设计中还存在明显的不足。在一个经济体中中小型企业的发展在很大程度上会影响整个经济体的良性运转与否。同样在人民币国际化过程中，中小型企业对人民币产品的需求是否能够得到满足也将在很大程度上影响人民币国际化的成败。

3. 建立完善高效的清算网络降低成本。如前文所指出的从资金的维度看，一定规模的海外存量是人民币在国际市场循环流动的基础。我们目前面临的问题，不仅是海外的人民币存量不足，而且有限的资金也因为渠道不畅使用效率较为低下。比如，现在香港的人民币资金规模大但投资产品仍然较少，而一些东南亚国家的人民币需求旺盛，却面临资金供给不足的局面。这就要求商业银行完善清算网络、建立高效的清算渠道，统筹运用境外人民币资金，进一步提高资金使用效率。具体措施如下：

第一，商业银行应在海外积极申请设立更多的清算行。由于我国的资本项目仍未开放，通过在海外设立清算行，可以有效地监测人民币规模、统筹海外人民币资金的调拨和使用（见图4－10）。目前，中国银行已经成为香港、澳门和台湾地区的人民币业务清算行，中国工商银行是新加坡的人民币清算行。未来商业银行可考虑配合人民币国际化的发展进程，在伦敦、东京等国际金融中心设立新的人民币清算行，进行人民币资金的跨境结算和清算。

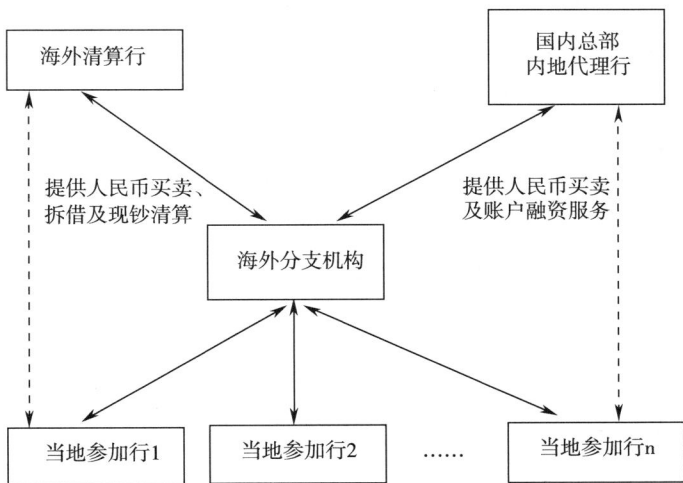

资料来源：中国银行国际金融研究所、中银香港战略规划部。

图4－10　商业银行参与人民币清算网络建设的模式

第二，商业银行允许和鼓励境外金融机构在境内或海外的分支机构开立人民币同业往来账户，由该境内银行代理进行人民币资金的跨境结算和清算，即人民币清算的"代理行模式"（见图4－10）。代理行模式依托强大的本币市场和国内商业银行的规模优势，人民币资金来源充足，在资金交易、拆借、融资等领域可以为境外参加行提供更多的支持和保障。对于境外的中小型银行来说，可以考虑在海外当地的我国商业银行分支机构开立人民币清算账户，由该机构代理办理人民币资金的跨境结算和清算。

未来随着人民币资本项目的逐渐放开，人民币最终交付清算应该在具有国家信用的平台上运转。人民银行已经在筹划跨境人民币支付系统（CIPS），该系统可连接境内、外直接参与者，能处理人民币贸易类、投资类等跨境支付业务，满足跨境人民币业务不断发展的需要。当然，即使最终跨境人民币支付系统建成，仍离不开商业银行的支持和配合。以美元为例，全球最重要的美元清算系统——纽约清算所银行同业支付系统（CHIPS）1970 年开始运行时只有 9家参与行，日均交易额 300 万美元。如今其参与行已有 53 家，日均交易额达930 亿美元，并承载 95% 以上跨境美元流动资金和近一半美国国内电汇业务。其参加行中也包括中国的中国银行、中信银行、交通银行、招商银行、工商银行及建设银行。因此商业银行应积极配合人民银行，早日建成全球范围内的人民币交易平台，提升人民币在全球市场中的地位。

4. 加强与国外金融机构之间的合作。人民币国际化启动以来，得到了世界很多国家政府和企业的积极响应。对于商业银行而言，也需要进一步加强和国外金融机构之间的合作（见图 4 – 11），共同推进人民币国际化的进程，为人民币产品的创新创造积极的外部环境。

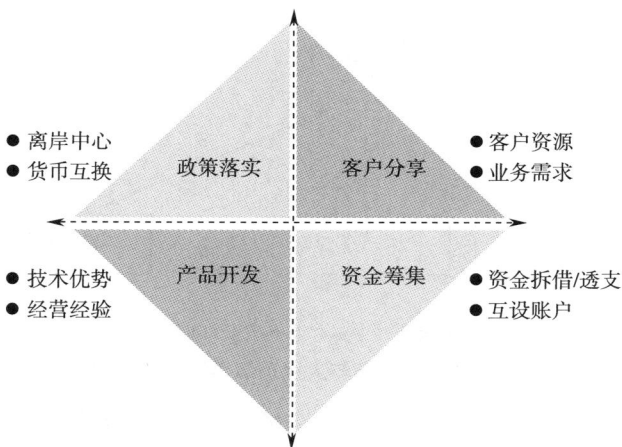

资料来源：中国银行国际金融研究所。

图 4 – 11　银行间合作的逻辑框架图

从宏观方面看，商业银行之间的合作主要是全力配合人民币国际化的相关制度和政策的实施。主要体现在两个方面：一是积极促进人民币离岸中心的建设。由于我国商业银行在人民币业务经营上具有先天的优势，对人民币国际化的政策法规了解更加全面，能够帮助国外的金融机构在海外人民币市场发展业务。二是要积极推进货币互换资金的使用。中国已经和包括韩国、巴西、澳大利亚、乌克兰等在内的二十几个国家和地区签署了本币互换协议，以满足海外市场对人民币资金的需要。不过，这些人民币想要进入市场流通，就必须通过两国商业银行的运作，把中央银行之间的协议资金借贷给企业进行贸易结算或者为金融机构的交易进行融通。

从微观层面看，商业银行之间的合作主要体现在三个层次。一是客户资源的共享。尽管人民币国际化的业务仍然以国内的企业为主，但是跨国企业和境外企业的认可，对于提升人民币在国际市场的认可度至关重要。在这一方面，国外银行的优势更为明显。例如在香港地区，汇丰银行和渣打银行主导了国际大企业的人民币债券发行、资金往来等业务。因此，国内外商业银行应该加强在客户资源上的交流和信息共享。二是产品的开发和设计。国外大型金融机构在金融产品开发和设计上具有技术优势，国内商业银行具有人民币经营的经验，二者需要取长补短，丰富人民币的金融产品，把市场做大。三是资金的筹集和调配。由于海外人民币市场规模仍有限，国内外商业银行之间应该通过互设账户、拆借等方式提高人民币资金的使用效率，满足市场的流动性需求。

四、某商业银行的人民币产品和服务的案例分析

本研究团队对我国某商业银行（下称案例行）的人民币产品和业务的开展情况进行了实地调研，取得了一些跨境人民币业务数据，提炼了近年来案例行开展的人民币跨境联动业务的一些经典案例。案例行是跨境人民币金融服务的领跑者，也是最早配合监管部门进行跨境人民币理论研究的商业银行之一，有着丰富的跨境人民币业务操作经验。近年来，案例行在岸、离岸人民币业务的开展随着相关政策的推进取得了长足的发展，在跨境贸易、跨境投融资、账户服务、投资银行、财富管理、代理服务等综合金融服务中树立了强大的品牌优势。根据本研究团队的调研，案例行将跨境人民币业务发生量作为年度绩效考核的重要指标之一，制订了详尽的工作计划，确定了明确的发展目标，其通过建议进出口企业以人民币为结算货币、帮助企业等发行主体发行离岸人民币债券等多种形式，切实推动了人民币海外计价功能的发挥，其推动人民币国际

化的相关成果和经验具有一定的参考价值和借鉴意义。

（一）在岸业务——跨境人民币业务

截至 2012 年底，案例行已开展了跨境贸易人民币结算、跨境直接投资人民币结算、人民币购售、跨境人民币贷款、RQFII 托管等多种跨境人民币业务，业务总量快速增加，各类业务的发展趋势日益显现。从总量上看，跨境人民币业务发生量从 2009 年的几乎没有，到 2012 年发展到超过 2 000 亿元人民币的较高水平，可以说是经历了一个跨越式的发展历程，相关业务开展对人民币国际化进程起到了显著的推动作用。

与全国商业银行整体情况类似，案例行跨境人民币业务高速发展的最主要决定因素是相关政策的大力推动。图 4 - 12 显示了案例行各类跨境人民币业务的开展情况。

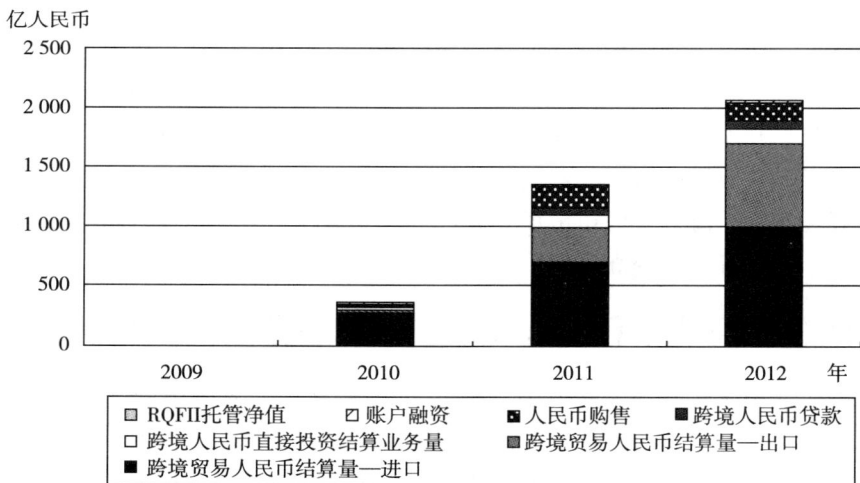

资料来源：本研究团队调研材料。

图 4 - 12 案例银行跨境人民币业务开展情况

由图 4 - 12 可见，在各类业务细分方面，跨境贸易人民币结算无疑是开展最早、份额最大的跨境人民币业务。此外，跨境直接投资人民币结算量在 2011 年相关政策推动后发展迅速，已在全行跨境人民币业务总量中占据了重要的地位。随着相关跨境人民币业务的发展，人民币购售业务也发展到较大规模，这应该和 CNY、CNH、NDF 等市场的长足发展密切相关，也反映了案例行通过进口保付等业务帮助客户赚取人民币升值的汇率和利差收益的业务需要。此外，跨境人民币贷款也发展到了一定规模，这应该和"走出去"企业日益增大的人民币融资需求有密切关系。

由图 4－12 可见，案例行跨境人民币结算业务（包括贸易结算和投资结算）发生量占跨境人民币业务的最大份额。图 4－13 按月显示了 2010 年来案例行进出口人民币结算业务发生量的相关情况。在 2011 年中期之前，案例行跨境人民币结算业务发生量持续上升。从 2010 年 1 月起，相关业务从零起步，逐渐上升到 2011 年 6 月 200 余亿元人民币的高点。此后在 2011 年下半年下降后，人民币结算业务发生量又进入了稳步回升的通道。到 2012 年底，跨境人民币结算业务发生量重回大于 200 亿元人民币的区间。

一直以来，学者对跨境贸易人民币结算的"跛足化"现象，即进口业务发生量远大于出口业务发生量颇有关注，认为该现象是离岸在岸人民币汇差和持续的人民币升值预期引起的套汇行为所直接作用的结果（如张明和何帆，2012），我国相关部门推行人民币国际化的本质目的是否达到值得怀疑。

从图 4－13 中可以看出，在发展初期，案例行相关业务的发生量也存在着较为明显的"跛足化"特征，即进口业务的发生量大于出口业务的发生量。

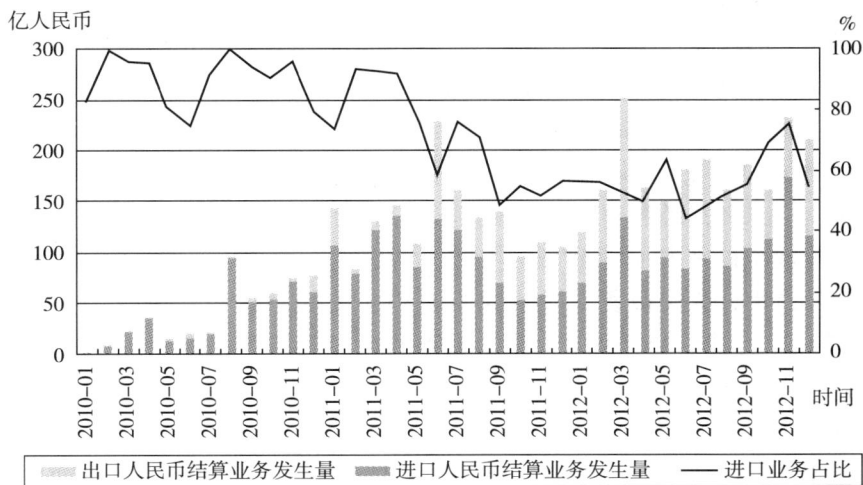

资料来源：本研究团队调研。

图 4－13 案例银行进出口人民币结算业务发生情况

从时间序列来看，进口结算占跨境人民币结算之比则呈现了较为明显的下滑趋势，跨境人民币结算的"跛足化"特征存在减弱的趋势。到 2012 年末，进口跨境人民币结算业务占比下降到 54.9%，"跛足化"特征基本消失，这说明该行通过业务结构调整，切实推动了人民币国际化的良性发展。

（二）离岸业务——跨境人民币业务

本研究团队对案例行香港分支机构进行了调研，深入了解了离岸人民币业务开展的相关情况。案例行驻港分支机构开展了多种跨境人民币业务，通过建议客户以人民币作为结算货币，为人民币结算提供渠道畅通、流程更优、风险可控的服务体系等方式，切实推动了人民币的海外计价功能。

在案例行的分类口径下，跨境人民币离岸业务主要包括人民币结算、人民币贸易融资和人民币代付三类。其中，跨境人民币结算包括贸易、非贸易和投资相关人民币结算业务；人民币贸易融资是指为企业跨境贸易提供的人民币资金融通服务，包括进口押汇、进口代收融资、汇出款融资、进口代付、出口订单融资、打包贷款、出口押汇、出口托收融资、出口发票融资、出口保理融资等；人民币代付是指对有真实的对外支付需求，且有相应授信额度或低风险额度的客户，商业银行为其提供跨境人民币代付融资，委托境外银行代为收支该笔款项，到期后支付本息的业务。从跨境人民币业务的总量来看，案例行在香港离岸市场的跨境人民币业务保持了较为平稳的增长态势，从 2010 年的几乎从零起步，到 2012 年下半年相关业务总量持续保持在 300 亿港元以上的水平，效显著。相关业务发展情况见图 4 - 14。

由图 4 - 14 可见，跨境人民币结算一直是三类跨境业务的主力，不仅开展最早，而且在三类业务中一直保持着很高的份额。人民币代付业务从 2011年上半年起步以来发展稳健，但增长速度较慢，到 2012 年底所占份额也不高。相比之下，人民币贸易融资起步略晚于人民币代付业务，但是增长迅速，到 2012 年末，已经形成总量上能够与人民币结算业务分庭抗礼的局面，成为该分支机构跨境人民币业务的增长亮点。根据本研究团队的调研，人民币贸易融资业务的兴起和发展是和相关优惠政策的推动密切相关的。相关企业外债不纳入商业银行的外债管理，这加大了该分支机构开展此类业务的积极性，加大了人民币贸易融资业务的供给力度。对企业而言，商业银行的人民币贸易融资业务能够帮助其享受短期人民币资金融资便利和相对较为优惠的境外人民币资金价格，改善其资金流动性，因此企业对人民币贸易融资业

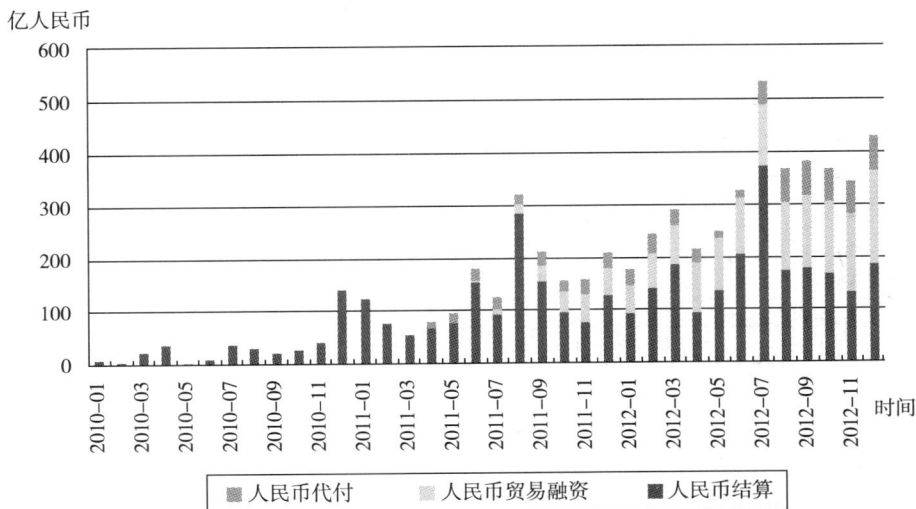

资料来源：本研究团队调研。

图 4 - 14　案例行香港跨境人民币业务开展情况

务有着旺盛的需求。供给和需求两方面的正向推动促成了人民币贸易融资业务的高速发展。

（三）离岸业务——人民币存贷款

随着案例行驻香港分支机构跨境人民币业务的持续增长，其所开展的离岸存贷款业务也呈现出稳步增长的特征，在离岸市场上为人民币国际化打下了坚实的基础。2010 年初，该分支机构仅有少量的人民币存款余额，人民币贷款业务还未开展。到 2011 年中期，贷款业务开始发展，且保持着较快的发展势头；存款业务在经历了 2011 年中期前的高速增长后，增速逐渐放缓。到 2012 年末，人民币存款余额为约 400 亿港元，人民币贷款余额已接近 300 亿港元，占到人民币存贷款总额的 40% 以上。相关情况见图 4 - 15。

同整个银行业的状况一样，该分支机构人民币存款业务的停滞在一定程度上反映出由跨境人民币业务拉动的人民币存款业务已到了发展瓶颈期，加之存款利率持续低位运行，人民币存款业务的增长缺乏新的驱动因素。该分支机构人民币贷款量的较快增长则得益于境外企业日益增长的人民币融资需求。

亿人民币

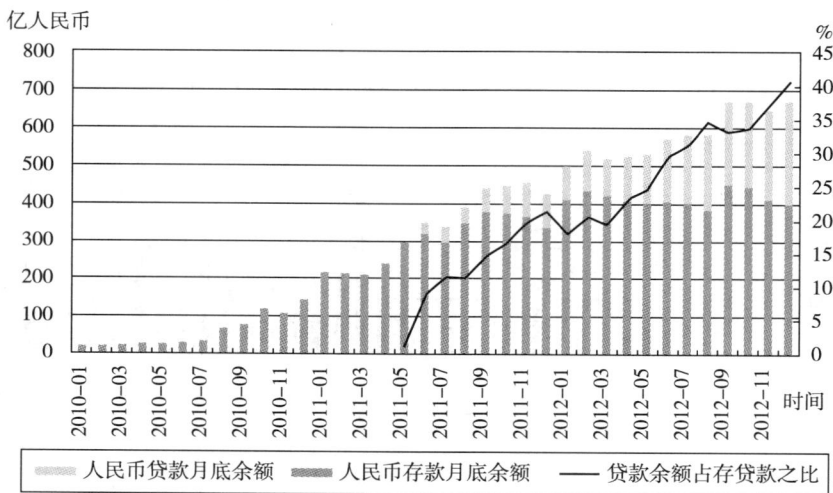

资料来源：本研究团队调研材料。

图 4 - 15　案例行香港人民币存贷款情况

（四）离岸业务——人民币债券市场业务

随着离岸人民币债券（因其初始时发债规模往往较小，又称点心债）发展规模愈来愈大，其投资回报也有提升的趋势，对投资者的吸引力不断增强，投资者群体不断扩大。发展到现在，香港离岸人民币债券市场已非"点心"所能形容。案例行驻港分支机构通过开展离岸人民币债券的交易、持有和承销业务，获取了多方位的收益，也在香港离岸人民币债券市场上树立了良好的声誉，推动了离岸人民币债券市场的健康发展。

案例行驻港分支机构积极在香港离岸市场上从事以人民币计价的债券交易业务，2012 年该分支机构人民币债券交易量较 2011 年增长了 50%，由 2011 年的 109 亿元上升至 2012 年的 164 亿元，积极推动了该分支机构净息差收益和中间收入的增长，也使案例行在境外人民币债券市场的庄家地位得到了巩固。与此同时，该驻港分支机构还进一步增加人民币债券投资，以人民币计价债券的投资余额由 2011 年的 44 亿元增加至 2012 年的 55 亿元，增幅约 26%，这对该驻港分支机构的流动性比率带来了正面的影响，也为其贡献了稳定的利差回报。

在以人民币计价债券的承销相关业务方面，2012 年该分支机构共代理及承销发行境外人民币债券共 246 亿元，比 2011 年增加 81 亿元，增幅达 49%，发行金额在香港市场排名前列。该驻港分支机构近年来完成的人民币债券发行项目如表 4－5 所示。可以看出，该驻港分支机构承销的人民币债券囊括了国债、政策性金融债、商业银行金融债和企业债等主要类别，客户多样性高，业务发生量较大，这充分体现了案例行在香港离岸人民币债券承销市场上的领先地位。

表 4－5 案例行在香港承销债券一览

债券种类	业 绩
国债	2009 年，担任中央人民政府赴港发行 60 亿元国债（55 亿元零售和机构 + 5 亿元机构）的联席牵头行及入账行
	2010 年，担任中央人民政府赴港发行 50 亿元国债机构部分的独家发行及交存代理，30 亿元零售部分的联席牵头行及入账行
	2011 年，担任中央人民政府赴港发行 150 亿元国债机构部分的独家发行及交存代理，50 亿元零售部分的联席牵头行及入账行
政策性金融债	2009 年，担任某政策性银行赴港发行 10 亿元金融债机构部分的副牵头经办行，20 亿元零售 + 机构部分的副经办行
	2010 年，担任某政策性银行赴港发行 30 亿元金融债机构部分的副牵头经办行
	2012 年，担任某政策性银行赴港发行 60 亿元金融债的发行及交存代理行
商业银行金融债	2009 年，担任某外资商业银行中国分支机构赴港发行 10 亿元金融债机构部分和 20 亿元零售 + 机构部分的联席主承销行
	2012 年，担任某中资银行赴港发行 10 亿元金融债的联席主承销行
企业债	2011 年，担任某境内企业有限公司香港子公司 5 亿元离岸人民币债的独家承销商、安排行及簿记行
	2011 年，担任某中资境外企业年期 4 亿元人民币债券的联席全球协调人及簿记管理人
	2011 年，担任某中资境外企业 2 年期 6.9 亿元、3 年期 2.6 亿元人民币债券的联席全球协调人及簿记管理人

资料来源：本研究团队调研材料。

（五）离岸业务——人民币汇率和利率衍生品业务

案例行驻港分支机构积极开展多种人民币汇率和利率衍生品业务，相关业务发生量稳步增长。作为香港离岸人民币汇率和利率衍生品市场的重要参与者，该分支机构通过交易、持有相关衍生产品，增强了市场的流动性，拓展了离岸人民币业务风险规避的方式和区间。

外汇掉期和无本金交割远期是该分支机构最早开展的两项人民币衍生品业务，两者的发展轨迹则不尽相同。其中，无本金交割业务一直在较低位运行，到 2012 年末，业务发生额还出现了较快的衰减趋势。根据研究团队的调研，这与近年来进口保付业务的减少有直接关系。除此之外，随着人民币升值预期减弱，掉期点逐渐反映利率平价，推迟购汇的套利机会减少；更重要的是，随着境内人民币日间波幅的扩大，人民币成交价经常偏离中间价，无本金交割远期无法实现对冲，其风险规避的功能难以实现。2010 年以来香港人民币可交割远期（DF）市场的发展则进一步加速了无本金交割远期市场的缩减。

与无本金交割远期业务相比，外汇掉期业务则经历了高速的增长，从 2011 年初的与无本金交割远期业务分庭抗礼，发展到 2012 年底的独占鳌头，其业务发生量在 2012 年底已占到该驻港分支机构人民币汇率和利率衍生品业务总额的绝大多数。此外，利率掉期业务从 2012 年中期开展以来，表现出了一定的增长态势，到 2012 年底，业务发生量已超过 50 亿元人民币，但其业务发生量还不能与外汇掉期业务相提并论。最后，外汇期权的发展还处于初级阶段，其业务发生量一直处于很低的水平（见图 4 - 16）。

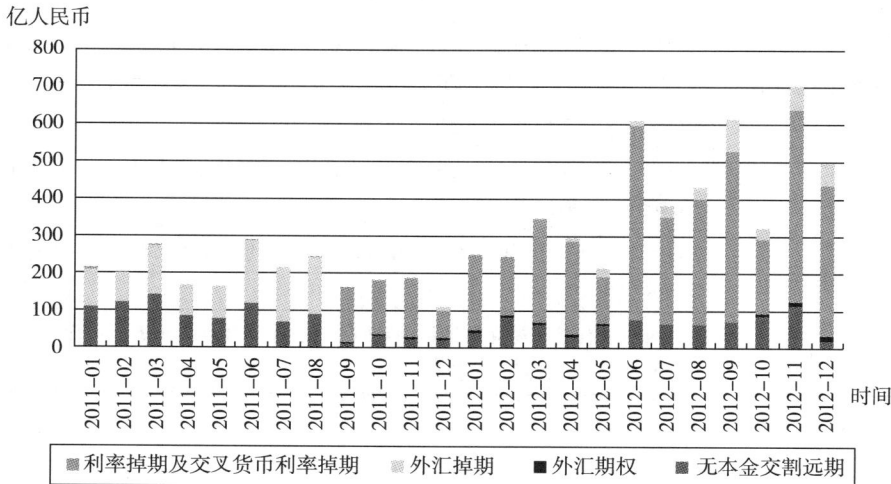

资料来源：本研究团队调研材料。

图 4 - 16　案例行驻香港分支机构人民币衍生产品持有情况

（六）离岸、在岸业务联动案例

1. 人民币 NRA 存款联动业务

NRA 为 Non – Resident Account 的简称，中文全称为"境外机构境内外汇账户"。人民币 NRA 账户即为境外机构在中国境内银行业金融机构开立的人民币银行结算账户。2011 年，为拓宽全行人民币存款资金来源，案例行制订了《人民币 NRA 存款营销服务方案》，要求全行发挥综合化、国际化经营平台的优势，通过境外分行、境内分行、子公司等集团成员之间的业务联动，在实现集团整体收益最大化和合规的前提下，根据市场情况及客户需求，积极拓展目标客户的人民币 NRA 存款及其他存款，拓宽全行负债资金来源。

某企业在美国上市，案例行某境内分行与总行离岸中心合作，为该企业办理了 NRA 存款业务。具体操作为：该企业在案例行人民币 NRA 账户中存入等值 2 亿美元的人民币资金，存期 1 年；同时该企业在案例行离岸账户中存入 2 亿美元作配比，存期同样为一年。与此同时，案例行离岸账户从该企业还成功吸收到额外的 2.5 亿美元存款。从该笔业务中，案例行可以取得的综合收益主要包括：为境内分行带来等值于 2 亿美元的人民币 NRA 账户存款及相关收益，为总行离岸中心带来 2 亿美元存款作配比及额外的 2.5 亿美元存款，有效推动了案例行与该企业之间的全面业务合作。

案例行通过 NRA 账户业务简化、高效的结算流程，帮助该企业贸易和投资更加便利化。进一步，在人民币升值预期和境外美元融资成本明显低于境内的市场环境下，人民币 NRA 业务还为该企业带来了一定的套利套汇空间，减少了货币兑换的损失，有效地防范了相关金融风险。业务优势使得越来越多的客户选择 NRA 联动业务，这对人民币国际化进程有着显著的推动作用。

2. 人民币融资性保函项下贷款（内保外贷）

内保外贷是指商业银行境内分行在外汇管理局预核额度内，为境内企业开立融资性保函，协助其境外分、子公司在该商业银行境外分行取得融资额度的业务。内保外贷是由国家外汇管理局规范的融资性担保安排，其只需符合有关条件且数额在商业银行已经批准的内保外贷额度内即可开展，操作流程简单。内保外贷业务主要适用于依法在境外注册设立控股子公司的优质境内企业。在境内分行的担保下，境外分行或总行离岸中心对该境内企业提供融资，解决其境外投资企业融资需求，支持企业"走出去"。人民币跨境贸易结算试点推出后，人民币对外担保业务呈现较快发展态势。

案例行某境内分行与境外分行合作，通过人民币内保外贷方式为某中资企业跨境并购提供前期融资支持即是内保外贷的一个经典案例。该中资企业收购了欧洲 A 公司大多数的股权。在收购过程中，该商业银行境内外分行充分联动，由案例行境内分行给予该中资企业备用授信额度并承担实质风险；与此同时，案例行境外分行作为名义贷款人，对外签署银团合同并按合同约定进行放款、记账等操作。

在该并购初期，案例行通过前述"内保外贷"方式为该中资企业的海外融资平台提供有力的融资支持，使其有资金收购 A 公司发行的夹层债，并实施债转股。其后，案例行继续以"内保外贷"方式为 A 公司注入营运资金，帮助该中资企业取得了股权收购谈判的主动权。最终，由"内保外贷"方式提供的资金帮助该中资企业成功收购了两只私募股权基金所持有的 A 公司的多数股权。通过开展人民币融资性保函项下贷款业务，案例行破解了该中资企业境外发展时因缺乏相应资质和信用记录时的融资难题，拓展了离岸人民币投放的业务发展空间。该中资企业在获得融资性保函项下人民币贷款后将人民币运用于债券收购和资本注入，这丰富了离岸人民币的使用方式，也使人民币得以在境外投资中充分沉淀，拓展了离岸人民币市场的深度。

3. 跨境人民币直接贷款（三方协议）

三方协议为境内外分行联动、对境内具有投注差的企业提供融资的一种业务操作模式。在三方协议下，相应的贷前调查、贷款审批及贷后监控的职责由境外分行承担；考虑到客户在境内，且多为境内分行存量授信客户，为进一步控制授信风险，通常由境内分行承担账户监管、资金投向和还贷资金落实等方面的管理职责。

某境内合资企业准备向股东支付红利，预计总额在 4 亿美元左右。分红将占用企业大量的现金流，资金缺口需要通过银行融资解决。该商业银行提出了"三方协议融资"方案，即案例行在票据池质押项下与该行海外分行以三方协议形式，由海外分行直接放贷，额度为近 5 亿美元（在企业可用投注差范围内），期限 1 年，循环使用，币种可调剂，且额度和期限可由借款人任意组合和选择。

该方案兼具授信担保和战略性融资方案两大优势。首先，在授信担保方面，案例行服务方案以票据池质押为基础，而竞争行申报的申请除信用外，暂无更好的担保措施；其次，战略性融资方案能够有效解决该合资企业流动性和财务成本的矛盾，提示企业可在境内融资、银票贴现以及境外融资间择机选择，而没有仅局限于本次股利支付业务。通过该项三方协议，案例行通过汇入的人民币资金获得了大量人民币存款；在分红解付完毕后，企业票据池质押的票据贴现款陆续沉淀在案例行，较大程度地提升该行的综合效益。与此同时，案例行与该合资公司的战略合作关系得到了进一步的深化。

跨境人民币直接贷款业务的开展是对 RQFII、人民币出口结算及人民币 FDI 等既有人民币回流渠道的重要补充。对持有境外人民币的案例行而言，将人民币资金通过跨境人民币贷款业务投放到境内能够取得更高的利息收益，因而其主观从事相关业务的动机很强。根据本研究团队的调研，许多在境外持有人民币的商业银行都有将人民币资金通过跨境人民币贷款业务投放到境内的意愿，这为完善的人民币回流机制的最终建立打下了坚实的基础。

4. 人民币出口买方信贷

人民币出口买方信贷是指在国内企业出口机电产品、成套设备、船舶和高新技术等产品时，符合条件的商业银行可以向境外进口商提供用于购买上述设备及产品的中长期贷款支持。商业银行还可以向境外进口商提供人民币融资，该融资可以境外业务产生的自有人民币资金或购汇人民币资金归还。

某集团注册地为英属维尔京群岛，主要从事海运业务，其经营总部设在香港，内地业务管理中心设在深圳。因经营需要，该集团香港子公司作为船东公司，与某造船厂签订合同购买两艘多用途船。该船单船总造价为 1 400 万美元，两船合计 2 800 万美元。前期，该集团香港子公司已分批次支付购船款合计 2 016 万美元，剩余 784 万美元尾款未付，且拟就部分尾款申请船舶融资。

该业务集人民币出口买方信贷、境外船舶融资、跨境贸易人民币结算于一体，是典型的境内外联动人民币业务。案例银行为该业务特别设计了担保结构，要求除船舶抵押、股权质押、保险受益权转让、实际控制人担保等担保措施外，借款人须在案例行开立偿债准备金账户，提款日后首个半年内借款人应在该账户保持不低于融资总额 13% 的余额，半年后保持不低于融资总额 7% 的余额，以此降低风险敞口。在账户设置方面，案例行境内外分行（离岸中心）建立了高效的联动机制，合作进行结算、资金监管及还款操作。

案例行出口买方信贷业务的开展受到进出口双方的普遍欢迎。一方面，出口买方信贷相关保险费率和贷款利率往往低于市场平均水平，因此其融资成本较一般商业贷款的融资成本低。另一方面，出口买方信贷业务能够帮助出口商即期收汇，显著优化其资产负债结构，加快其资金周转。与此同时，出口买方信贷业务还有利于出口商的收汇安全，避免相关汇率风险。由此，进出口双方的业务需求推动了案例行人民币出口买方信贷业务的快速发展，相关业务对海外项目人民币融资和人民币跨境贸易结算等业务的发展起到了积极的推动作用。

五、中资商业银行人民币国际化业务展望和对策建议

（一）商业银行跨境人民币业务创新面临的挑战

1. 资产负债管理水平面临挑战

在资产负债管理方面，人民币国际化使得国内商业银行资产负债表从国内延伸到国际，同时来源于国际市场的资产和负债在资产负债表中的占比会越来越大，这对国内商业银行的管理能力提出新的考验，对其适度运用自有资金和拆借资金、科学安排资金投放、合理确定资金价格提出了更高的要求。同时，人民币国际化带来人民币利率和汇率改革的加速，要求银行必须提高利率和汇率的风险敞口管理能力，要求其进一步提高净息差水平。

在流动性管理方面，人民币国际化使得商业银行资产负债表中来源于国际市场的资产和负债占比会越来越大，这对商业银行的全球流动性管理能力提出了较高要求。特别是在当前人民币尚不能实现自由兑换、境内外人民币流动性补充渠道没有完全打通的情况下，商业银行面临的流动性风险仍然较高。同时，人民币国际化带来银行客户的国际化和服务市场的国际化，要求银行能够24小时满足流动性管理的需要。资产负债和流动性管理的难度给银行带来了巨大的挑战。

2. 风险管理水平有待加强

在现阶段，我国银行"走出去"的国家不多，机构网点较少，承接的多是中资企业和中资客户的业务，海外经营经验较少，对境外交易对手和境外参加行以及客户的信用状况了解非常有限，这种信息不对称极易给银行带来信用风险，进而造成巨额损失。人民币国际化发展进一步打通了境内外资金流动渠道，客观上为洗钱等非法金融活动提供了温床。国内商业银行面临着信息不对称风险和跨境非法金融活动风险，在跨境资金流动的监测、防控和反洗钱等方面的工作势必要进一步加强。

与国内市场相比，离岸人民币金融市场自由化程度更高，蕴藏的风险也更多更大，在全球经济金融纷繁复杂的大环境下，陆续走出国门的商业银行风险管理压力不容低估。从全方位风险管理的角度看，在离岸人民币业务发展初

期，商业银行缺乏熟练掌握国际金融市场法规和产品特性的专业人员，加上自身规章制度不健全、内控机制不完善、信息系统功能有限和文化差异等因素，极有可能引发合规风险、法律风险和操作风险。国内银行应在尚未做大国际经营前，抓紧学习和掌握相关风险管理理念和管理技巧。

3. 人才短缺、创新不足制约更高水平的发展

我国商业银行金融创新不足主要表现在两方面。一是产品类型较少，定价能力不足。从金融衍生产品的类型来看，目前我国银行交易的人民币衍生产品主要是外汇类和利率类的衍生产品，其他类型产品相对较少，而且产品定价能力不高，基本是依赖外资银行的定价体系。二是产品创新附加值较低，创新常与市场需求脱节。现有银行自行创新的产品的附加值较低，一些技术含量较高的金融产品大多由外资银行设计。也正是由于创新技术落后，导致创新不能及时反映市场需求，产品往往与市场脱节。创新技术的相对落后，归根结底是因为高素质创新人才的不足。

目前在香港离岸人民币市场上，各家银行面临的政策性约束完全一致，离岸人民币业务的产品种类也趋于一致，但由于不同金融机构的专业化优势，其提供的离岸人民币产品亦存在差异。如汇丰银行在外汇交易、风险管理、资产管理、结构化存款投资类产品方面只有较高专业技术水平和产品开发创新能力，中银香港在企业跨境人民币结算解决方案、人民币债券承销等新兴的经纪业务占据了相对先发优势。未来，随着人民币国际化的深入和相关管制的逐步放松，金融服务及产品的复杂化程度会大大提高。在这一过程中，大型外资银行凭借专业技术优势和人才优势，其强大的金融创新能力将对国内商业银行形成巨大挑战。

4. 业务系统急需升级

目前我国相当一部分商业银行的后台系统仍然处于本外币隔离的状态，部分人民币业务系统仅适用于国内业务，与境外人民币创新业务的需求还有一定差距。虽然随着跨境人民币业务的开展，商业银行的部分业务系统已成功进行了改造，但随着人民币国际化的逐步推进，境外客户范围逐步扩展到境外同业、境外货币当局，业务范围也逐步扩展到境外投融资、境外债券发行等。在商业银行国际化的进程中，其所面临的资产负债情况越来越复杂，再加上大量的表外业务的存在使得风险的度量和监控的难度不断增大。现有的业务系统和风控系统已经无法满足现有的需求，我国商业银行急需加大后台系统建设力度，以满足业务发展和系统监管的需要。

（二）政策建议

本节从工作原则、工作措施、产品开发和业务发展、地域发展战略、政策与市场研究和风险管控方面提出了有关我国商业银行在离岸和在岸市场上进一步推动人民币国际化过程中进行人民币产品创新的相关建议。

1. 明确清晰的工作原则，构建完善的业务发展机制

在工作原则方面，商业银行需要从主权货币视角，把握好跨境人民币业务发展思路。具体而言，商业银行需要在流程设计、产品运用、绩效考核、制度安排等方面探索出一条顺应人民币国际化进程、适应跨境人民币业务特点的经营管理发展之路。在日常经营中，商业银行开展人民币国际化相关业务，需要平衡好业务发展和利润增长的关系，通过境外机构联动资金、第三方机构资金、提高保证金覆盖比例等渠道，壮大跨境人民币业务规模，以规模效应带动利润增长。

在机制构建方面，商业银行需要在全行范围内建立高效的沟通和信息共享机制，实现总分行之间、境内行与境外行之间有关跨境人民币汇率、利率、价格、产品与服务、客户、项目、政策等信息的即时共享，促进联动业务良性发展，提高对跨境人民币业务的市场反应能力和创新产品的投产效率。商业银行需要指定跨境人民币业务的主管部门，负责牵头组织推动，加强板块和机构间的联动和合作，形成跨境人民币业务"全行一盘棋"的局面。从"一家银行、一个客户"的角度开展跨境人民币业务以推动人民币国际化进程，创造跨境人民币业务与公司、同业等板块业务相互支撑、相互带动、共同发展的良好局面。

2. 制定高效有针对性的工作措施

在工作措施方面，为进一步推动跨境人民币业务的发展，我国商业银行可以考核目标为导向，落实发展责任制，促使各分行、各部门从战略高度重视跨境人民币业务发展。在具体操作上，可以以考核目标及市场占比持续提升为导向，把跨境人民币业务目标细化分解，并层层落实业务发展责任制，确保达成既定任务目标。在此基础上，总行层面需要综合考虑跨境人民币业务的联动效应，配套资源保障，在资源的分配上向跨境人民币业务倾斜，并充分调动经营单位的积极性和主动性，推动各分行、各部门根据全年考核目标及市场情况，周密部署各项工作，形成全行推动跨境人民币业务发展的良好氛围。

商业银行应着眼于不同类型客户的需求差异，有针对性地开展跨境人民币

相关业务的服务工作。在公司业务方面，我国商业银行应以客户基础建设为中心，打造核心客户群，加强针对性营销力度，大力拓展"走出去"客户。进一步，商业银行可以新设和增资外商投资企业为重点拓展对象，抓好外商投资企业开立人民币资本金账户的营销工作，并推广跨境人民币交易资金托管服务，在满足外商投资企业发债、增资、并购、股权转让等资本项下业务需求的同时，确保企业资金安全，提高中间业务收入。与此同时，我国商业银行还需大力拓展跨境人民币业务金融机构客户群，持续营销境外银行同业客户，以账户开户为切入点，带动存款、人民币购售、债券代理、清算、RQFII 托管等业务的全面发展。

在个人业务方面，我国商业银行可以前瞻布局跨境人民币业务个人客户群，把握个人跨境人民币业务有望全面开闸的利好政策，并从中高端个人客户群中挖掘有跨境人民币结算需求的客户，加快个人投资理财产品的创新与设计，加强网上银行、快速汇款等渠道建设，加强目标客户群的政策培训和宣传推广，完善相关跨境业务的产品体系。

3. 立足传统优势，积极创新，推动产品开发和业务发展

在产品开发和业务发展方面，我国商业银行应该以产品与服务为抓手，促进业务快速发展。具体而言，可以从信用证、托收、汇款等传统结算产品入手，引导并培育客户在跨境交易中以人民币计价并结算，提高跨境人民币业务发生量在国际结算量中的占比。商业银行可以大力拓展协议付款、协议融资、人民币出口风险参与、跨境人民币贷款等跨境贸易融资与跨境贷款业务，在审慎选择客户的前提下，通过境内外联动，促进跨境贸易融资与投融资业务的发展。

在其他产品和业务方面，商业银行可以通过对结算、汇兑和融资产品的灵活运用，在控制风险的前提下考虑结算币种的交叉运用，并密切关注境内外市场利率、汇率走势，寻找市场切入时机，组合运用结算工具、融资工具与金融市场工具，积极争取配套叙做人民币结构性产品，带动人民币负债业务增长。商业银行还应着力发展人民币对外担保业务，充分利用好有关政策，加大对重点企业客户的金融支持，打造对外担保业务服务品牌，并带动其他国际业务产品的交叉销售。最后，人民币投融资业务也是跨境人民币业务的重要组成部分。我国商业银行可以为开展对外直接投资和外商直接投资的企业提供集国家风险管理、境外投资咨询、跨境人民币贷款、境外发行债券、交易资金托管和全球现金财富管理等投融资综合金融服务。

我国商业银行应当意识到，创新是跨境人民币业务发展的灵魂，服务是跨境人民币业务发展的支撑，应制定有针对性的政策措施，努力做到创新产品量多质优、服务营销精准到位。在创新方面，应该持续推进产品创新，立足客户需求，在跨境联动、币种运用、境外结售汇、信托/保险合作等重点领域积极开展产品创新，以创新赢市场，以创新赢客户。与此同时，还需要密切关注同业创新情况，借鉴同业创新产品，并在此基础上进一步优化。在服务能力升级方面，应逐一梳理客户每个交易环节，从单一产品推介向量身订制整体金融服务方面转变。加强对客户产品、服务设计与推介的针对性，提高产品与服务的可复制性，将单一客户营销转为链式客户营销。

4. 制定有针对性的地域发展战略

地域经济的发展是我国商业银行开展跨境人民币业务时不可忽视的关键因素之一，人民币国际化进程的推进为我国商业银行开展地域特色业务提供了巨大的舞台。

中资企业总部集中在北京，我国商业银行可以通过在北京的分支机构发展人民币投融资及跨境资金集中运营业务，支持"走出去"企业以人民币在海外资源开发、基础设施建设等领域的对外直接投资和大型外资并购，向企业的海外开发性投资项目提供人民币融资，积极承揽政府对外援助人民币资金的结算业务，扩大人民币结算规模。

上海地区在全国跨境人民币业务创新中保持领先地位。我国商业银行应充分把握上海国际金融中心建设机遇，利用上海在境内金融要素市场中的地位，大力推动服务贸易及资本项下跨境人民币业务发展。利用跨国公司总部集中在上海的地域优势，还应大力拓展跨境人民币全球现金管理业务，特别是跨国公司成员单位间的贷款业务，助力上海全球人民币资产中心建设。

与此同时，长三角、珠三角地区外向型经济发达，要把握其区位优势，做大做强跨境贸易人民币结算及融资业务。要以贸易融资类产品为抓手，加强出口结算业务拓展，争取达到进出口结算平衡的局面，提高在当地出口结算中的市场份额。要积极拓展外商投资企业投融资业务，并以此挖掘跨境人民币业务新的增长点。

我国其他地区有着"西部大开发"、"振兴东北"、"中部崛起"等发展战略的大力支持，我国商业银行应把握产业由沿海地区向内陆地区转移以及内陆省份老工业基地加快调整、改造的机遇，加强分行间的紧密协作，做好对产业转移、产业改造升级客户的营销工作，吸收借鉴发达地区分行成熟的金融产品与服务，通过内内联动，加快跨境人民币业务发展。

5. 加强人民币国际化政策与市场研究力度

本文通过分析发现，监管部门的政策导向是决定跨境人民币业务发展的最重要因素之一。我国商业银行应当根据政策和市场发展的最新动向，以政策指引和市场需求为机遇，提前抢占市场。

首先，深圳前海合作区的设立对探索拓宽境外人民币运用渠道、构建跨境人民币业务创新实验区、开展以跨境人民币业务为重点的各类金融改革创新具有重要的意义。我国商业银行可以密切关注前海合作区的政策变化，加强协调，加快推进跨境双向贷款等业务的开展，将前海合作区打造成为跨境人民币业务发展的新亮点。

其次，当前海外资金投资 A 股市场情绪高涨，境外机构投资者加快布局RQFII 业务。2013 年 3 月，《人民币合格境外机构投资者境内证券投资试点办法》以中国证券监督管理委员会、中国人民银行、国家外汇管理局令第 90 号发布，其扩大了 RQFII 试点机构范围，放宽了投资范围限制。我国商业银行要密切关注政策及市场动向，加强总分行、境内外联动，持续营销 RQFII 托管业务，推进机构业务快速发展。

最后，部分地区跨境人民币业务主管机构在推进人民币国际化进程中，会对一些业务出台特殊的政策性指导意见。我国商业银行各地分行应了解政策内容，用足用好政策，把握地区性政策导向，推动跨境人民币业务发展。

6. 落实风险管理，保障业务健康发展

我国商业银行应以风险管控为保障，促进业务健康合规发展。首先要提高风险防范意识，加强风险管控。跨境人民币业务涉及多个板块领域，业务交叉复杂，我国商业银行应提高风险防范意识，加强板块间、条线间的配合，落实风险管控，保障业务健康发展。对于跨境人民币授信业务，境内机构可委托境外行对难以直接监控的客户和潜在风险较大的客户做好风险监控工作，将监控情况提供给境内主办机构。与此同时，还应重视业务操作的合规性。对于政策框架范围内的业务，要严格依照政策规定办理；对于政策框架尚未明确的业务，要向主管机构多请示、多汇报，确保业务全流程操作的合规性。

第五章　人民币区域化的推进

　　人民币国际化是一个渐进的发展过程，是继人民币自由兑换后提出来的一个问题，学术界一致认为人民币要实现国际化首先要经历区域化这一必要的过渡阶段。人民币区域化即是通过与一个地理区域内其他货币的长期竞争而成为该区域内的关键货币，在区域内发挥自由兑换、交易、流通、储备等关键货币职能。人民币国际化则是人民币区域化的最高阶段，是人民币跨越国界，在世界范围内被普遍接受，成为世界贸易中被广泛接受的可自由兑换货币，并为国际上普遍认可的计价、结算和储备货币的过程。

　　金融危机以来，随着世界贸易发展的多元化和世界贸易结算、储备体系的变化，全球货币体系正在作出根本性的调整，金融危机在一定程度上创造了人民币向区域和国际货币过渡所需要的基础条件。2009 年中国政府也开始推出相关的制度配套措施来配合推进人民币国际化（区域性国际化）和国际化。随着人民币在周边国家和地区事实上的流通，东盟地区已呈现出人民币货币区域化的态势，为推进人民币国际化创造了有利的条件。人民币国际化的外在条件已经具备，资本项目管制等约束条件不久即可面临突破，我们应该扩大人民币在东盟地区的影响力，提升中国在泛北部湾区域经济合作（也称南中国海经济圈）的主导地位，强化中国—东盟经济关系良好的发展趋势，积累南中国海问题有效解决的积极力量。目前，学者们已基本达成共识：人民币国际化进程中首先应实现的是区域化，而东盟国家又是我们实现人民币区域化的首选区域。因此我们有必要对人民币在东盟国家的使用状况以及人民币实现"东盟化"的有利条件及制约因素进行分析，在此基础上提出人民币"走进"东盟的政策建议，这是保障人民币国际化进程顺利推进中亟待解决的问题。

　　亚洲金融危机爆发后，特别是中国—东盟自由贸易区的建立，中国与周边国家的贸易往来更加密切，此次金融危机的爆发更加加速了中国同东盟等周边国家之间的合作，人民币也逐渐在周边国家贸易中开始执行计价和结算功能。一些专家学者也开始注意到这一现象，并开始进行研究和探讨，李翀（2002）①、潘理权（2000）②、钟伟（2002）③、李晓（2004）④ 等学者提出了人民币亚洲化的观点，并对人民币亚洲化的必要性和可行性进行了分析。虽然有些学者反对人民币区域化，主张直接进行国际化，但是多数学者还是主张人民币区域化是实现人民币国际化的必经之路，并对人民币区域性国际化这一问题展开了激烈的探讨，探讨的内容主要集中在人民币在境外流通状况、人民币区域性国际化可行性分析、人民币国际化（区域性国际化）的利弊分析、人民币国际化（区域性国际化）的途径等几方面。

在人民币国际化（区域性国际化）路径选择上学者的观点主要有两种：一种观点认为应以市场需求为主导，政府推动为辅，即注重在边境贸易、旅游中市场对人民币的自发选择过程，并由政府积极地推进。另一种观点则主张以政府推动为主。中国人民银行南宁中心支行课题组（2007）⑤ 认为可从人民币在周边国家的国际化（区域性国际化）、中华区域的"四币整合"、人民币在东南及东亚的国际化（区域性国际化）三个方面推动人民币国际化（区域性国际化）。贺翔（2007）认为自发演进的人民币国际化（区域性国际化），需要政府在人民币的兑换、流出和回流机制问题方面予以支持。范祚军、关伟（2008）⑥ 分别从贸易和货币竞争与铸币税的视角对人民币国际化（区域性国际化）的现实基础进行了实证分析，提出要分阶段逐步推进人民币的国际化（区域性国际化），并建议为推进人民币国际化（区域性国际化）进程应建立人民币"资产池"和人民币自由兑换区，加大政治对经济的支撑力度等。周道许（2009）⑦ 指出人民币国际化已是大势所趋，但仍将经历一个漫长的过程，可以首先推动人民币的周边化，然后在此基础上有步骤地、渐进式地推行资本账户可兑换，提高金融体系效率，最终实现人民币国际化。

---

① 李翀：《论人民币的区域化》，载《河北学刊》，2002（9）。
② 潘理权：《国际货币体系改革与人民币国际化》，载《华东经济管理》，2000（4）。
③ 钟伟：《人民币：国际货币的第四级》，载《发现》，2000（7）。
④ 李晓、李俊久、丁一兵：《论人民币的亚洲化》，载《世界经济》，2004（2）。
⑤ 中国人民银行南宁中心支行课题组：《人民币区域化、国际化的趋势及影响》，载《广西金融研究》，2000（7）。
⑥ 范祚军、关伟：《基于贸易与货币竞争视角的 CAFTA 人民币区域化策略》，载《国际金融研究》，2008（10）。
⑦ 周道许：《推进人民币国际化进程的战略思考》，载《中国金融》，2009（24）。

综上所述，对人民币国际化问题的研究学者们给予了很高的热情，已从不同的视角对该问题进行了较为详细的探讨。本文与多数学者的观点一致，人民币要实现国际化必须首先实现区域化，而东盟又是人民币区域化中首选的对象。因此，本文作者将在借鉴前人研究的基础上，以人民币区域化的对象东盟国家为研究视角，在考察跨境贸易人民币结算现状、跨境投资人民币结算现状、货币互换等情况之后，并到东盟国家实地调研了解人民币在东盟国家的使用状况及接受程度，在此基础上着重探讨人民币"东盟化"的有利条件及制约因素，最后提出具有针对性的政策建议，以期为我国人民币首先实现在东盟地区的区域化提供一些建议。

一、人民币区域化——"走进"东盟的进展

经过多年的经济贸易往来，目前泰国、越南、缅甸、老挝等周边国家已把人民币作为支付和结算货币。印度尼西亚、菲律宾、马来西亚等国一些银行已开办人民币存款及人民币其他业务。新加坡政府积极筹备开展人民币离岸中心工作。菲律宾等国已明确将人民币纳入外汇储备。中越、中老、中缅边境地区边贸、旅游、投资等领域70%以上使用人民币结算。研究发现，人民币在部分国家已经起到"货币锚"的作用。2005年7月21日，人民币汇率形成机制改革前后，大湄公河次区域国家货币对人民币的汇率发生了强烈变化，有在短期内直接瞄定人民币的迹象。以越南盾为例，2005年6—12月越南盾对美元保持相对平稳，但与人民币的汇价则大幅下滑，似乎脱离了美元中间折算的过程，直接以人民币为锚。李翀（2002）把人民币在周边地区流通的途径和使用程度分成三种情况：第一种情况是由旅游业的发展而带动的人民币跨境流通，主要是新加坡、泰国、马来西亚、韩国等旅游比较发达的国家。通过对这些国家的人民币流通情况分析发现，人民币在这些国家的滞留量很小，人民币作为价值储藏的功能不强。第二种情况是随着边境贸易和旅游而产生的人民币跨境流通，主要发生在与我国毗邻的国家如蒙古、朝鲜、越南、缅甸、老挝、俄罗斯等国的边境地区。在这些国家的跨境流通过程中，人民币主要是充当交换媒介，其在境外停留时间也比较长，有较强的价值储藏功能。第三种情况是在我国的港澳地区，由于双方的经济往来密切，人民币的使用和兑换相当普遍。

（一）跨境贸易人民币结算现状

人民币国际化的首要目的是在贸易结算中提高人民币的使用，降低对美元

的依存度，最终使人民币成为其他国家的储备货币。作为中国第三大贸易伙伴，东盟具有良好的人民币贸易结算基础。表 5-1 显示，中国—东盟双边贸易额高速增长，由 1997 年的 251.6 亿美元上升至 2012 年的 4 000.93 亿美元；占中国进出口的比例也稳步扩大。2013 年上半年，中国东盟双边贸易额为 987.37 亿美元，同比增长 15.68%，高于全国外贸增速。目前，中国与东盟六个老成员国已对 90% 以上的产品实施零关税，东盟四个新成员国将在 2015 年实现零关税。中国已经连续三年成为东盟第一大贸易伙伴，东盟继续保持中国第四大出口市场和第三大进口来源地地位。总体上东盟的贸易环境有利于中国，东盟对中国的整体贸易依存度和进口依存度都创历史新高，在 2012 年 5 月分别达到 17.33% 和 18.58%，双方经济紧密程度进一步加深。随着中国和东盟经贸进一步发展，如果仍以美元为结算货币，将承担汇率风险。而人民币作为亚洲最坚挺的货币，有实力逐渐取代美元结算货币的地位。

表 5-1　　　　　　　中国—东盟双边贸易（1997—2011 年）　　　单位：亿美元，%

项目 年份	出口额	进口额	进出口额	占中国 出口比例	占中国 进口比例
1997	127.00	124.60	251.60	7.00	8.80
1998	110.30	120.70	231.00	6.00	9.00
1999	121.70	148.70	270.40	6.20	9.00
2000	173.40	221.80	395.20	7.00	10.00
2001	183.90	232.30	416.20	6.90	9.50
2002	235.70	312.00	547.70	7.20	10.60
2003	309.30	473.30	782.50	7.10	11.50
2004	429.00	629.80	1 058.80	7.20	11.20
2005	553.70	750.90	1 303.70	7.30	11.40
2006	713.11	895.27	1 608.38	7.40	11.30
2007	941.39	1 083.69	2 025.08	7.70	11.30
2008	1 141.42	1 169.74	2 311.17	8.00	10.30
2009	1 062.90	1 067.10	2 130.00	9.50	10.60
2010	1 382.00	1 546.00	2 928.00	8.80	11.10
2011	1 700.80	1 927.70	3 628.50	9.00	11.10
2012	2 042.72	1 958.21	4 000.93	9.97	10.77

资料来源：根据公开资料整理。

2009 年我国开始试点跨境贸易人民币结算，迈出了人民币国际化的重要一步。2012 年 1—10 月，跨境贸易人民币结算量达到 2.283 万亿元，其中货物贸易人民币结算量 1.587 万亿元；跨境贸易人民币结算量占全国进出口额的比重约为 11.86%（人民币兑美元汇率取 6.23）。人民币正日渐成为贸易伙伴尤其是东盟国家认可的结算货币。

我国开展跨境贸易人民币结算试点工作以来，东盟一直是人民币跨境结算的第二大市场，双边银行结算网络不断完善。2010 年 6 月，广西获批开展跨境贸易人民币结算业务，多年来与东盟国家之间的人民币结算基础得到了强化，优势得到了发挥。截至 2011 年 12 月末，全国与东盟国家跨境贸易人民币结算总量达到 2 539 亿元，其中广西与东盟国家人民币结算 457 亿元，占全国与东盟国家跨境人民币结算总额的 18%，占广西跨境人民币结算总量的 89%。

2010 年跨境人民币结算试点之后，广西人民币结算业务范围扩大到服务贸易、一般贸易、金融投资以及收益及其他经常转移。广西跨境人民币结算业务涉及 52 个境外国家和地区，主要由广西 15 家银行的 104 家分支机构办理。跨境贸易融资、对外担保、人民币购售以及境外企业人民币银行结算账户服务等与跨境人民币结算相关的业务也相继开展。从 2010 年 6 月试点开始至 2012 年末，广西跨境人民币结算量累计达 1 151.8 亿元。全国排名第九，继续保持西部十二省（区）、全国八个边境省（区）第一。境外银行在广西开立人民币同业往来账户 73 个，境外企业开立非居民人民币银行结算账户 38 个，累计购售人民币资金 37.57 亿元，人民币与越南盾柜台挂牌交易量 26.1 亿元人民币。从经常项目看，广西经常项下跨境人民币结算量大幅增长。2012 年，广西经常项下跨境人民币结算金额 653.57 亿元，同比增长 85%。其中：货物贸易出口 497.46 亿元，同比增长 71%；货物贸易进口 146.53 亿元，同比增长 143%；服务及其他经常项下人民币结算 9.58 亿元，同比增长 7%。从资本项目来看，广西资本项下跨境人民币结算业务稳步推进。广西开展了包括对外直接投资、外商直接投资、境外项目贷款等资本项下跨境人民币结算业务。2012 年，广西资本项下跨境人民币业务累计结算量约 18.01 亿元。其中：对外直接投资人民币合同金额 3.82 亿元，实际发生 3.06 亿元；外商直接投资合同金额 11.82 亿元，实际发生 11.14 亿元；境外项目人民币直接贷款合同金额 7 250 万元，实际发生 530 万元；其他跨境人民币投融资 3.76 亿元。从市场主体来看，广西跨境人民币结算市场主体数量持续增长。2012 年，广西参与跨境人民币结算的市场主体稳步增长，已采用人民币开展跨境结算的市场主体达 1 481 个，同比增长 60%；全区已有 15 家银行的 115 家分支行办理了跨境人民币结算业务，比 2011 年末分别增加 2 家和 37 家。

　　此外，广西作为与越南相接壤的省区，边贸人民币结算近年来一直迅速扩大。由于人民币币值稳定，且在越南境内多个地区（包括首都河内）都可以自由流通，携带出入境较为方便，加上越南美元储备较少，因此一直以来在广西对越贸易特别是边境贸易中被广泛用做计价和结算货币。据人民银行南宁中心支行调查，边境小额贸易中人民币计价达 99% 以上，边民互市贸易一直以人民币计价结算并通过现钞进行交易。2011 年，广西以边境小额贸易方式对东盟进出口 62.5 亿美元，增长 47.3%，占同期对东盟进出口总额的 65.4%。其中，越南稳居最大贸易伙伴地位，占进出口比重近八成。自 2001 年以来，广西与越南边境小额贸易额持续增长（见图 5 - 1）。至 2012 年，这一数额已达 83.48 亿美元，年平均增长率为 43.83%。

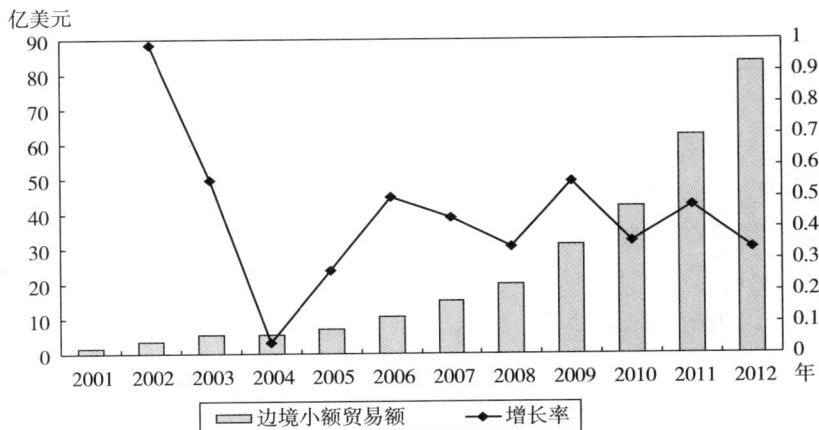

图 5 - 1　2001—2012 年广西与越南边境小额贸易额及增长趋势

（二）跨境投资人民币结算现状

　　从双边投资联系来看，近年来，随着中国—东盟自由贸易区成立，中国与东盟相互投资不断扩大。2000 年，东盟十国对中国的 FDI 为 28.45 亿美元，2010 年增长到 75.24 亿美元，年均增长 26.45%（见表 5 - 2）。

表5-2　　　　　　　　　　　东盟国家对中国的直接投资　　　　　　　　单位：百万美元

国别 / 年份	越南	新加坡	泰国	菲律宾	马来西亚	老挝	文莱	缅甸	印度尼西亚	柬埔寨	合计
2000	1	2 172	204	111	203	3	0	2	147	2	2 845
2006	14	2 260	145	134	393	0	294	7	101	2	3 351
2010	2	5 428	51	138	294	9	310	4	77	10	7 524
2011	1.3	6 097	101.2	112	358	6	256	10	46	17	7 004

资料来源：《中国统计年鉴》，或据之计算得出。

目前，中国对东盟的直接投资规模虽然还不大，但发展潜力巨大，增速很快。2006—2010年，中国对东盟直接投资由9.37亿美元增加到28.61亿美元，占东盟吸收境外直接投资的比重相应从1.79%提高到3.8%（见表5-3）。

表5-3　　　　　　　　　　　中国对东盟的直接投资　　　　　　　　单位：百万美元,%

年份	2006	2008	2010	2011
直接投资额	936.9	1 874.0	2 861.3	6 034.4
东盟外国家和地区对东盟直接投资额	52 379.5	47 075.6	76 207.9	114 110.6
中国占比	1.79	4.00	3.80	5.30

资料来源：东盟秘书处，或据之计算得出。

在中国—东盟良好的投资环境之下，跨境投资人民币业务获得快速发展。2011年之前，我国在资本项目的各个单项上都对外币有了不同程度的开放，但对人民币却基本上不开放，只有少数例外，比如规模有限的"点心债券"①和"熊猫债券"②。2011年1月6日，人民银行发布2011年第一号文件《境外直接投资人民币结算试点管理办法》，这标志着人民币国际化从经常项目逐渐向资本项目深化。从人民银行公布的2012年1—10月跨境人民币结算数据（见表5-4）可以看出，跨境贸易人民币结算量一直稳步攀升，前十个月累计为2.28万亿元人民币，其中货物贸易又占约70%。在资本项下，人民币外商直接投资增速较快，前十个月累计为1 721亿元人民币。相比之下人民币对外直接投资前十个月累计为232亿元人民币，第三季度较第二季度有明显回落。用人民币结算的FDI是ODI的8倍。其实质是中国内地通过跨境贸易结算输出的人民币，通过FDI渠道回流中国内地的结果。

———————————

① 点心债券，指在香港发行的人民币计价债券。
② 熊猫债券，指境外机构在中国发行的以人民币计价的债券。

表 5 - 4 2012 年跨境人民币结算相关数据 单位：亿元

月份	跨境贸易人民币结算	货物贸易	对外直接投资	外商直接投资
10	2 333	1 665	11	176
9	2 830	1 931	10	285
8	2 710	1 900	12	200
7	2 441	1 683	12	142
6	2 593	1 689	35	164
5	2 160	1 476	30	160
4	1 962	1 355	93	124
3	2 613	1 879	8	219
2	1 907	1 336	4	116
1	1 284	951	17	135

资料来源：人民银行公布的数据。

截至 2012 年 9 月末，广西与东盟国家间的人民币结算量达 811. 76 亿元，占广西跨境人民币结算总量的 89. 61%；资本项下人民币对外直接投资 3. 52 亿元，外商直接投资 14. 55 亿元，其他跨境人民币投融资 3. 53 亿元。其中，广西对泰国、印度尼西亚、新加坡的人民币直接投资数量最多（见表 5 - 5）。境外银行在广西开立人民币同业往来账户 73 个，境外企业开立非居民人民币银行结算账户 38 个，累计购售人民币资金 37. 57 亿元，人民币与越南盾柜台挂牌交易量 26. 1 亿元人民币。东盟 10 国中，有 8 个国家与广西开展了跨境人民币结算业务，有 6 个国家与广西建立了跨境人民币代理结算关系，广西对外人民币直接投资 90% 以上发生在东盟国家。由此可见，广西与东盟国家间的跨境贸易和投融资业务以人民币计价和结算，已具备了良好的市场基础。

表 5 - 5 试点以来广西对东盟国家人民币投融资数据 单位：万元

国别或地区	直接投资	其他投资	跨境融资
越南	564	—	—
新加坡	—	7 267	7 267
泰国	10 080	2 520	2 520
印度尼西亚	2 980	—	—
马来西亚	—	—	—
缅甸	—	—	—
柬埔寨	—	600	300
菲律宾	—	—	—

资料来源：中国人民银行南宁中心支行。广西试点开始时间是 2010 年 6 月。

（三）货币互换

中国与东盟国家间的货币互换协议除了互相提供流动性支持以外，在后危机时代更重要的作用还在于利用本币作为双边贸易结算货币，在此基础上促进以双边货币作为计价货币进行直接投资和金融资产投资。从更长远的角度看，双边本币互换规模逐渐扩大，将有助于推动人民币区域化和国际化。自 2009年人民币国际化进程加速以来，人民银行签署了一系列双边货币互换协定。目前与东盟的马来西亚、印度尼西亚、新加坡、泰国都签订协定（见表5-6）。据统计，我国签订双边本币互换协定数额累计达到 1.5 万亿元人民币，其中与东盟国家开展双边本币互换中人民币数额达 5 800 亿元，占比约为 39%。由此可见，东盟国家对于人民币的需求在持续增长，且官方对于人民币的接受程度也非常高。

表5-6　　　　　　　　　中国与东盟国家货币互换协议

国家	签订时间	货币互换数额	有效期
马来西亚	2009.2	800 亿元人民币/400 亿林吉特	3 年
印度尼西亚	2009.3	1 000 亿元人民币/175 万亿卢比	3 年
新加坡	2010.7	1 500 亿元人民币/300 亿新加坡元	3 年
泰国	2011.12	700 亿元人民币/3 200 亿泰铢	3 年
马来西亚	2012.2	1 800 亿元人民币/900 亿林吉特	3 年

资料来源：中国人民银行网站。

除了签订货币互换协议，东盟国家也继续增持以人民币计价的资产。马来西亚中央银行 2010 年 9 月在香港场外市场购买了价值 100 亿美元的人民币计价债券，这是人民币首次成为其他国家央行的储备货币。马来西亚和菲律宾均表示增持人民币资产或投资人民币国债。作为贮藏储备货币，人民币在这一职能上已经开始国际化。特别是在应对当前的国际金融危机过程中，包括泰国、马来西亚、柬埔寨、菲律宾等与中国有密切经济往来的国家已经宣布将人民币纳入储备货币。

（四）新加坡人民币离岸市场雏形显现

新加坡是世界上第四大外汇交易市场，同时又是一个非常重要的贸易中心，这使得新加坡成为东盟国家组织的重要门户，是一个非常重要的推动人民

币交易的平台。早在 2010 年 7 月，新加坡金管局已与中国人民银行签署货币
互换协议。新加坡交易所也有离岸人民币债券的挂牌交易，同时还是世界上首
个提供人民币远期合约场外交易清算服务的交易所。2011 年人民币在新加坡
的交易比之前增长了 10 倍，达到了近 5 000 亿元。很多国际银行和本地银行，
在新加坡尝试人民币储蓄、存款产品，满足更多的人民币需求。现在新加坡的
人民币存储大概能达到 60 亿元，成为香港之后的第二大人民币离岸市场。
2011 年新加坡交易所实现各种债券融资 1 000 多亿元人民币。在新加坡交易
所，这代表着全球人民币债券交易的 60%，而且是仅次于香港的非常重要的
人民币债券上市市场。2012 年 7 月，新加坡银行监管部门给予两家在新经营
符合资格的中资银行特许全面银行业务牌照，其中一家银行还将被授权成为新
加坡的人民币清算银行。同日，新加坡交易所公告宣布其已经为人民币计价证
券的挂牌、报价、交易、清算和交割做好相应准备。越来越多投资者将新加坡
视为一个离岸人民币中心。鉴于新加坡与东盟之间的贸易联系比中国香港广泛
得多，新加坡很有可能成为向东盟提供人民币服务的地区性中心。

二、人民币"东盟化"的有利条件与制约因素分析

（一）人民币"走进"东盟的有利条件分析

随着中国经济持续健康快速发展，大国经济和人民币长期稳定的良好国际
信用等有利条件，将使人民币在东盟区域经济中充当关键货币的角色成为可
能。关于人民币国际化（区域性国际化）对我国的利与弊的探讨，学者的看
法同人民币国际化的成本收益是大致相同的。陶士贵（2002）[①] 认为，人民币
国际化有利于我国充分利用周边国家和地区的资源，节省我国的外汇资源，提
高人民币的国际地位，为人民币国际化奠定基础等。他指出，人民币国际化
（区域性国际化）在给我国带来好处的同时，也有一定的弊端，如人民币国际
化加大了我国经济金融安全隐患，受到假币的冲击以及加剧洗钱犯罪活动。李
翀（2002）[②] 认为，人民币区域性国际化给我国带来铸币税收益的同时，可以
扩大中国与周边国家或地区的经济往来，促进双方经济的发展。他认为人民币
国际化（区域性国际化）会对我国的国际收支和货币政策效果产生不利影响，

---

① 陶士贵：《人民币区域化的初步构想》，载《管理现代化》，2002（5）。
② 李翀：《论人民币的区域化》，载《河北学刊》，2002（5）。

此外会出现逃避资本账户的管制等问题。邱兆祥、粟勤（2007）[1] 指出，人民币国际化（区域性国际化）可以给我国带来的好处有：以货币换取其他国家和地区的实际资源、为我国与区域内居民的经济交往提供便利、降低我国对外交易的成本、进一步推动区域内贸易和投资活动以及加速区域经济一体化，而人民币国际化的成本则是削弱了央行货币的控制力。但是他认为人民币国际化（区域性国际化）的收益远远大于成本，所以他主张我国应积极推动人民币国际化（区域性国际化）。王敏（2007）[2] 认为，人民币国际化可有效缓解我国外汇储备压力、缓解我国目前国内流动性过剩和通胀的现状，在外汇市场可形成多种心理预期，有效缓解人民币急剧升值的现实压力；有利于改善贸易环境，使得我国与其他国家联合起来对抗西方发达国家给予我国人民币升值的压力；有助于我国稳步地推进人民币资本账户的可兑换。

1. 贸易逆差利于人民币"走进"东盟。随着中国—东盟自贸区的建成，中国与东盟国家经贸联系更加紧密。近几年来，中国东盟双边贸易额呈逐年增长的态势。不同于对欧盟、美国等地的持续顺差，中国对东盟的贸易逆差显著扩大。除了2012年之外，自2001年至2011年，中国对东盟贸易呈现逆差不断扩大的趋势，从48.4亿美元扩大至226.9亿美元（见表5-7）。在贸易逆差中，我国企业处于进口主导地位，这就使得企业在对外支付的时候有很大的自主权利选择结算货币，鼓励我国进口企业使用人民币对外支付，不仅有利于企业规避汇率风险，降低财务成本，也能扩大东盟国家人民币资金来源，增强人民币影响力。人民币跨境结算将使人民币成为中国与东盟贸易与投资便利化的重要载体，而不断放大的贸易与投资将进一步提高人民币在东盟的地位，加快人民币国际化进程。

表5-7　　　　　　中国—东盟双边贸易逆差情况表　　　　单位：亿美元

年份	2001	2002	2003	2004	2005	2006	2007	2008	2009	2010	2011	2012
逆差额	48.4	76.3	164.0	200.8	197.2	182.2	142.3	28.32	4.2	164	226.9	-84.51

资料来源：根据公开资料整理。

2. 人民币储备职能初步显现。国际金融危机使美元霸权地位受到挑战，各国经济和金融的相对实力发生了变化，增加了国际货币体系变革的可能性。

[1] 邱兆祥、粟勤：《货币竞争、货币替代与人民币区域化》，载《金融理论与实践》，2008（2）。
[2] 王敏：《人民币区域化是化解汇率难题的现实选择》，载《上海证券报》。

目前，人民币竞争力上升，在全球储备货币中的比重持续增加。从官方国际储备中币种主要分布变化趋势可以看出，美元从 1999 年的 71.01% 下降至 2012 年的 61.88%，欧元从 1999 年的 17.9% 增加至 2012 年的 23.992%，英镑从 1999 年的 2.89% 增加至 2012 年的 3.999%，瑞士法郎的比重亦有 50% 的下降。值得注意的是，包括人民币在内的其他货币在各国储备中的比重大幅上升，从 1999 年的 1.6% 增加至 2012 年的 6.12%。人民币汇率强势，有利于吸引东盟国家持有。目前，包括泰国、马来西亚、柬埔寨、菲律宾等与中国有密切经济往来的国家已经宣布将人民币纳入储备货币。

3. 东盟金融机构人民币服务不断完善。中资银行驻外机构及东盟各国商业银行都在为人民币的清算结算、相关金融产品提供配套服务，助推人民币区域化国际化。

马来西亚是中国在东盟最大的贸易伙伴，印度尼西亚也是东盟国家中正在发展中的经济大国，与中国贸易颇具潜力，两国发展人民币贸易结算的业务潜力很大。2011 年，马来西亚国家银行（央行）委任其独资子公司马来西亚电子清算机构私人有限公司（MyClear）和马来西亚中国银行共同开发人民币清算系统，此项清算服务由 MyClear 运作，马来西亚中国银行是马境内人民币清算行。2012 年 5 月，马来西亚共有 11 家金融机构正式加入 MyClear 的人民币清算系统服务，方便中马两国贸易商以人民币作为贸易结算货币。

2011 年，中国工商银行马来西亚有限公司与马来西亚两家主要银行丰隆银行和兴业银行签署人民币贸易结算账户协议。通过此次合作，工商银行及其马来西亚合作伙伴将向马来西亚企业和商界人士推出全方位的人民币跨境贸易结算产品和服务，其中包括付款/汇款交易、进出口单据托收、银行保函和信用证等。泰国泰华农民银行看好人民币在国际贸易中的重要作用，建议与中国有进出口业务往来的客户使用人民币为主要结算货币，以降低汇率风险。

2013 年 4 月 2 日，中国人民银行与中国工商银行新加坡分行签订《关于人民币业务的清算协议》。新加坡及中国的金融机构除可通过代理行渠道为客户办理跨境人民币结算业务外，也可通过清算行渠道为客户办理跨境人民币结算业务。同日，中国人民银行和新加坡金融管理局签订了关于新加坡人民币业务的合作备忘录。新加坡作为东盟地区唯一的国际性金融中心，地缘和文化优势十分明显，人民币业务服务范围可以覆盖整个东盟地区。新加坡人民币清算行服务的启动对促进中国与东盟贸易间人民币的广泛使用也具有十分重要的意义。

4. 东盟国家对人民币接受程度高。随着中国—东盟自贸区的建立，中国与东盟国家经贸联系日益紧密，人民币跨境结算将使人民币成为中国与东盟贸易与投资便利化的重要载体，而不断放大的贸易与投资将进一步提高人民币在东盟的地位，加快其国际化进程。泰国中央银行表示，为避免货币汇率大幅波动造成的风险，目前泰国出口使用美元交易的数量已有所减少。中泰贸易量较大，为节约泰国出口商成本，泰国商业银行可自行开通人民币结算服务，无须向央行提出申请。据统计，目前人民币在泰国的年均跨境流量为数十亿元。人民币在越南、老挝、泰国、缅甸等国边境城市都可以通用。除了边贸口岸，在老挝靠近中国、泰国和缅甸的北部5省，由于中国商贸人士和旅游者增多，在这里人民币被当做硬通货使用，流通范围较广。老挝东北三省人民币完全可以替代本币在境内流通，最远深入到老挝首都万象一带。在缅甸和老挝的北部边境地区，人民币成了主要的交易货币之一，可以用做边贸交易。而在缅甸禅邦重镇小勐拉，每年流出、流入的人民币多达10多亿元。在越南边境，当地与外界的边贸也早已是用人民币结算。

从我们对人民币在东盟国家使用的调查情况也可以看出，东盟国家（本次调查对象是老挝、柬埔寨、缅甸，每个国家发放调查问卷200份）的人民普遍都认识人民币。其中，认识人民币的人数占调查总人数的比例老挝为91%，柬埔寨为100%，缅甸为66.5%。这些国家的居民也在较大程度上认可人民币作为其本国的储蓄货币。其中，认可人民币作为储蓄货币的人数占调查总人数的比例老挝为63%，柬埔寨为91%，缅甸为22%。此外，老挝有81%的被调查对象愿意接受人民币作为贸易计价结算中的货币，柬埔寨这一比例为36.5%，缅甸为22%。老挝有86.5%的被调查对象愿意持有人民币现钞，柬埔寨这一比例为27.5%，缅甸为22.5%。

5. 我国推进人民币走出去的政策框架初步形成。

一是跨境贸易人民币结算量不断提升。跨境人民币结算业务自2009年7月从贸易领域开始试点。经2010年6月和2011年8月两次扩大试点，跨境贸易人民币结算境内地域范围已扩大至全国，业务范围涵盖货物贸易、服务贸易和其他经常项目人民币结算，境外地域范围没有限制。

二是跨境直接投资人民币结算业务管理制度初步建立。2011年1月和10月，中国人民银行先后发布了《境外直接投资人民币结算试点管理办法》、《外商直接投资人民币结算业务管理办法》，允许境内机构以人民币进行对外直接投资和境外投资者以人民币到境内直接投资。2012年6月，中国人民银行发布《关于明确外商直接投资人民币结算业务操作细则的通知》，对外商直接投资人民币结算业务管理措施作了进一步细化，规范相关业务。

三是境外项目人民币贷款业务管理制度逐步完善。2011 年 10 月，中国人民银行发布了《关于境内银行业金融机构境外项目人民币贷款的指导意见》，明确了商业银行开展境外项目人民币贷款的有关要求，这有助于规范业务操作，有效防范风险，对扩大人民币跨境使用、推动企业和人民币"走出去"、促进贸易和投资便利化等具有重大意义。

四是境外人民币资金回流投资境内金融市场管理制度渐次推出。为了配合跨境贸易人民币结算试点，根据境外人民币持有者的投资需求，拓宽了人民币回流渠道。2010 年 8 月 16 日，中国人民银行发布《关于境外人民币清算行等三类机构运用人民币投资银行间债券市场试点有关事宜的通知》。12 月，证监会、人民银行和外汇局联合发布《基金管理公司、证券公司人民币合格境外机构投资者境内证券投资试点办法》。

（二）人民币"走进"东盟的制约因素分析

1. 领土争端以及国际政治经济关系方面的利益冲突。区域内各国在领土争端和国际对外经济关系方面存在较大差异和分歧。中国愿意与周边国家发展一种互惠互利，长期友好、合作的稳定关系。但是中国与东盟部分国家的领土争端由来已久，潜在的冲突风险依然存在。特别是美国重返亚洲以后，南海争端问题使得中国与菲律宾、越南双边关系更加紧张。随着中国经济的持续发展和经济实力的上升，一些别有用心的人便借机制造"中国威胁论"，挑起东盟国家对中国的敌意。这些因素都不利于人民币"走进"东盟（见表 5 - 8）。

表 5 - 8	中国—东盟各国领土领海争端情况一览表
领土、领海争端	①历史原因产生的中日钓鱼岛、日韩独岛（竹岛）争端。②殖民原因引起的越柬领土争端。③法律原因造成的中日东海划界争端，中越、中菲中国南海大陆架及岛屿争端

"美元本位"制下人民币"走出去"难以一蹴而就。在现行国际货币体系中，美国是典型的"金融霸权国家"，相对而言，其他国家则属于"金融外围国家"。在这种国际形势下，美国具有"在位优势"，美元的贸易结算地位显著地导致了"外围国家"对美元的不对称依赖。目前，东盟国家基本上是由美元主导的货币体系。首先，东盟国家主要是钉住美元的汇率制度，因而主要

外汇储备依旧是美元，并且是世界上储备美元最多的地区。其次，东盟各国对外贸易主要以美元计价和结算，即使是纯粹的区域内贸易，其结算货币仍以美元为主。第三，部分东盟国家经济高度"美元化"，美元在这些国家国内市场的流通量非常大。以高度美元化的柬埔寨为例，柬埔寨允许美元在国内市场上流通，从现实情况来看，美元已成为柬埔寨社会的主要交换媒介。据统计，柬埔寨国内商业银行 90% 的交易都是以美元为货币单位，国内商品、服务交易中的计价结算以美元为货币单位进行的居多。更有甚者，部分企业直接以美元发放员工的工资。除柬埔寨之外，还有老挝、缅甸等国家其国内商品交易市场上也可以以美元直接进行支付。根据我们的调查数据显示，被调查对象中，老挝有 60.5% 的居民希望在本国贸易中使用美元计价结算，柬埔寨这一比例达到 91%，缅甸则为 33.5%。此外，老挝有 61.5% 的居民希望把手中持有的人民币兑换成美元，柬埔寨这一比例高达 72.5%，而缅甸也达 55.5%。据此来看，美元在东盟国家仍占据主导性的地位。最后，《清迈协议》下的双边货币互换协议，为了保障国际支付的公信力，主要也是以美元定价。由此可见，东盟国家不仅已经习惯在国际经济交往中使用美元，部分东盟国家还已经习惯在国内经济活动中使用美元，这对人民币国际化（区域性国际化）构成了巨大障碍①。

表 5—9　　　　　　美国国债在中国与东盟国家的持有情况　单位：10 亿美元，%

时间	2004.12	2005.12	2006.12	2007.12	2008.12	2009.12	2010.12
中国	222.9	310.0	396.9	477.6	727.4	894.8	889.0
新加坡	30.4	33.0	31.3	39.8	40.8	39.2	41.3
泰国	12.5	16.1	16.9	27.4	32.4	33.3	33.3
菲律宾	—	—	—	—	11.7	11.7	11.3
马来西亚	—	—	—	—	—	11.7	11
中国东盟总计	265.8	359.1	445.1	544.8	812.3	990.7	985.9
全部国家	1 849.3	2 033.9	2 103.1	2 353.2	3 075.9	3 689.1	3 706.1
占比	14.37	17.66	21.16	23.15	26.41	26.85	26.60

注：东盟仅包括表中统计国家。

资料来源：美国财政部。

---

① 范祚军、唐文琳：《人民币国际化的条件约束与突破》，北京，人民出版社，2012。

外汇管制制约了人民币"走进"东盟。据了解，越南当局不认可企业与中国正常贸易使用人民币结算，只允许人民币在与我国相邻的越南边境地区和口岸经济区使用。缅甸政府明文规定，将人民币的流通严格限定在边境线以内20公里的范围内，要求其企业对中国贸易"以出定进"，以美元结算。在当地银行开立人民币账户实行部一级审批制，制约了人民币在缅甸的使用。

2. 经济制度、发展水平和经济结构的差距巨大。各国经济发展水平参差不齐。在当前情况下，CAFTA各成员国在经济发展状况与社会发展水平上有较大的差异。如表5-10所示，在CAFTA各国当中，马来西亚、新加坡等国的人均国民收入已经超过万元，步入较高甚至极高的人类发展水平；中国、泰国、菲律宾等国尚处于中等发展水平；而柬埔寨、缅甸的人均国民收入还不足2 000元，尤其是缅甸还处于较低的人类发展水平。因此，区域内各成员国在经济实力、资金技术等方面都存在显著差距。

表5-10　　　　　2012年CAFTA各国经济与社会发展水平

	人均国民收入（按美元购买力评价，2005年固定价格）	人类发展指数排名	人类发展水平
新加坡	52 613	18	极高
文莱	45 690	30	极高
马来西亚	13 676	64	较高
中国	7 945	101	中等
泰国	7 722	103	中等
菲律宾	3 752	114	中等
印度尼西亚	4 154	121	中等
越南	2 970	127	中等
柬埔寨	2 095	138	中等
老挝	2 435	138	中等
缅甸	1 817	149	较低

资料来源：联合国开发计划署：《人类发展报告（2013）》。

各国经济开放度差异大。从表5-11我们可以看到，2010年，缅甸的经济开放度最低，仅为34%。与经济开放度最高的新加坡（325%）相比，后者是前者的10倍。经济开发程度的巨大差异进一步阻碍了各国经济与金融之间的合作。

表 5 - 11 　　　　　　　　 CAFTA 各国经济开放度 　　　　　单位：亿美元

	进出口总额	GDP	经济开放度（%）
中国	36 421. 00	74 850. 00	48
新加坡	9 744. 00	2 996. 20	325
印度尼西亚	3 809. 20	8 462. 80	45
马来西亚	4 201. 90	2 879. 40	145
菲律宾	1 088. 00	2 160. 96	50
泰国	4 573. 10	3 456. 50	132
柬埔寨	114. 78	129. 37	88
老挝	43. 02	73. 50	58
越南	2 036. 60	1 207. 00	168
文莱	124. 55	121. 00	102
缅甸	181. 50	529. 60	34
平均			109

资料来源：《中国—东盟统计年鉴（WTO）》。

　　除中国有比较健全的产业体系外，其他国家的产业结构相似性较大（见表 5 - 12）。另一方面，虽然区域内各成员国之间有较强的经济互补性，但除中国有较为健全的行业体系外，其他成员国家的产业结构表现出较为相似的雷同性，比如泰国、越南、印度尼西亚等国都从事生产劳动密集型产品，这在一定程度上加剧了区域间的竞争，导致各成员国在政策协调、金融合作等方面出现了较多冲突。

表 5 - 12 　　　　　　　 2011 年 CAFTA 各国产业结构比较 　　　　　单位：%

	第一产业	第二产业	第三产业
新加坡	0. 03	28. 27	71. 70
印度尼西亚	15. 34	47. 05	37. 61
马来西亚	10. 44	43. 60	45. 96
菲律宾	12. 31	32. 57	55. 12
泰国	12. 42	44. 65	42. 93
柬埔寨	36. 04	22. 95	41. 01
老挝	30. 81	27. 35	41. 84
越南	20. 58	41. 10	38. 32
文莱	0. 76	66. 77	32. 47
缅甸	36. 40	26. 00	37. 60

资料来源：*Key Indicators For Asia And The Pacific* 2012。

3. 缺乏长远政策目标及统一协调机制。现有地区金融合作机制功能重叠、效率有待提高。如现有的 8 个地区金融合作机制全部涉及经济评估及政策对话功能，6 个合作机制涉及能力建设，5 个合作机制涉及金融市场发展。造成资源浪费和各合作机制的具体研究报告及政策建议可能存在不一致，由此可能会延误区域金融合作进程。现有金融合作机制在经济金融监测方面功能薄弱，预防危机的有效性不强。虽然 8 个机制均不同程度涉及经济评估与政策对话，但与国际货币基金组织等国际金融机构相比，总体上仍处于初期发展阶段，缺乏对全球及地区宏观经济形势的评估及经济金融的系统监测，这在一定程度上制约了地区金融合作的有效性和进展。目前，"10 + 3" 财长会议机制已经成为包括中国和东盟国家在内的东亚地区最重要的金融合作机制。其在推动地区金融合作方面已经发挥了比较积极的作用，但效率还有待提高。首先，"10 + 3" 财长会议每年在亚行年度会议前举行一次，频率太低，使各国财长进行直接沟通的机会少。其次，在 "10 + 3" 财长会议机制下，地区金融合作机制以财政部门为主导。而有关汇率政策协调和资本流动监控等议题都是技术性很强的金融问题，由于中央银行行长没有被纳入到对话机制中来，中央银行也就难以发挥其应有的作用，这也就不难理解为何在汇率协调等宏观政策层面难以取得进展。最后，合作机制采取集体协商一致的原则，而由于各国经济实力不一、开放程度及所处发展阶段不同，因此很难通过协商一致原则达到政策协调的目的。

地区监督机制功能薄弱，有效性差。随着清迈倡议逐渐发展成为更加独立于国际货币基金组织的地区融资机制，"10 + 3" 监督机制的有效性需要加强。目前，"10 + 3" 监督机制存在这样几个问题。首先，在透明度方面，由于没有详细规定信息交换中各国必须提供的具体数据类别，导致各国报告内容差异大且有很多保留，难以对各经济体许多重大问题进行评估。其原因可能在于该地区国家的主权意识非常强烈，不愿意提供一些信息数据。其次，目前还无法对潜在风险发出有效的早期预警，因而不利于当事国采取必要的多边或集体应对行动。再次，同行监督难以有效实行。尽管成员国确实就当前形势进行讨论，但这是在自愿的基础上进行的。迄今为止，同行评议进程既没有提出具有足够实质性的监控建议，也没有建立一个机制来监督建议的实际执行情况。最后，早期预警体系并未对区域国家的相互依赖和影响给予充分关注，因为它采用的是一种国别方法。

4. 金融市场合作有待进一步加强。一是在区域债券市场建设方面。金融危机之后，在各国的努力与合作下，中国与东盟地区债券市场获得了较快发展。债券市场融资占全部融资的比重有所上升，同时，银行融资占全部融资的比重有所下降。但与发达国家相比，目前该地区债券市场发展尚处于初级阶段，债券市场尤其是公司债券市场仍然非常落后，仍然延续以银行融资为主的金融体系。因此需要继续采取积极措施，推动债券市场的发展，开发一个既具深度且流动性高的地区债券市场。"10 + 3"框架下的亚洲债券市场倡议得到了地区各国的支持。但是，由于各国债券市场基础设施（如法律框架）、监管标准等方面的较大差别难以在短期消除，该努力目前的作用还不显著。

二是在双边银行结算方面。中国和东盟各成员国的贸易结算主要通过国际结算和边境贸易结算进行。从国际结算方式来讲，中资银行海外的分支机构与代理机构数量较少，且分布不尽合理。比如中国银行金融机构在东盟国家设立的分支机构仅 11 家，而在新加坡就有 6 家，缅甸、老挝、柬埔寨等国尚未有中资金融机构进驻。另外，东盟在中国设立的 36 家银行分支机构中，新加坡和泰国占比达 70% 以上，印度尼西亚、老挝、缅甸、柬埔寨等国由于没有直接的在华代理机构，所以只能通过第三国银行转汇办理贸易结算，从而大大制约了双边经济与贸易发展的需求。在边境贸易结算方面，当前仅有与东盟接壤的广西和云南共 7 家商业银行与毗邻的老挝、越南的部分省级银行签订了双边结算协议，其他主要边境贸易口岸的边贸结算尚未推行。此外，银行边贸结算方式低效单一，汇兑代收代付速度缓慢，在汇率波动频繁的情况下使得边贸结算方式显得十分不便，所占比重很小。例如在广西的边贸结算中，现金结算、"地摊银行"结算等传统方式占据了该地区全部结算业务的八成以上，相对而言，银行边贸结算方式尚显薄弱。

三是在人民币与东盟国家货币汇率定价机制缺失方面。人民币与东盟多数国家的货币都是不可自由兑换的货币，官方汇率定价机制缺失。中国与越南、老挝等毗邻国家虽已签订了边贸本币结算协议，在边境贸易本币结算、货币汇兑、双方银行对开本币账户等方面作出制度安排，并允许商业银行对东盟国家货币汇率柜台挂牌，为人民币与东盟国家货币汇率定价机制的形成创造条件，但是由于东盟国家货币币值不稳定，"地摊银行"掌控了人民币与毗邻国家货币大部分兑换交易和汇率定价权，商业银行基于成本和风险的考虑，选择被动的参照"地摊银行"报出的汇价。人民币与东盟国家货币汇率定价机制的缺失成为本币互换协议的签订、启用、归还各环节的障碍。

四是东盟人民币资金缺乏保值增值渠道。境外人民币离岸市场功能尚不健全，境外人民币持有者难以找到保值增值渠道；境内资本账户管制较为严格，东盟人民币难以回流境内寻找投资机会（见表5－13）。

表5－13　各国资本账户部分限制比较（"＊"表示实行限制的国家）

项目	此类国家数	中国	美国	英国	日本
对资本市场证券交易的管制	137	＊	＊		＊
对货币市场工具的管制	115	＊	＊		＊
对集体投资类证券的管制	113	＊	＊		＊
对衍生工具和其他交易工具的管制	96	＊			＊
商业信贷	95	＊			
金融信贷	123	＊			＊
担保、保证和备用融资工具	81	＊			
对直接投资的管制	149	＊	＊	＊	＊
对不动产交易的管制	141	＊			＊
对个人资本流动的管制	94	＊			
专用于商业银行和其他信贷机构的条款	162	＊		＊	
专用于机构投资者的条款	116	＊	＊	＊	

资料来源：国际货币基金组织。

5. 我国综合国力、贸易投资结构和金融体系需进一步提升。我国人均GDP 指标较低，综合国力有待进一步提升。一国货币国际化，国际经贸活动双方是否使用该货币进行计价、结算，这不是由货币发行国主观可以决定的，而是取决于对该货币购买力的信心，这种信心又来自于对支撑该货币的经济体的实力的认同。我国虽然已是经济大国，GDP 总量和进出口贸易总额名列世界前茅，但由于我国人口基数巨大，所以在各项人均指标都较低。据国际货币基金组织公布，2012 年我国人均国民总收入6094 美元，在全球排在第84 位，仍属于中等偏下收入国家。尽管金融市场的发展和国际货币地位的状况更多地与一个国家经济总量所处的国际地位相联系，但人均 GDP 水平也影响金融市场发展的程度，进而对人民币"走进"东盟产生制约作用。

①贸易分工和产业结构低下。一直以来我国对外贸易总额位居世界前列，但我国的对外贸易结构并不尽如人意。中国作为全球产业分工的中转站，从日本、东盟各国进口零部件和中间产品，在国内进行加工生产后再向欧美国家出口最终产品。这直接导致了：第一，外贸出口的快速增长主要依靠劳动密集型产业和产品来推动。第二，进出口总额中加工贸易所占比重很大，这直接强化了我国出口商品结构低级化的刚性。总体来看，我国这种低端的贸易和产业结构

虽然使得我国贸易顺差持续增加，但长此以往却将使我国陷入贸易和产业结构低下的困境，不利于提升人民币的国际地位，更不利于我国经济良性可持续发展。

②国内金融体系尚未成熟。一国货币国际化的重要基础是拥有高度开放和发达的金融市场以及金融中心，为国家提供渠道和载体使其货币能够顺利进行国际兑换和调节，同时也是一国货币能够转换为国际清偿力的重要基础。当前，我国的金融体系在推进人民币国际化方面还存下以下缺陷：首先，尚未形成全球性银行体系。目前中国的银行系统离这个标准还相差甚远，无论是四大国有商业银行还是其他股份制商业银行，全球化经营策略仍刚起步，业务国际化程度相当低，无法满足实际需求去推动人民币国际化进程。其次，金融体制的市场化改革仍不到位。当今世界上国际货币的共同重要特征是市场化的利率形成机制和较为自由的浮动汇率制度。1996 年中国开始实行国内利率市场化改革取得了一定成就但仍未完全放开，目前实行的汇率制度是盯住"一篮子"货币的、有管理的浮动汇率制度，在人民币资本项目开放上仍然存在许多限制，人民币尚未成为可自由兑换货币。

三、人民币"走进"东盟的政策建议

（一）推动中央银行高层交流合作

建议在东盟设立人民银行外派机构，通过进一步强化与东盟各国央行的高层对话交流机制，建立双边货币合作管理机制，达成货币跨境兑换、调运、储备等管理共识。按照对人民币的接受程度和需求，分层次与东盟国家开展有针对性的交流合作。

1. 创新本币互换内容。解决境外人民币来源成为人民币结算深入开展的重要一环。实施双边本币互换，可以为贸易伙伴国注入人民币流动性，促进跨境贸易人民币结算均衡发展。创新本币互换内容，进一步拓展互换资金用途，对人民币国际化有很大推动作用。根据我国与东盟国家经济金融运行状况，应积极借鉴国际成功经验，完善本币互换机制，自主制定合作规则，进一步创新本币互换内容。在利率水平方面，从促进双边贸易、投资的考虑出发，促进本币互换从签订到启用的实施，互换协议应考虑适当的人民币适用利率水平。在资金用途方面，充分考虑到东盟国家的现实需要，对美元等主要结算货币的依赖短时间仍然较高，可探讨将互换货币兑换成主要储备货币的可能性及比例。东盟部分国家国际收支失衡严重，外汇储备短缺，这些国家对互换到期还本付息确实存在困难，可探讨本币互换转化为单边贷款的可行性。

2. 鼓励东盟国家将人民币纳入外汇储备。对于遭受过多次金融危机的东盟国家来说，多元化储备模式有利于维护其国家经济安全。此次美国次贷危机的影响之所以如此广泛，猛烈冲击到整个世界的经济运行，其中一个重要原因在于以美元为主导的国际储备货币体系，使其他大量持有美元资产的国家面临巨大风险。当前泰国、白俄罗斯已经将人民币纳入其外汇储备。鼓励更多东盟国家把人民币加入外汇储备货币篮子，使人民币参与均摊国际储备货币职能，不仅是当前国际货币体系改革的重要议题之一，也是人民币国际化、中国金融国际化的重要内容和最终表现形式。

（二）促进区域内各国金融市场的互相开放

1. 促进区域内债券市场合作

允许一国政府、金融机构和公司到另外一国债券市场发行债券。我国应允许符合条件的东盟国家政府和信用级别高的公司在我国发行人民币债券，这样不仅可以扩大海外人民币资金来源，为国内投资者提供投资工具，而且从长远看，有利于推动人民币的区域化与国际化。与此同时，借鉴香港人民币"点心债券"的经验，鼓励中国企业在市场比较成熟的新加坡、马来西亚等地区发行人民币债券或人民币股票，再逐步扩大到其他东盟国家，拓展东盟地区人民币投资渠道。在发展公司债券方面，中国与东盟国家应该建立合作机制，设立债券合作研究小组，探索中国—东盟区域内企业到对方债券市场发行公司债。

2. 推动金融机构互设

虽然中国—东盟经贸往来增加，优势互补，相互依存度增加，但是金融业对经济的服务和延伸尚不够，中国—东盟在金融机构互设、业务往来、跨境资本流动监管协调等方面均有待进一步加强合作。截至2012年9月，中资银行业金融机构在东盟国家共设立了8家分支机构，且多数分布在中心城市，辐射范围较为有限。东盟十国银行在华设立30多家机构。商业银行在区域内金融市场发展的桥梁和纽带作用还十分有限。除了新加坡和菲律宾，其他东盟国家金融机构办理人民币业务受到监管部门及客观条件限制，在开户、结算、存款、贷款、汇款、兑换等基础性金融合作上面临困难。在对跨境资本流动监管方面中国与东盟国家的差异较大。金融市场较为发达的新加坡几乎没有对资本流出流入进行管制，也没有对居民与非居民的投资进行限制；柬埔寨、老挝、马来西亚和菲律宾没有特别限制，而中国、印度尼西亚和泰国仍然保持一定程度的对资本流动的管制。

积极推动中国—东盟双边金融机构合作。一是积极加快金融机构互设分支机构的步伐。推动包括双边金融服务贸易的合作，需要适度降低互设金融分支机构的政策门槛。首先，我国要积极引导东盟国家金融机构来华设立分支机构。鼓励东盟国家金融机构来华参股银行等金融机构，直接或间接设立合资银行，拓宽东盟金融资本进入我国的渠道。其次，为加强同东盟国家的经贸和金融合作，中国人民银行可在新加坡、吉隆坡和马尼拉设立代表处。最后，积极鼓励我国金融机构到东盟国家设立分支机构和办事处，在周边地区开设我国银行分支机构，接受人民币存款，开展人民币贷款业务。

3. 推动跨境人民币贷款，设立中国—东盟人民币投资基金

目前，资金缺乏是制约次区域经济发展的重要因素。据有关专家预测，未来 10 年，仅大湄公河次区域基础设施建设所需资金估计就高达上千亿美元。因此，中国和东盟国家应该积极探索建立和开展次区域货币合作，为基础设施建设等项目提供融资便利。人民币贷款在东盟区域具有很广阔的市场。

人民币境外信贷市场的发展有助于扩大人民币的国际使用范围，提升非居民持有人民币的信心。大力发展人民币境外贷款，包括贷款换资源、贷款换粮食、贷款换技术等，促进人民币在东盟之间的交易。通过金融机构的海外分支行吸收东盟区域沉淀的人民币资金开展海外人民币贷款业务，使海外人民币资金流动起来，充分参与到东盟国家的建设中。为中国与东盟国家开展的主要国际合作项目，如基础设施和经贸合作区等大型项目提供人民币贷款；在国际援助方面也可以提供人民币资金；鼓励境内企业以人民币资金对东盟现有企业进行合资并购，从而拓宽境外人民币持有主体的资金运用渠道，使人民币逐渐成为自贸区内普遍认可的结算货币和投资货币，促进人民币区域化和国际化的进程。

中国东盟投资合作基金是由中国进出口银行发起的、每期 10 亿美元总共 100 亿美元的投资基金，通过股权、准股权等方式，为中国与东盟国家企业间的经济技术合作提供融资支持。自 2010 年 4 月以来，该基金已经先后在菲律宾、柬埔寨、泰国及老挝投资 5 个项目，为两国经济技术合作提供了很好的金融支持。目前该基金主要通过美元投资。借鉴其经营模式，建立中国—东盟人民币投资基金，在政策性、商业性的贷款中加大人民币贷款份额，既达到支持东盟国家经济建设的目的，又增加了人民币资金的投资渠道。

4. 允许东盟金融机构进入我国银行间债券市场

2012 年底，我国银行间债券市场已经有 12 431 家机构投资者，有 4 000 多

个交易类机构。银行间市场快速发展，不论在交易量和发行量上都有了跨越式发展（见表5－14），成为中国债券市场的主体。

表5－14　　　　　　　**2011年银行间债券市场相关业务总览**　　　单位：万亿元,%

	2010年	2011年	2012年	增幅
发行量	9.52	7.06	—	—
兑付量	7.33	6.47	4.12	－0.117330
托管量	20.17	21.36	25.00	0.058999
交易结算量	163.00	180.00	218.00	0.104294
交易结算笔数（万笔）	52.00	69.00	85.88	0.326923

资料来源：《2012年金融市场运行情况》、《2012年度债券市场统计分析报告》。

　　2010年6月，人民银行发布通知，允许三类机构运用人民币投资银行间债券市场。东盟地区的商业银行以跨境贸易人民币结算境外参加行的身份，可向人民银行申请投资银行间债券市场。东盟非银行类金融机构仍无法参与我国银行间债券市场。东盟作为人民币跨境贸易、投资的集中区域，其沉淀的境外人民币资金具有很强回流大陆投资的动力。允许符合一定资质的东盟非银行类金融机构投资国内银行间债券市场，能畅通人民币回流渠道，也会增强东盟投资者持有人民币资产的意愿。对签订本币互换的国家央行投资我国境内银行间债券市场的，核定额度时可考虑从宽掌握。

　　我们还建议，当前可由人民银行以庞大的外汇储备资产吸引各国政府及金融机构来华发行以人民币计价的各种类型债券，并以发行债券所得人民币作为抵押，转换为各种国际储备货币融通出境，债券到期则逆向运行。当人民币债券无法偿还时，再通过贸易协议进行调整，用实物清偿国家的货币债务。这样做的好处在于，对人民银行而言，减少监管双重标准矛盾的同时有利于制定和执行好货币政策，更为重要的是为外汇储备存量建立引流渠道，逐步舒缓储备压力，有利于外汇储备的长期稳健经营。

（三）积极推动双边结算合作

　　金融危机的影响加大了东盟国家对人民币的需求，人民币在东盟国家广泛流通为在东盟国家深入推进跨境贸易人民币结算提供了市场基础，我们要积极推动结算合作，建立和完善地区贸易结算体系。中国应积极创造条件，与缅甸、柬埔寨等国尽快签订双边结算协议。对与越南、老挝等国家原先签订的结算协议进行完善。鼓励双边金融机构、金融协会和金融学会采取举办座谈会、研讨会等形式，加强交流与沟通，探索和完善边贸结算合作。由于地区内部贸易的地位越来越重要，为减轻对美元的过度依赖，减少交易成本和降低汇率波动对国际收支的影响，中国与东盟有必要加强地区各国之间货币的直接结算。跨境贸易人民币结算试点的快速推进及配套政策的不断完善为推进人民币成为中国—东盟自贸区计价结算货币提供了坚实基础，中国与东盟各国货币互换也为推进人民币跨境计价结算提供了制度安排。因此，我们应该鼓励在双边贸易中采用本币结算，因势利导，让人民币能更多地发挥区域影响，稳步推进人民币的区域化、国际化步伐。

（四）完善人民币支付清算体系

随着中国跨境人民币业务的快速发展，市场对于更加便利的人民币跨境支付清算需求越来越强烈。人民银行颁布的《跨境贸易人民币计算试点管理办法》规定，人民币跨境清算可选择两条路径：一是通过香港、澳门地区人民币业务清算进行人民币资金的跨境结算和清算，二是通过境内商业银行代理境外商业银行进行人民币资金的跨境结算和清算。在这种清算安排下，港澳人民币业务清算行、境内代理银行均通过人民银行跨境支付系统办理跨境人民币业务，容易将境外风险传递给境内银行和支付系统。同时，随着人民币境外流通范围的扩大，人民币跨境清算也面临时差问题。

目前人民币并没有形成严格意义上的人民币跨境清算系统。借鉴美元、欧元、日元等主要国际货币经验，将跨境清算与国内资金清算分开处理。建议建立海外离岸人民币清算中心，扩大海外清算网络。目前跨境人民币海外结算主要集中在香港及新加坡。如果要推进人民币国际化，海外清算网络的覆盖是必不可少的。不少企业由于海外的清算渠道成本过高而放弃以人民币结算，因此建议扩大发展到在欧美地区如纽约、伦敦设立人民币离岸中心，或与主流结算货币国家签署货币互换协议，增加境外人民币供给，有利于境外企业更便利人民币作为贸易的结算货币。不断完善人民币跨境收付管理系统。加强人民币跨境收付管理系统完善建设，一是便利银行操作，简化操作流程；二是实现与其他相关业务系统数据共享，保障数据信息有效性，提高跨境人民币结算效率。跨境业务处理通过专门的支付系统进行，最终资金结算依托于国内核心支付系统，不仅能有效隔离跨境资金清算带来的风险，也能有效地满足境外参与者的多样化需求。构建人民币跨境清算平台，实现港澳人民币业务清算的接入，然后逐步将清算平台推广到东盟，再至整个海外地区，是人民币国际化的重要技术支持。

（五）支持新加坡建设人民币离岸市场

新加坡作为东盟中金融最发达的国家，其金融市场无论是在深度和广度上都具有一定的优势。2012 年中国与东盟贸易额创历史新高，达到 4 000.93 亿美元，同比增长 10.2%。新加坡背靠贸易的优势，对东盟国家具有很强的辐射作用。马来西亚、印度尼西亚、菲律宾等国的很多大型企业把财务、营运中心设在新加坡，这些企业大都与中国有着密切的贸易、投资联系。新加坡政府十分看重人民币国际化带来的机会，官方表态希望发展人民币离岸业务。进一步确定新加坡在人民币国际化中的地位，支持新加坡开展更多离岸人民币业务，通过新加坡的发散作用，助推人民币在东盟的区域化。

（六）扩大人民币在东盟地区大宗商品计价能力

中国是大宗商品的重要进出口国，但是没有一种大宗商品以人民币计价。提升人民币在大宗商品上的话语权，并由此扩大人民币在全球金融市场的交易规模，是人民币国际化的重要指标。作为全球棕油期货交易市场标志的马来西亚交易所衍生品有限公司于 2010 年 11 月开始接受以人民币作为马来西亚衍生品交易的抵押金。这是人民币在东盟大宗商品市场取得的突破。东盟十国自然资源丰富，在矿产、橡胶、棕榈油等大宗商品定价方面有举足轻重的作用。加深与东盟国家主要交易所的合作，推广人民币在主要商品交易所的运用，将能有效地提升人民币国际化程度。

（七）建立中国—东盟货币交易中心

研究建立东盟货币交易中心和结算中心，帮助银行尽快开展小币种挂牌汇兑服务，提升中国—东盟双边结算服务水平。目前，建立地区性货币兑换交易市场面临着一系列技术性难题需要攻克，包括汇率报价、头寸平补、汇率协调等。调查显示，目前，非可自由货币间的汇率主要以双方央行公布的本国货币对美元的套算汇率作为基准，并参考市场供求进行定价，当前中国工商银行中国—东盟人民币跨境清算（结算）中心的人民币对越南盾报价是基本按照上述方式进行。由工商银行总行根据套算确定中间价，中心根据市场需求情况及民间汇率确定点差。但这种方式报价存在汇率波动风险、两国汇率定价差异、民间市场控制市场价格等不稳定因素，而这些因素中，仅有我国人民银行公布的人民币兑美元牌价主动权掌握在我方，其他影响因素均难以把握。

建立人民币与东盟国家货币交易市场需要考虑的另一个主要问题是外汇头寸消化问题。当前，我国金融机构外汇头寸的消化主要途径，是根据风险匹配原则，银行与客户进行的即期外汇交易在银行间外汇市场以即期交易方式进行敞口头寸平补，与客户进行的远期外汇交易在银行间外汇市场以远期交易方式进行头寸平补。与可自由兑换货币及硬通货不同，东盟某些国家的货币如越南盾、老挝吉普、柬埔寨瑞尔等市场波动较大，2000—2010 年 10 年间持续贬值，而缅甸元官方汇率与市场汇率相差了 200 倍（见表 5 – 15）。市场主体持有这些东盟国家货币的意愿较低，这将导致我方银行开办兑换业务获得的东盟国家货币头寸难以通过市场进行消化。目前，中国工商银行中国—东盟人民币跨境清算（结算）中心开展人民币对越南盾业务基本上不保留头寸，该中心通过与越南银行互开账户，产生的头寸直接通过越南银行账户进行消化。但这种方式仅适合于单机构的头寸管理，且受制于对方国金融服务水平。一旦出现币值明显波动，我方银行很可能蒙受汇兑损失。

表 5 – 15　　　　　　　CAFTA 成员国官方汇率情况　　　　单位：/美元

年份\国家	2000	2001	2002	2003	2004	2005	2006	2007	2008	2009	2010	2011	平均浮动幅度
中国(人民币)	8.28	8.28	8.28	8.28	8.28	8.19	7.97	7.6	6.95	6.83	6.66	6.3	− 0.024
柬埔寨(瑞尔)	3 840.8	3 916	3 912	3 973	4 000	4 100	4 150	3 999	4 060	4 100	4 213	4 065	0.0053
印度尼西亚(卢比)	9 623	10 497	8 975	8 447	9 010	8 900	9 143	9 163	9 699	10 408	9 250	8 900	− 0.004
老挝(基普)	8 218	9 490	10 680	10 467	11 000	11 200	11 300	9 341	8 752	8 516	8 500	8 000	0.0012
马来西亚(林吉特)	3.8	3.8	3.8	3.8	3.8	3.8	3.8	3.31	3.46	3.3	3.45	3.05	− 0.018
缅甸(缅元)官方	6.43	6.4	6.7	6.6	5.8	5.8	5.8	5.6	5.3	5.5	5.5	5.361	− 0.015
缅甸(缅元)市场	630	630	710	900	950	1000	1300	1280	1290	1210	990	880	0.04
菲律宾(比索)	50	51.4	53.1	55.57	56.65	57	49.13	41.4	44.47	47.86	46	43.94	− 0.009
新加坡(新加坡元)	1.73	1.85	1.74	1.7	1.71	1.65	1.53	1.44	1.415	1.455	1.4	1.25	− 0.028
泰国(泰铢)	40.16	44.48	43	41.53	40.6	40.9	36.1	34.7	33.36	34.34	34	30.5	− 0.023
文莱	1.73	1.85	1.74	1.7	1.71	1.65	1.53	1.44	1.415	1.455	1.4	1.25	− 0.028
越南(越南盾)	14 514	15 084	15 403	15 646	15 777	15 916	16 054	16 030	16 806	17 129	17 429	21 000	0.0356

资料来源：《2005—2011 年中国—东盟年鉴》。

现行的银行结售汇综合头寸限额管理原则，基本上仍体现了外汇短缺时期防止外汇银行过多持有外汇的管理理念，因此设置了银行最高可持有外汇限额，即银行每日持有外汇头寸为零至限额，多余或不足应及时通过外汇市场平盘。这样，既利用头寸管理发挥了蓄水池的作用，同时对外汇市场波动起到有效的调节，也能有效防止当外汇短缺时限制银行过多地持有外汇头寸。但是，人民币对小货币挂牌业务开展后，外汇市场将持续出现供大于求的状况。外汇银行持有的外汇除了美元、日元、欧元、英镑、港元等硬通货外，还有大量的小货币。为避免汇率风险损失，银行可能更多选择零头寸，希望通过外汇市场当天消化小货币头寸。这不仅使得银行头寸管理的蓄水池作用基本丧失，导致国家外汇储备快速增长，也使得本应由涉汇主体承担的汇率风险过多地集中到中央银行。本研究表明，要解决外汇头寸风险管理问题，一是改变外汇是稀缺货币的观念，提高或取消当前外汇持有限额的规定，鼓励商业银行通过金融市场自行消化外汇头寸，降低央行头寸管理压力。二是完善境内外汇市场，为对冲外汇风险提供途径。加快发展银行间外汇市场，完善远期交易，增加期货、期权等衍生产品交易品种，充分利用上述交易方式和品种的风险规避及价格发现等功能；实行有效的做市商制度，引进经纪人制度，尽快形成高效、灵活的外汇市场，充分拓宽银行规避外汇综合头寸风险的渠道。

1. 近期目标：实现人民币对东盟国家货币区域挂牌交易

市场主体。市场调控者：中国和东盟各国中央银行。中国和东盟各国行应注重汇率定价的交流和协调。关注货币交易市场汇率变化，在交易市场汇率变化异常的情况下，承担调节市场供求的任务，不以盈利为目的，通过规范的操作方式相机入市买卖外汇、调节汇率、平衡供求、稳定市场。市场参与者：获得许可的银行业金融机构及少量非银行业金融机构。交易市场的其他参与者（未获交易中心许可的金融机构、企业、居民等）必须通过交易商进行交易。

汇率定价。实现人民币对东盟国家货币挂牌的首要问题是基准汇率的确定问题。因此，双边中央银行应建立币值变化信息交换机制，参考本国货币与"一篮子"货币汇价，由双边央行协商确定并公布人民币对东盟国家货币基准价格。基准价格的确定应及时和灵活，随着汇率相关指标的变化实时调整。据此，货币交易市场应参照做市商交易原理研发一套人民币对东盟国家货币的电子定价引擎，实时向客户提供可执行的参考价格。根据前面的研究，针对人民币对小货币交易存在的流动性和稳定性问题，采用做市商价格形成机制将使市场更有效率。做市商综合考虑基准汇率、市场信息情况预测和对自身的存货成本等因素报价,并根据报价后获得的市场买卖指令,调整自己对市场信息的预期,并依此对下一期买卖报价作进一步的调整。如此不断循环,最后使得价格逐步接近完全信息条件下的均衡汇率水平,并使市场出清。

头寸管理。人民币与东盟国家货币交易市场头寸管理可参照现行外汇市场做市商交易机制头寸管理模式进行:

假设做市商全天只有3个报价达成了交易:第1笔发生在上午,做市商以1.3520价格买进了1手欧元,以1.3525价格卖出了2手欧元;第2笔发生在中午,做市商以1.3500价格买进了2手欧元,以1.3505价格卖出了1手欧元;第3笔发生在下午,做市商以1.3465价格卖出了3手欧元。这一天,做市商先后买进了3手欧元,卖出了6手欧元。总共发生了9手欧元的交易。正是这些交易,使做市商的自有资产和自由资金的结构发生了改变,因此,这些便构成风险头寸。由于这9手欧元的买卖价格是不同的,因此,不能简单地进行合并,也不能进行简单的内部对冲。只有那些可以实现报价点差收入且不发生亏损的交易才可以实施对冲。实施内部对冲后,剩下的风险头寸规模将大大缩小。在本案例中,共有2手欧元可实现内部对冲,对冲后可实现价差收入100欧元。经过内部对冲之后,剩下的便是风险头寸:做市商上午以1.3525价格卖出了1手欧元,中午以1.3500格买进了1手欧元,下午以1.3465价格卖出了3手欧元。风险头寸总共包括5手欧元,1手多头,4手空头。风险头寸带来的风险能否被控制在可接受的范围之内,是做市商的做市业务能否持续经营的关键。

风险头寸的传统处理方法——逐日对冲法。做市商为了能够在次日继续开展做市业务,有必要在收市之前将风险头寸处理掉,使自有资产和自有资金结构回到初始状态。然而,做市业务风险头寸的处理方法不同,风险也会不一样。按照传统处理方法,就是把投资者与做市商所达成的全部交易首先进行内部对冲,内部对冲之后剩下的风险敞口,将在收市前夕拿到国际市场实施对冲。可见,"做市商的总收入 = 点差收入 + 风险头寸管理损益"。在本案例中,在投资者与做市商所达成的全部交易中,经过内部对冲之后,做市商可得到报价点差收入100欧元。这是做市业务的无风险收入。经过内部对冲之后,剩下的风险头寸在收市前夕拿到国际市场进行对冲处理。对冲之后,做市商便可得到相应的风险管理损益。不难想象,风险管理损益与收市价高低密切相关,收入很不稳定。在本案例中,假设当天收市价是1.3500/1.3505,风险管理损益为 - 1 200欧元;或者当天收市价是1.3400/1.3405,风险管理损益为1 800欧元。在这个交易日，做市商的总收入可能是－1 100 欧元或1 900 欧元。这就是传统的风险头寸管理方法的主要弊端之一。从做市业务的实际运作来看，传统的风险头寸管理方法也出了不少问题。出于良性循环的考虑，做市商每天在开展做市业务之前，都需要将其自有资产和自有资金结构调整到初始状态，以便有必要的资产和资金满足投资者的买卖要求。因此，每天收市之前，做市商都有必要把当天所有的风险头寸处理掉。然而，从国际做市商的实际运行情况来看，由于风险敞口有时会处于亏损状态，有不少做市商会将这些处于亏损状态的"风险敞口"逐日累计下来，最后导致一些做市商的财务困难，以致发生做市商倒闭事件，引起金融系统风险。鉴于这些弊端的存在，传统的风险头寸管理方法有必要加以改进。

风险头寸管理的改进办法是"逐笔对冲法"。逐笔对冲法是指做市商报出一个"价格对"之后，投资者与做市商在这个"价格对"中所达成的全部交易经过内部对冲之后，立即将剩下的交易拿到国际市场上去对冲掉。具体做法是，在对做市商的同一个报价中所达成的全部交易实施内部对冲之后，对于剩下的交易，由电脑系统自动生成一个对冲委托单，迅速报到国际金融市场，以便对剩余交易实施对冲。需要注意的是，这个对冲委托单的委托价，应该是能够"使做市商获得报价点差收益"的价格。例如，在前文的案例中，做市商的上午报价是1.3520/1.3525。为了满足投资者的买卖要求，做市商以1.3520价格买进了1手欧元，以1.3525价格卖出2手欧元。对这些交易，做市商先将1手买单和1手卖单进行内部对冲。内部对冲之后，做市商可以得到5个点的报价点差收入。经过内部对冲之后，做市商手里还剩下1手欧元卖单，成本价格是1.3525。对于这个风险头寸，让电脑系统立即自动生成一个旨在将其对冲掉的买单，委托价格是1.3520。如果这个对冲委托单能够在国际金融市场成交的话，那么，该做市商与投资者在这个价格上达成的做市业务便不再存在任何风险了。不仅如此，做市商还可以得到另外5个点欧元的风险管理收益。若用逐笔对冲法管理风险头寸，前文做市商在上午报出1.3520/1.3525价格之后便可获得50欧元差价收入和50欧元风险管理收益，在中午报出1.3500/1.3505价格之后也可获得50欧元差价收入和50欧元风险管理收益，在下午报出1.3460/1.3465价格之后可获得150欧元的风险管理收益。这样，做市商全天可实现350欧元总收入，且消除了收入的不确定性。

当然，逐笔对冲法的有效性是建立在两个假设基础上的：一是投资者的委托成交价格往往不是当天的最好价格。根据统计规律，这个假设在汇市中是成立的。当然，用逐笔对冲法来管理风险头寸也存在着漏洞，不能确保每个对冲委托单都能成交。然而，即使这样，逐笔对冲法也比传统的逐日对冲法要好一些。因为，即使有某些委托单不能在当天的国际上对冲掉，那么，这些没有对冲掉的委托单可以转而按照传统的逐日对冲法来进行风险管理。事实上，总有相当部分的逐笔对冲可以成功实施，因此，经过逐笔对冲之后，剩下的转为逐日对冲的风险头寸规模肯定会降下来。可见，风险头寸管理方法的这种改进，是对传统风险管理模式的一次有益尝试，这种风险管理方式将可以有效提高做市商业务发展的稳定性，提高做市商的竞争力。二是货币交易较为活跃，也就是前面提到的市场流动性问题。要做到这两点对东盟国家货币而言是较为困难的。因此，应鼓励各市场交易商（金融机构）自我消化风险头寸。边贸结算银行应积极与东盟国家银行建立代理行关系，力争相关头寸逐日通过东盟代理银行置换，或到对方国家外汇市场卖出，促使人民币的快速回流。

清算系统的合作。加强与东盟国家支付清算系统的合作，加快人民币跨境支付清算系统的建设和推广。建立人民币与东盟国家货币双本币清算账户，使两国企业可以自由选择结算币种、自由开立各本币账户，充分尊重结算主体选择结算币种的市场意愿，实现人民币跨境通汇。同时，中国与东盟双边央行应积极磋商签订货币互换协议，有效锁定和防范汇率波动带来的风险。

2. 远期目标：实现人民币对东盟国家货币在全国范围内挂牌

实现人民币对东盟国家货币在全国范围内挂牌，除了提升人民币的结算职能——促进贸易和投资的便利化之外，关键是要提升人民币的财富职能和投资职能，即提高境外交易对手使用人民币的意愿，推动实现人民币对东盟国家货币的可自由兑换。为此实现人民币对东盟国家货币在全国范围内挂牌交易需要创新拓展两个渠道：一是人民币投资渠道，保证境外企业有丰富的投资方式实现人民币的保值增值。二是人民币清算渠道，保证境外人民币能够实现快捷高效的流通循环。可从扩大市场交易主体、丰富市场交易品种、建立健全清算体系等方面着手拓展上述两个渠道。

扩大外汇市场交易主体。适当降低市场准入门槛，增加符合条件的非银行金融机构和非金融企业市场成员，活跃市场交易主体。允许合格的境内外机构投资者直接或者间接参与银行间市场，允许其出于不同的交易动机进行资产组合管理或适度的投机交易，通过交易者的异质性提高人民币汇率的市场化程度，这也能在一定程度上增加市场的流动性。

逐步发展货币经纪人市场。国外经验证明，外汇经纪人制度有利于提高市场交易的效率，并且外汇市场越发达，外汇经纪人制度就越成熟，起的作用就越大。这主要是由于货币经纪人在交易对手搜寻方面具有较大的优势：一方面，货币经纪人手中集中了大量的交易指令信息，他们能在广泛的范围内寻找交易对手，市场交易的成功率会大大提高，有利于缩短交易对手搜寻的时间，降低交易成本。另一方面，经纪人的存在有助于扶持弱势机构进入市场，使更多的金融机构或者非金融企业参与到市场交易中来，实现交易主体的多元化，使市场价格更具竞争性和合理性。

增加外汇市场交易品种。外汇市场上交易工具是交易的载体，交易品种的数量和交易方式对外汇交易量的影响非常重要。在发展即期人民币业务的基础上，推出远期、掉期、期货及期权等标准化的人民币衍生产品，不仅能为市场交易者提供多种规避汇率风险的工具，也对增强外汇市场的灵活性、改善人民币汇率形成机制具有重要的现实意义。

大力发展双边资本市场。随着人民币结算功能在东盟国家的逐步体现，从长远看，通过大力发展资本市场，通过资本市场创造东盟国家各类经济主体对人民币投资工具和财富工具，进而有效发挥人民币投资功能和财富功能，可以促进人民币真正具备区域性可兑换货币的职能。

建立"10+1"国货币的多边外汇交易轧差清算服务体系。在目前国内银行在东盟国家清算支付体系参与有限的前提下，可以考虑借鉴国际清算支付体系的安排，建立一个国内的借鉴持续连结清算系统（Continuous Linked Settlement）CLS①，与东盟国家建立支付系统合作联网，为11种交易货币提供往来账户，使其会员拥有进入相关货币发行国国内支付系统的入口，与该国外汇市场上的交易商具有同等地位。参与清算的机构能够同时进入以所有参与交易的货币计价的往来账户，保证清算涉及的账户中有足够的余额，资金能够从买方

---

① 持续连结清算系统（Continuous Linked Settlement）CLS为外汇交易市场提供全球银行业清算服务，其清算币种包括美元、欧元、日元、英镑等多种货币。CLS采用会员制，各清算会员在CLS开设一个多币种账户，所有提交该系统的清算都在两家会员之间进行双边清算。会员的账户在任何给定的时间内，都表示该会员多种货币的正余额与负余额之差。CLS系统的中心原则就是"同时交付"，要求外汇交易的双方同时支付相应的货币，货币支付不能单方面进行。在清算日的清算时间内，只有当交易双方开设在CLS的账户里都有足够的交易货币资金，才会进行清算，且为不可撤销的最终清算。CLS是清算各方的中介，并非交易对手。在CLS系统中，在所有的清算货币发行国的中央银行开设账户并与其国内的RTGS系统连接。同时，资金通过货币发行国的RTGS系统支付给CLS在其央行开设的账户。反之，CLS也通过清算货币币种发行国的RTGS系统向清算会员在央行的账户划付资金，这在很大程度上是各国国内的RTGS系统在国际外汇清算中的衍生和放大。

账户直接划转到卖方账户。

（八） 中国—东盟汇率协调问题

汇率作为一个外生的相对价格指标，其变动直接决定着一国涉外经济交易的价格水平，决定着实际有效汇率的波动。汇率协调是指国家和地区间为维持汇率稳定而开展的货币合作，具体包括信息沟通、钞票调运、货币互换等内容。汇率协调是汇率定价的基础。开展人民币对东盟国家挂牌交易必然涉及中国及东盟国家央行间的汇率制度协调。根据有关专家（Montiel，2005）的研究，汇率协调及其机制的建立是一个渐进的过程，可以被粗略地划分为三个阶段：第一阶段，信息协调；第二阶段，资源协调；第三阶段，汇率协调。由于汇率协调属于货币金融合作的高级阶段，因此，也可将前面的第一阶段和第二阶段视为汇率协调的初级阶段。

信息协调。代表是东亚地区政府间的金融政策对话与监督协调的"马尼拉框架组织"（MFG）。MFG 成立于 1997 年 11 月，它是在国际货币基金组织（IMF）、世界银行、亚洲开发银行（ADB）和国际清算银行（BIS）的共同支持下成立的，是一个具有高层次监督对话机制的区域性合作论坛，主要由亚太地区 14 个国家和地区的财政部和中央银行代表以及世界银行、IMF、ADB 的代表共同参与，每年定期召开两次会议。它是东亚国家参与和以东亚地区金融问题为背景的重要监督机制。在历次会议上，代表们讨论新的经济金融形势，并且交换对主要政策的看法。亚行、IMF 和世行分别向代表们提交流动性、准备金等方面的监督报告。

资源协调。代表是《清迈倡议》（CMI）。2000 年 5 月，"10 + 3"的财政部长在泰国的清迈达成了《清迈倡议》。随后，日本分别同韩国、泰国、菲律宾、马来西亚缔结了货币互换协定，中国也同泰国、日本等国缔结了货币互换协定。《清迈倡议》是东亚地区达成的第一个具有重大意义的区域性金融安排，有效提高了各国应对破坏性资本流动和维持汇率稳定的能力。近几年来，为了克服双边互换体系的种种缺陷，一些国家又重新协商，讨论签订新的货币互换协议，扩大原先的货币互换规模，使《清迈倡议》的货币互换安排在最近几年里得到了较大的发展。目前，东亚各国和地区已就加快推进 CMI 的多边化、机制化进程达成了共识，并都在努力加速推进。在 2009 年 5 月的亚洲开发银行第 42 届年会上，东盟与中日韩"10 + 3"财长就亚洲区域外汇储备库建设等多项议题进行了磋商，最终中日韩三国财长在本次会议上就三方出资份额达成共识：中国出资 384 亿美元、日本出资 384 亿美元、韩国出资 192 亿美元、东盟十国出资 240 亿美元，分别占储备库总额的 32%、32%、16% 和 20%。会后发表的联合公报宣称，规模为 1 200 亿美元的亚洲区域外汇储备库将正式成立并运作。

虽然东亚地区在汇率合作的政策对话和监督机制的建立、CMI 和储备库上都取得了一定的成果，但仍存在许多不足和缺陷，机制仍较为松散和非制度化，导致其效率较低下。可以说，中国—东盟在汇率协调更高层次的货币金融合作上未能取得进展，仍处于商讨研究阶段。从实践经验来看，中国与东盟区域较为理想的长期汇率协调可以从较早且影响较深远的"最优货币区理论"（Mundell，1961；McKinnon，1963）中得到启发。根据该理论，为了协调和稳定国家间的双边和多边汇率，满足一定条件的国家可以组成一个货币区。最紧密的货币区形式可以像欧元区那样的单一货币联盟，而由多种货币构成的汇率相对固定的货币区则可视为是一种不太紧密的形式。

（九）完善人民币在东盟地区的投放与回流机制

一般来说，货币投放与回流主要有两种渠道，一是金融渠道投放，贸易渠道回流；二是贸易渠道投放，金融渠道回流。具体在东盟区域，人民币投放的主要通道有进口贸易、旅游、对外投资、人民币贷款、境内居民境外赌博、走私与购买毒品等，而人民币回流的通道主要有贸易出口、旅游、境外发行人民币产品、人民币 FDI、人民币 QFII、货币走私等。由于中国对东盟经济格局表现为国际收支平衡表上的双逆差，因此，人民币东盟化应该首先通过贸易和金融双重渠道对人民币进行输出，然后在通过贸易渠道实现人民币回流的基础上，逐步扩大金融渠道回流规模。

扩大人民币在东盟地区的使用范围。人民币东盟化主要渠道是在对外贸易、旅游、投资中有秩序地推进以人民币计价和结算，增加其在周边地区和国家的流通和使用，采取优惠政策吸引东盟境外人民币以贸易或投资方式回流中国境内。我们应以政府为主导力量继续推动人民币在贸易中充当结算货币。商品贸易方面，建议对中国具有优势的出口产品，强制采用人民币结算；对于其他出口产品或服务，以价格折扣方式鼓励采用人民币结算，相关企业由此产生的损失由国家补贴。

鼓励东盟地区的人民币直接投资中国境内。扩大人民币投资职能，放宽金融市场交易限制，扩大 RQFII 的规模，允许境外人民币购买国内金融市场有价证券，提高东盟国家投资者持有人民币意愿。应开放境外机构在境内发行人民币债券和股票，使人民币成为周边国家的主要储备资产之一。在短期内我国资本项目无法完全开放的背景下，应利用香港国际金融中心的优势，设立人民币离岸中心，使之成为人民币通向东盟各国乃至世界的枢纽和中心，推动人民币成为东盟范围内的主导货币。

后　续

人民币跨境结算的便利化是人民币国际化进程中的第一步。结算量随着时间的推移在增加，但跌宕起伏也是比较大的。就目前的统计数据来看，人民币结算的增加主要集中在贸易的货物跨境方面。在投资方面也主要体现在外商对华投资上。其他方面的人民币跨境结算还相对滞后和缓慢。而推动国际化的主要动力还是人民币汇率升贬值预期及境内外利差（见后续图1）。

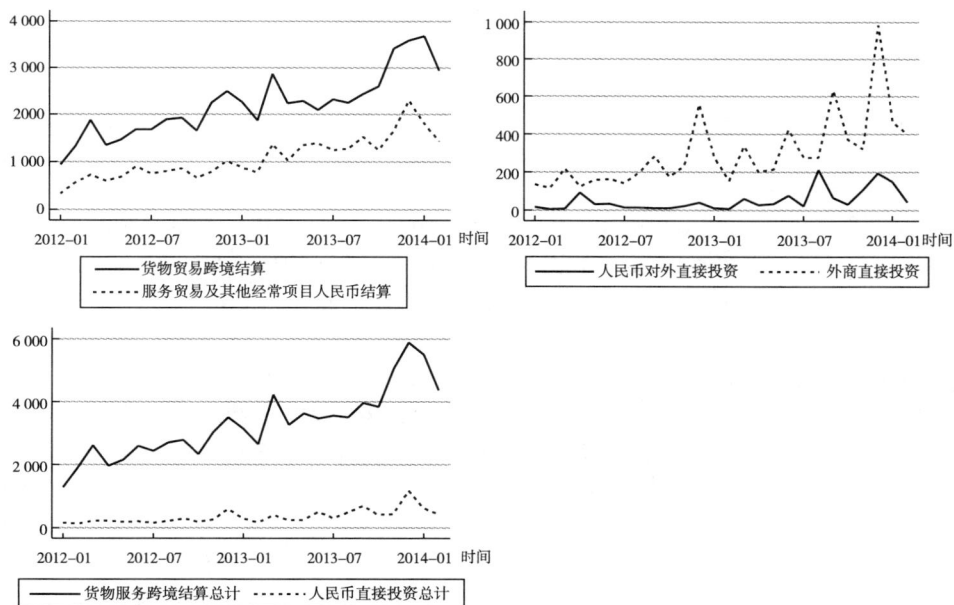

资料来源：《中国人民银行月度金融统计数据报告》。

后续图1　近期人民币跨境结算的发展趋势

虽然在跨境结算上迈出了第一步，对人民币国际化今后的路程还存在不同的预测，有乐观也有悲观。下面是一些观点的摘要（见后续表1）。

后续表 1 　　　　　　　　实现人民币国际化的时间表

年份	长度	主要观点（作者）
2023	10 年	实现人民币国际化，我国有三项工作要做：汇率制度改革、人民币可自由兑换、资本项目开放，并提出十年基本实现人民币国际化的时间安排。2014—2015 年，建立汇率目标区制度，目标区宽度为 5%；放宽对境内企业境外投资的汇兑限制，鼓励企业"走出去"；放开大额定期存款的利率上限限制。2016—2017 年，将汇率目标区的边界扩大到 10%；取消对企业境外投资的汇兑限制，允许境外企业和个人投资 A 股市场及债券市场；放开小额定期存款的利率上限限制。2018—2019 年，将汇率目标区的边界扩大到 15%；基本取消对境内居民到境外投资的汇兑限制，允许商业银行在境外发行货币市场基金；放开活期存款的利率上限限制。2020—2021 年，将汇率目标区的边界扩大到 30%；基本取消对金融信贷的汇兑限制，允许企业和个人在境外买卖金融衍生产品；允许商业银行开展证券及保险等业务。2022—2023 年，将实现浮动汇率制；基本取消对所有资本项目的汇兑限制，基本实现资本项目开放；基本完成金融系统的改革，实现国际化、市场化和系统化（成思危，2013 年）
2032	20 年	人民币可能在 20 至 25 年内成为主要的国际货币。若人民币资本账户开放的速度加快，人民币成为主要国际货币的时间会更短（Subramanian and Kessler，2012）
2020	6 年	通过对各国央行国际储备、贸易结算以及国际债券中各国货币的比重分析，模拟了未来 2020 年主要国际货币在国际储备、贸易结算以及国际债券的比重；指出人民币在完全可自由兑换和最乐观的预测下，到 2020 年，人民币作为国际储备货币的比例会接近 20%。并且人可以发挥境内和境外两个市场的优势，采用双轨制推进人民币国际化的进程。（李稻葵、刘霖林 2008） "……力争到 2015 年基本确定上海的全球性人民币产品创新、交易、定价和清算中心地位的发展目标"，到 2020 年"基本建成与我国经济实力以及人民币国际地位相适应的国际金融中心"（发改委《"十二五"时期上海国际金融中心建设规划》）
2019	5 年	人民币可自由兑换是上海成为国际金融中心的基本前提，因此，10 年后（2019）人民币必将实现全面可自由兑换（殷剑锋，2009；黄远辉，2009）
2024	10 年	人民币的国际化应该是一个循序渐进不断发展和成熟的过程。同时，还给出了一份人民币国际化的"时间表"：人民币成为全球结算、投资和储备的主要货币之一，预计应该需要 15 年左右的时间（李礼辉，2009）

续表

年份	长度	主要观点（作者）
?	?	多数国外学者是"条件论"：人民币国际化的先决条件是利率市场化和资本账户自由化（Nicholas Lardy, 2012）。中国与其合作国间的双边投资协议及贸易协议会促进其双边货币互换，有利于人民币国际化（Steven Liao 和 Daniel E. McDowell, 2013）。虽然现在国际贸易市场上美元和欧元是主要的计价货币，但由于中国贸易量的持续增长，可以预期，人民币也会成为主要的计价货币（Auboin, Marc, 2012）。通过对美元、马克、日元三种货币成为国际货币的影响因素分析，指出人民币有成为国际化货币的潜能，但并不能在短期内成为主要的国际货币，取代美元的国际货币地位需要的时间要更长（Jeffrey Frankel, 2011）。人民币与其他货币间的货币互换是由贸易决定的，而不是出于流动性需求引起的；人民币若要成为国际储备货币，中国需放松资本管制，并且在推动人民币国际化进程中，应逐步进行。中国推行人民币国际化的挑战是利率市场化、汇率制度改革、资本账户开放的次序安排问题（Ito T., 2012）。即使中国政府不采取措施去推动人民币国际化，人民币也很可能会成为主要的国际货币（Robert Mundell, 2011）

　　无论是更长的时间也好，还是较短时间预测也好，根据条件和中国（上海）自贸区的试验和上海国际金融中心的规划，人民币国际化都在稳步推进之中。规划中的利率市场化、汇率形成机制完善、资本项目逐步开放都为人民币国际化创造了条件。在天时地利人和的综合条件下，有望在十年的光阴中人民币被世界各国的私人和官方所接受。在人民币汇率相对所有货币的独立浮动的同时人民币价值更加稳定。汇率浮动有利于抵御国际游资的冲击，价值稳定才是国际货币最核心的属性。

参 考 文 献

［1］巴曙松：《人民币国际化从哪里切入》，载《金融与经济》，2003（8）。

［2］巴曙松、吴博：《人民币国际化进程中的金融监管》，载《中国金融》，2008（10）。

［3］巴曙松、吴博：《人民币国际化对中国金融业发展的影响》，载《西南金融》，2008（4）。

［4］巴曙松、杨现领：《从金融危机看未来国际货币体系改革》，载《当代财经》，2009（11）。

［5］北京国际金融论坛课题组：《中国金融对外开放：历程、挑战与应对》，载《经济研究参考》，2009（4）。

［6］贝塔朗菲：《一般系统论——基础、发展和应用》，北京，清华大学出版社，1987。

［7］毕毅：《人民币国际化助推银行走出去》，载《中国金融》，2013（5）。

［8］成思危：《人民币国际化之路》，北京，中信出版社，2014。

［9］曹红辉：《国际化战略中的人民币区域化》，载《中国金融》，2006（5）。

［10］曹红辉、周莉萍：《国际货币体系改革方向及其相关机制》，载《国际金融研究》，2009（9）。

［11］曾宪久、胡定核、黄道平：《中国金融国际化探讨》，载《国际金融导刊》，1989（3）。

［12］曾智琳：《人民币国际化问题研究》，湖南大学，2005。

［13］褚华：《人民币国际化特点和路径研究》，载《生产力研究》，2010（2）。

［14］陈虹：《日元国际化之路》，载《世界经济与政治》，2004（5）。

［15］陈辉：《人民币区域化在东南亚地区的实证分析》，昆明理工大学，2008。

［16］陈江生、陈昭铭：《国际货币体系改革与人民币国际化》，载《中共中央党校学报》，2010（1）。

［17］陈适宜：《浅析人民币区域国际化的条件和利弊》，载《重庆石油高等专科学校学报》，2004（2）。

［18］陈四清：《人民币国际化与我国银行的国际化经营》，载《金融时报》，2010 - 03 - 22。

［19］程恩富、周肇光：《关于人民币区域化和国际化可能性探析》，载《当代经济研究》，2002（11）。

［20］陈雨露、王芳、杨明：《作为国家竞争战略的货币国际化：美元的经验证据》，载《经济研究》，2005（2）。

［21］邓聿文：《积极谨慎地推进人民币国际化》，载《每日经济新闻》，2008。

［22］董继华：《人民币境外需求规模估计：1999—2005》，载《经济科学》，2008（1）。

［23］范祚军、关伟：《当前应设立人民币可自由兑换试验区》，载《经济研究参考》，2008（70）。

［24］范祚军、关伟：《基于贸易与货币竞争视角的 CAFTA 人民币区域化策略》，载《国际金融研究》，2008（10）。

［25］葛兆强：《国际货币体系改革与人民币国际化研究》，载《首都经济贸易大学学报》，2009（5）。

［26］高静：《国际货币体系改革背景下的人民币国际化策略研究》，载《学术论坛》，2011（10）。

［27］伍戈、裴诚：《境内外人民币汇率价格关系的定量研究》，载《金融研究》，2012（9）。

［28］郭世坤：《人民币应该或将加速国际化》，载《中国金融》，2009（21）。

［29］哈继铭：《人民币国际化对资产价格的影响》，载《中国金融》，2009（9）。

［30］韩骏：《加快推进人民币国际化的策略》，载《投资研究》，2007（6）。

［31］韩长征：《人民币国际化与中资商业银行国际化》，载《金融论坛》，2011（12）。

［32］何帆、张斌、张明、徐奇渊、郑联盛：《香港离岸人民币金融市场的现状、前景、问题与风险》，载《国际经济评论》，2011（3）。

［33］何帆：《人民币国际化的现实选择》，载《农村金融研究》，2009（10）。

［34］何波、罗刚：《人民币国际化研究》，载《经营管理者》，2009（20）。

［35］胡定核：《货币国际化与经济开放的相互关系及其力学模型》，载《数量经济与技术经济研究》，1995（4）。

［36］胡智、文启湘：《人民币国际化模式探讨》，载《河北经贸大学学报》，2002（5）。

［37］黄学军、吴冲锋：《离岸人民币非交割远期与境内即期汇率价格的互动：改革前后》，载《金融研究》，2006（11）。

［38］贾永嘉：《人民币国际化的条件和实现途径的探讨》，载《河北化工》，2004（5）。

［39］姜波克：《人民币自由兑换论》，北京，立信会计出版社，1994。

［40］姜波克：《货币替代研究》，上海，复旦大学出版社，1999。

［41］姜波克：《人民币自由兑换和资本管制》，上海，复旦大学出版社，1999。

［42］姜波克、张青龙：《最优货币区理论综述兼述欧元、亚元问题》，载《世界经济文汇》，2002（1）。

［43］姜凌：《人民币国际化理论与实践的若干问题》，载《世界经济》，1997（4）。

［44］姜建清：《工商银行的国际化发展之路》，载《中国金融》，2012（4）。

［45］焦继军：《人民币跻身于国际货币之列的效应分析》，载《经济问题》，2005（1）。

［46］景学成：《论人民币的基本可兑换》，载《财贸经济》，2000（4）。

［47］霍夫斯泰德：《文化与组织》，北京，中国人民大学出版社，2010。

［48］李翀：《论人民币的区域化》，载《河北学刊》，2002（5）。

［49］李稻葵、刘霖林：《双轨制推进人民币国际化》，载《中国金融》，2008（10）。

［50］李稻葵、刘霖林：《人民币国际化：计量研究及政策分析》，载《金融研究》，2008（11）。

［51］李富有：《国家准入与平行货币梯度推进：亚洲货币合作的路径》，载《上海金融》，2005（7）。

［52］李华民：《铸币税的国际延伸：逆转风险与人民币强势战略》，载《经济学家》，2002（6）。

［53］李晓：《"日元际化"的困境及其战略调整》，载《世界经济》，2005（6）。

［54］李晓、李俊久、丁一兵：《论人民币的亚洲化》，载《世界经济》，2004（2）。

［55］李婧、管涛、何帆：《人民币跨境流通的现状及其对中国经济的影响》，载《管理世界》，2004（9）。

［56］李开孟：《企业"走出去"金融要跟进》，载《中国投资》，2012（9）。

［57］李迅雷：《资本市场国际化目标初探》，载《资本市场》，2010（12）。

［58］陆峰：《中国金融机构国际化实证分析》，载《观察与思考》，2010（7）。

［59］李建军：《当代国际货币体系运行的理论框架、模式和面临的风险》，载《国际金融研究》，2009（7）。

［60］李建军，宗良：《进一步扩大人民币跨境贸易结算的思考和建议》，载《国际贸易》，2011（5）。

［61］李建军，田光宁：《二大货币国际化的路径比较与启示》，载《上海金融》，2003（9）。

［62］李建军：《探索人民币国际化向纵深发展新路径》，载《上海证券报》，2012 - 12 - 04。

［63］李建军：《离岸中心建设对人民币国际化作用明显》，载《上海证券报》，2011 - 07 - 18。

［64］李晓峰、陈华：《人民币即期汇率市场与境外衍生市场之间的信息流动关系研

究》，载《金融研究》，2008（5）。

［65］李莹琳：《中国商业银行"走出去"研究》，外交学院，2010。

［66］李礼辉：《人民币国际化还需培育新动力》，载《中国经济时报》，2013－12－24。

［67］凌星光：《加强战略对话——我国对日经济战略的思考》，载《国际贸易》，2003（8）。

［68］梁宵：《工行并购南非标准银行，两只大象共舞》，载《中国经营报》，2012－09－15。

［69］林景臻：《跨国方略——商业银行全球化布局与执行》，北京：中信出版社，2012。

［70］林景臻：《分阶段推进商业银行全球布局》，载《中国金融》，2013（5）。

［71］刘振芳：《战后美国金融机构国际化的发展》，载《亚太经济》，1994（3）。

［72］刘振芳：《英国金融机构的国际化》，载《欧洲》，1994（6）。

［73］刘振芳：《日本金融机构的国际化》，载《国际金融研究》，1995（1）。

［74］刘振芳：《试论金融机构的国际化》，载《新金融》，1995（9）。

［75］刘力臻：《人民币区域化成因透析》，载《管理现代化》，2005（增刊）。

［76］陆峰：《中国金融机构国际化实证分析》，载《观察与思考》，2010（7）。

［77］陆峰：《中国金融机构国际化实证分析》，载《青海金融》，2010（7）。

［78］陆前进：《美元霸权和国际货币体系改革——兼论人民币国际化问题》，载《上海财经大学学报》，2010（1）。

［79］马荣华、饶晓辉：《人民币的境外需求估计》，载《经济科学》，2006（5）。

［80］穆西安：《抓住机遇因势利导推进人民币国际化》，载《南方金融》，2009（3）。

［81］潘理权：《国际货币体系改革与人民币国际化》，载《华东经济管理》，2000（4）。

［82］潘英丽、吴君：《体现国家核心利益的人民币国际化推进路径》，载《国际经济评论》，2012（3）。

［83］邱兆祥、粟勤：《货币竞争、货币替代与人民币区域化》，载《金融理论与实践》，2008（2）。

［84］冉学东：《既要合作，又要"防火"》，载《第一财经日报》，2009－12－15。

［85］石纬林：《现阶段推进人民币区域化的基本原则与路径》，载《经济纵横》，2009（7）。

［86］孙立、王东东：《人民币国际化的约束条件分析》，载《当代经济研究》，2005（8）。

［87］沈炳熙：《我国商业银行国际化战略问题研究》，载《金融纵横》，2012（1）。

［88］涂梦云：《中国四大商业银行海外投资布局研究》，载《湖南师范大学》，2011。

[89] 孙健芳、程志云：《中国金融机构走出去要慎重》，载《经济观察报》，2008 - 05 - 24。

[90] 汤炳辉：《东亚货币合作与人民币区域化问题研究》，暨南大学，2006。

[91] 唐东宁：《对人民币在周边国家和地区流通的建议》，载《中国外汇管理》，2002 (3)。

[92] 陶士贵：《人民币区域化的初步构想》，载《管理现代化》，2002（5）。

[93] 王丰：《人民币国际化的条件与路径选择分析》，四川大学，2006。

[94] 王敏：《人民币区域化是化解汇率难题的现实选择》，载《上海证券报》，2007。

[95] 王雅范、管涛、温建东：《走向人民币可兑换：中国渐进主义的实践》，北京，经济科学出版社，2002。

[96] 王元龙：《人民币资本项目可兑换与国际化的战略及进程》，载《中国金融》，2008（10）。

[97] 王元龙：《国际金融体系的改革与发展趋势》，载《广东金融学院学报》，2010 (1)。

[98] 王元龙：《关于人民币国际化的若干问题研究》，载《财贸经济》，2009（7）。

[99] 王平：《中资银行"走出去"的实践与思考》，载《上海金融》，2012（7）。

[100] 王刚：《我国商业银行国际化路径选择研究》，载《北京交通大学》，2011。

[101] 王信川、朱磊：《建好中资金融机构"走出去"第一站——香港特区政府财经事务及库务局副局长梁凤仪谈香港建设国际资产管理中心》，载《经济日报》，2011 - 12 - 10。

[102] 王思程：《对人民币国际化问题的若干思考》，载《现代国际关系》，2008（8）。

[103] 万荃：《金融机构"引进来"与"走出去"步伐加快》，载《金融时报》，2012 - 11 - 30。

[104] 温小郑：《均衡汇率论：人民币自由兑换及其实现》，中国社会科学院，1996。

[105] 温信详、王佳佳：《后金融危机时期中资银行国际化的路径选择》，载《金融论坛》，2010（7）。

[106] 翁东玲：《现行国际货币体系下人民币的区域化和国际化》，载《亚太经济》，2009（10）。

[107] 吴念鲁、陈全庚：《人民币汇率研究》，北京，中国金融出版社，2002。

[108] 吴念鲁、陈全庚、鄂志寰：《论人民币汇率机制改革》，载《财经科学》，2005 (1)。

[109] 吴念鲁、杨海平、陈颖：《论人民币可兑换与国际化》，载《国际金融研究》，2009（11）。

[110] 吴博：《跨境人民币结算与中资银行国际化经营》，载《上海证券报》，2010 - 11 - 27。

[111] 吴婷婷：《中国金融国际化程度的实证研究》，载《国际金融研究》，2012（1）。

[112] 夏斌：《关于国际金融体系改革与我国金融开放的思考》，载《新金融》，2009（12）。

[113] 徐洪才： 《大国金融方略：中国金融强国战略和方向》，机械工业出版社，2009。

[114] 徐洪水：《人民币国际化的理论分析及战略思考：基于人民币周边流通的分析》，载《国际经探索》，2004（5）。

[115] 向松祚：《中国金融业国际化的机遇与挑战》，载《21世纪经济报道》，2012 - 06 - 18。

[116] 宣文俊：《国际货币体系改革与人民币国际化》，载《上海经济研究》，2009（12）。

[117] 杨枝煌、汤友民：《科学提升中国金融业"走出去"品质——兼论推进人民币理性国际化的路径选择》，载《亚太金融》，2011（6）。

[118] 徐海慧：《央行鼓励中资金融机构"走出去"》，载《国际金融报》，2006 - 06 - 26。

[119] 徐剑刚、李治国、张晓蓉：《人民币 NDF 与即期汇率的动态关联性研究》，载《财经研究》，2007（9）。

[120] 肖钢：《后危机时代我国银行"走出去"战略》，载《中国金融》，2010（19）。

[121] 叶卫平：《国际金融危机与建立国际经济政治新秩序》，载《教学与研究》，2009（11）。

[122] 杨涛、程炼： 《碳金融在中国发展的兴业银行案例研究》，载《上海金融》，2010（8）。

[123] 杨超：《中国金融机构的国际化之路》，载《中国金融》，2010（19）。

[124] 殷剑峰：《人民币国际化："贸易结算 + 离岸市场"，还是"资本输出 + 跨国企业"？——以日元国际化的教训为例》，载《国际经济评论》，2011（4）。

[125] 严敏、巴曙松：《境内外人民币远期市场间联动与定价权归属：实证检验与政策启示》，载《经济科学》，2010（1）。

[126] 于兰英、蒋厚琼：《关于我国金融机构国际化的思考》，载《南京理工大学学报（哲学社会科学版）》，1998（11）。

[127] 袁宜：《货币国际化进程规律的分析——对人民币国际化进程的启示》，载《武汉金融》，2002（6）。

[128] 余元洲：《货币二重化——人民币国际化的必由之路：人民币国际化的三大弊害及消除办法》，载《西南金融》，2009（8）。

[129] 余文建、陈锋、邓蒂妮：《中资金融机构国际化的路径选择——基于中国—东盟建立自由贸易区背景下的思考》，载《南方金融》，2008（3）。

[130] 张环：《中国金融机构"走出去"：提速尚需多方着力》，载《金融时报》，2012 - 09 - 11。

[131] 张纯威：《美元本位、美元环流和美元陷阱》，载《国际金融研究》，2008（6）。

[132] 张家寿：《中国东盟区域货币合作的理论基础与路径选择》，载《美中经济评论》，2006（6）。

[133] 张静春：《货币的性质与人民币的未来选择》，载《当代亚太》，2008（2）。

[134] 张青龙：《人民币国际化》，载《世界经济情况》，2005（12）。

[135] 张新存：《商业银行"走出去"应关注的几个问题》，载《中国经贸》，2012（3）。

[136] 张国红、乐嘉春：《中国金融业海外投资：现状、问题及对策》，载《上海金融》，2009（11）。

[137] 张明、何帆：《人民币国际化进程中在岸离岸套利现象研究》，载《国际金融研究》，2012（10）。

[138] 赵海宽：《应促进人民币成为世界货币之一》，载《财贸经济》，2001（5）。

[139] 赵海宽：《人民币可能发展成为世界货币之一》，载《经济研究》，2003（3）。

[140] 赵锡军：《全球金融危机下的人民币国际化：机遇与挑战》，载《亚太经济》，2009（6）。

[141] 郑木清：《论人民币国际化的经济效应》，载《国际金融研究》，1995（7）。

[142] 中国人民银行南宁中心支行课题组：《人民币区域化、国际化的趋势及影响》，载《广西金融研究》，2007（7）。

[143] 钟伟：《略论人民币的国际化进程》，载《世界经济》，2002（3）。

[144] 钟伟：《人民币：国际货币的第四级》，载《发现》，2002（7）。

[145] 钟伟、何帆、巴曙松：《新挑战新机遇》，载《中国外汇》，2012（13）。

[146] 曾玉占：《金融机构国际化是我国金融业跨国经营的最佳选择》，载《湖南经济》，1997（3）。

[147] 周松林：《银行老总热议"走出去"——中国金融机构国际化面临四大挑战》，载《中国证券报》，2008 - 05 - 10。

[148] 周道许：《推进人民币国际化进程的战略思考》，载《中国金融》，2009（24）。

[149] 周林、温小郑：《货币国际化》，上海财经大学出版社，2001。

[150] 周小川：《人民币资本项目可兑换的前景和路径》，载《金融研究》，2012（1）。

[151] 周晓娇：《人民币国际化现状及发展分析》，载《中国商贸》，2009（15）。

[152] 朱孟楠、陈晞：《进化博弈论视角下的国际货币体系演变与人民币国际化路径研究》，载《金融发展研究》，2008（12）。

[153] Allen N. , Berger, Robert DeYoung, Hesna Genay, Gregory F. Udell, "Globalization of Financial Institutions Evidence from Cross - Border Banking Performance", Brookings - Wharton

Papers on Financial Services, 2000, pp. 23 – 120.

[154] Auboin M. , "Use of Currencies in International Irade: Any Changes in the Picture?", Staff Working Paper ERSD, 2012.

[155] Blinder and Alan S. , "The Role of the Dollar as an International Currency", Eastern Economic Journal, Spring, 1996, pp. 127 – 136.

[156] Cohen and Benjamin J. , "The Future of Sterling as an International Currency", Macmillan, 1971, pp. 65.

[157] Dominguez K. M. E. , Hashimoto Y. , Ito T. , "International Reserves and the Global Financial Crisis", Journal of International Economics, 2012, 88 (2): 388 –406.

[158] Frankel J. Historical, "Precedents for Internationalization of the RMB [C] //a Council on Foreign Relations/China Development Research Foundation Symposium, The Future of the International Monetary System and the role of the Renminbi", Beijing, 2011, 1.

[159] He Dong, "One Currency Two Markets: Causality and Dynamic Between the CNY and CNH Markets", HKMA Working Paper.

[160] Lardy N. , "Interest Rate Liberalization and the International Role of the RMB", 2012.

[161] Liao S. , McDowell D. E. , "Redback Rising: Bilateral Swap Agreements and China's Strategy for RMB Internationalization", 2013.

[162] Maziad S. , Kang J. S. , " RMB Internationalization: Onshore/Offshore Links (EPub)", International Monetary Fund, 2012.

[163] Michael P. Dooley, David Folkerts – Landau and Peter Garber, "An Essay on the Revived Between Woods System", NBER Working Paper 9971.

[164] Menzie Chinn and Jeffrey A. Frankel. , "Will the Euro Eventually Surpassthe Dollar as Leading InternationalReserve Currency?" in G7 Current Account Imbalances: Sustainabilityand Adjustment, Eds. byRichard H. Clarida, 2007, pp. 283 –335.

[165] Samar Maziad , Joong Shik Kang. "RMB Internationalization: Onshore/ Offshore links", IMF Working Paper.

[166] Subramanian A. , Kessler M. , "China's Currency Rises in the US Backyard", Financial Times, 2012, 22.

[167] Sylvester Eijffinger, "The Japanese Financial System and Monetary Policy: A Descriptive review", Japan and the World Economy , 1992 , pp. 291 – 309

[168] Siv Fagerland Jacobsen, Adrian E. Tschoegl, "The International Expansion of the Norwegian Banks", The Wharton Financial Institutions Center Working Paper.

[169] Xiaoli Chen, Yin – Wong Cheung, "Renminbi Going Global", the Hong Kong Institute for Monetary Research Working Paper.

［170］Yoon S. H. , Mundell R. A. , Kroszner R. , et al, "Roundtable Discussion", Regulatory Reforms and the Future of Finance, 2011, 237.

［171］Wu, Friedrich, "How China's Yuan Can Become a Global Currency", Business Week Online, 2009, pp. 8 – 18, 1p.